WINTER-CAMPING IM SCHNEE

DIE BESTEN PLÄTZE FÜR WINTERSPORT, WANDERN UND ENTSPANNUNG

von
Julian Meyer

powered by ADAC

Die Albsteige bei Gutenberg führt durch ein Winterwunderland auf der Schwäbischen Alb.

PINCAMP: SUCHEN. BUCHEN. CAMPEN.

Camping-Vorfreude statt Urlaubsstress: *Auf PiNCAMP (www.pincamp.de), dem Campingportal des ADAC, können Camper ihren Urlaub von der Inspiration über die Campingplatzsuche bis zur Buchung bequem und kostenlos planen.*

Auf der Suche nach dem passenden Campingplatz ist PiNCAMP die richtige Adresse für alle Camper. Das Campingportal listet über 11 000 Campingplätze in ganz Europa, mehrere Tausend können davon direkt online gebucht werden. Camper erhalten somit auf PiNCAMP einen perfekten Überblick, welche Campingplätze in ihrer Wunschregion noch frei sind, und können sich direkt ihren Platz einfach und schnell online buchen. So steht dem nächsten Campingglück nichts mehr im Weg.

Um Camper bei der Urlaubsplanung bestmöglich zu unterstützen, bildet die europaweit einheitliche ADAC Klassifikation die perfekte Grundlage zum Vergleich von Campingplätzen.

Die ADAC Klassifikation basiert auf der objektiven Bewertung durch die ADAC Inspekteure. Diese geschulten und erfahrenen Camping-Experten durchleuchten regelmäßig 6000 Campingplätze europaweit einheitlich auf Basis eines standardisierten Fragebogens mit über 200 Messkriterien. Das Ergebnis ist eine objektive Analyse der Qualität von Ausstattung und Angebot. Die besten Campingplätze mit einer 5-Sterne-Klassifikation erhalten die Auszeichnung ADAC Superplatz. Ein Platz mit zwei Sternen muss aber nicht automatisch weniger attraktiv sein als ein Platz mit vier oder fünf Sternen. Camper müssen sich lediglich darauf einstellen, dass Infrastruktur und Ausstattung bei wenigen Sternen einfacher gehalten sind. Aber manchmal sind gerade einfachere Plätze die charmanten Geheimtipps. Alle in diesem Buch vorgestellten Campingplätze wurden mit größtmöglicher Sorgfalt ausgewählt und bilden ganz bewusst das volle Spektrum der Sterne-Klassifikation ab. Campingplätze ohne Sterne sind ganz neu in der Datenbank und wurden noch nicht von ADAC Inspekteuren besucht.

Für genauere Informationen steht am Ende der Platzbeschreibung ein Link zu pincamp.de, dem Campingportal des ADAC. Dort gibt es alle Details, die für die Auswahl eines Angebots hilfreich sind. Viel Spaß beim Sichten und Auswählen!

INHALT

Pincamp 3
So geht Wintercamping 6
Das richtige Gefährt 8
Wintercamping Life-Hacks 10

Österreich 12

Ötztal 14
Stubaital 18
Zillertal 22
Achensee 26
Wilder Kaiser 30
Kitzbühel 34
Zell am See 38
Großglockner 42
Bad Gastein 48
Schladming-Dachstein 54
St. Anton 58
Silvretta Montafon 62

Schweiz 66

Oberengadin 68
Unterengadin 74
Davos 78
Arosa-Lenzerheide 82
Flims 86
Haslital Brienz 90
Engelberg 96
Grindelwald 100
Interlaken 106
Sion im Rhonetal 110

Deutschland 114

Harz 116
Thüringer Wald 122
Elbsandsteingebirge 126
Rhön 130
Sauerland 134

Heißluftballons bei der 24. internationalen Montgolfiade in Praz-sur-Arly

Nordschwarzwald	138
Südschwarzwald	142
Oberfranken, Oberpfalz	146
Bayerischer Wald	150
Chiemgau	154
Allgäu	160
Zugspitzregion	164

Italien 168

Vinschgau	170
Sterzing	174
Dolomiten	178
Aostatal	186

Frankreich 190

Mont-Blanc-Massiv	192
Paradiski	198
Les 2 Alpes	204
Alpes-de-Haute-Provence	208
Register	214
Impressum/Bildnachweis	216

INHALT 5

SO GEHT WINTERCAMPING

Dieses Jahr möchten Sie Ihren Camper nicht im Herbst abmelden und einmotten? Sie wollen die Saison über den Oktober hinaus verlängern? Dann versetzen wir uns in Gedanken in eine verschneite Winterlandschaft in den Bergen. Es ist dunkel, Sterne funkeln über dem Kopf, der Schnee knirscht unter den Füßen, alle anderen Geräusche werden geschluckt. Sie kehren zurück von einem ausgedehnten Abendspaziergang zu Ihrer kleinen, warmen Wohnbüchse, wo eine dampfende Tasse Tee und ein Buch warten. Der Körper ist wohlig müde von einem langen Wintersporttag, vom Aufguss in der Sauna oder der heißen Dusche. Man geht früh ins Bett beim Wintercamping. Denn am nächsten Morgen glitzert die Sonne auf den Pisten und Loipen, die auf ihre ersten Gäste warten.

Was den perfekten Wintercampingplatz ausmacht? Das Privatbad, eine Tischtennisplatte im Aufenthaltsraum, ein offener Kamin, die Saunahütte oder das Schwimmbad? Die Bandbreite der Ausstattung ist riesig, und sie reicht vom einfachen Naturcamping bis zum Ferienpark. Viele Plätze bieten zudem mittler-

Mit einem wintertauglichen Campingmobil wird der Urlaub im Schnee zum Vergnügen.

weile Alternativen zu Stellplätzen an und besitzen Mietwohnwagen, estländische Holziglus oder elegante Hütten. Standards wie Strom am Stellplatz sowie warme und geräumige Sanitäranlagen gehören eigentlich überall zur Grundausstattung. Darüber hinaus hängt die Wahl von den eigenen Bedürfnissen und Preisvorstellungen ab. Meine persönliche Meinung ist: Lage, Lage, Lage (und Sauna). Ein Käuzchen ruft zum Einschlafen aus den Bäumen auf einem Platz mitten in der Natur, beim Aufwachen schaut man aus dem Bett auf majestätische Bergriesen, nach dem Frühstück werden die Langlaufskier noch am Camper angeschnallt, und die Kids rennen zum Lift. Der besondere Luxus ist dann am Abend der Saunagang – das Ausdampfen im Schnee nach einer Viertelstunde Schwitzen zählt für mich zu den besten Minuten des Tags.

Aber die Suche nach dem perfekten Wintercampingplatz ist natürlich nicht frei von den Fragen, wo man wohnen soll und wie viel Zeit man für die Anreise einplanen kann. Lohnt die Anfahrt in die Alpen? Besitzt man gar genügend Zeit, die volle Flexibilität des Campers zu nutzen und verschiedene Plätze auszuprobieren, von Platz zu Platz zu fahren und unterschiedliche Wintersportorte zu entdecken? Denn obwohl das Angebot aus Langlaufloipen, alpinen Skipisten, Winterwanderwegen und Rodelpisten in vielen Wintersportorten ähnlich klingt, besitzen gerade die ersten Erkundungstage den größten Reiz: Die Skispitzen gleiten um eine Kurve, und vor einem tut sich ein ganz neues Panorama auf. Man wandert einen Berg hoch und erlebt das Abenteuer der persönlichen Erstbesteigung. Oder man lässt sich direkt auf etwas gänzlich Neues ein und quert die Hänge auf Schneeschuhen.

Für viele Regionen ist die gesamte faszinierende Wintersportwelt so nah, dass auch ein Wochenendausflug möglich ist. Nach dem ersten Schneefall werden im Harz oder im Sauerland genauso wie in Kitzbühel oder Davos die Pisten gespurt. Und wer einmal den Rennsteig mit den Langlaufskiern befahren hat oder sich mit einem Snowkite über die Wasserkuppe hat ziehen lassen, wird bald wieder die Schneeprognosen studieren.

In jedem Fall ist es wichtig, gerüstet zu sein und ein wenig Zeit in die Vorbereitung zu stecken. Um das eigene Bett neben der Piste stehen zu haben, bedarf es im Camper einer Grundausstattung, die das Leben in der kalten Natur möglich macht. Heizung und Isolierung sollten vor der Abfahrt gründlich geprüft werden, und Schneeketten gehören genauso ins Gepäck wie Winterstiefel und Handschuhe. Das Gute ist: Man ist selten allein, und die Campingcommunity weiß, wie wichtig die gegenseitige Hilfe ist. Gerade im Winter. So steht man dann gut ausgerüstet mitten in der Natur, es herrscht absolute Stille, der Mond zieht am Fenster vorüber, und das ist der Moment, in dem man sich endgültig sicher ist, dass es die richtige Entscheidung war, den Camper diesen Herbst nicht abzumelden.

Ich wünsche allzeit gute Fahrt und immer
eine Handbreit Schnee unter dem Ski!

Ihr Julian Meyer

DAS RICHTIGE GEFÄHRT

Die Welt der Reisemobile und Wohnwagen ist scheinbar unendlich. Vom historischen Kastenwagen bis zum Hightechalleskönner ist alles vertreten. Großfamilien hängen sich einen Anhänger an ihr Sieben-Meter-Wohnmobil, während andere im Van unterwegs sind. Welches Gefährt in welchem Ausmaß für das Wintercamping taugt, hängt auch davon ab, wo es hingeht. Die Temperaturen im Harz unterscheiden sich doch in der Regel erheblich von den Temperaturen in den Hochtälern des Oberengadins. Aber Kälte ist natürlich immer und überall das Thema Nummer eins (neben den üblichen Sicherheitsstandards). Wer die erste Nacht im Winter in seinem Camper verbracht hat, weiß, wo die kalte Luft eindringt.

AUSKÜHLEN VERHINDERN

- **Isoliermatten und Thermohauben:** Werden von außen über Fenster und Blech des Fahrerhauses gelegt. Allerdings versperrt man sich so die Aussicht, also besser eine Variante wählen, die leicht weggeklappt werden kann.
- **Fußraumisolierung:** Die Verbindungen zwischen Pedalen und Motorraum lassen den Fußraum im Fahrerhaus besonders auskühlen. Isoliermatten, einfache Decken oder anderes Dämmmaterial können Abhilfe schaffen.
- **Abdeckung für Lüftungsgitter:** Die Öffnungen zur Luftzirkulation hinter dem Kühlschrank können im Winter mit speziellen Abdeckungen verschlossen werden. Herstellerangaben beachten und keine Belüftungen zum Austausch der Atemluft verschließen!
- **Thermovorhang:** Gerade bei wenig ausgebauten Gefährten bewirken Thermovorhänge zur Abtrennung der Fahrerkabine oder zur Isolierung der Hecktür Wunder.

Jedes Gefährt, egal wie gut isoliert, kühlt mit der Zeit aus. Dann heißt es, mit entsprechender Heizungsleistung gegensteuern. In der Beschreibung ihrer Reisemobile und Caravans unterscheiden Hersteller zwischen »winterfest« und »wintertauglich«. Die Klassifizierung richtet sich danach, wie lange die Heizung braucht, einen ausgekühlten Innenraum aufzuheizen und anschließend die Temperatur zu stabilisieren.

Die großen Fensterfronten im Wohnmobil müssen gut isoliert sein, damit der Innenraum warm bleibt.

RICHTIG EINHEIZEN

- **Umschaltanlage:** Sollten weder ein eingebauter Gastank noch ein externer Gasanschluss am Stellplatz vorhanden sein, hilft eine Anlage, die von der leeren auf die volle Gasflasche umschaltet. So muss man nicht nachts raus in die Kälte.
- **Gasfüllstandanzeiger:** Wie auch andere Ausrüstungsgegenstände ist der Gasfüllstandanzeiger nicht zwingend erforderlich, aber er kann durchaus praktisch sein.
- **Heizklappen:** Hat man eine Warmluftheizung, lohnt die Beschäftigung mit der Luftverteilung. Sind die Klappen so eingestellt, dass die heiße Luft die Kältebrücken in Schach hält?
- **Warmluftstränge:** Sind alle Rohre zur Verteilung der Warmluft ordentlich verlegt und werden nicht geknickt? Müssen an besonders kalten Stellen vielleicht sogar zusätzliche Warmluftstränge verbaut werden? Zum Beispiel im Schrank neben dem Bett?
- **Heizdecke:** Bett vorwärmen, auf dem Lesesessel einkuscheln und schnell mal aufwärmen – elektrische Heizdecken gibt es in weichem Fleece und mit automatischer Abschaltfunktion. Die Old-School-Variante ist die Wärmflasche.
- **Heizteppich:** Wohlig warme Füße machen Heizteppiche. Sie treiben allerdings auch den Stromverbrauch in die Höhe.
- **Heizlüfter:** Sollte man das Risiko sehen, dass die Gasheizung ausfallen kann, ist ein strombetriebener Heizlüfter sinnvoll.

Das Auskühlen muss verhindert werden, denn sonst drohen Katastrophen wie das Einfrieren des Wassertanks. Schlimmstenfalls wird Technik beschädigt, was nicht nur teuer ist, sondern auch zum Abbruch des Urlaubs führen kann. Es gilt also vorzubeugen.

KATASTROPHENSCHUTZ

- **Abwassertank:** Bei außenliegenden Abwassertanks muss nach Lösungen gesucht werden, damit der Tank nicht einfriert. Profis arbeiten mit elektronischer Heizung und Isolierung. Ebenso helfen kann je nach Temperatur aber auch: Ventil öffnen und einen Eimer darunter positionieren oder große Mengen Salz, Scheibenfrostschutz o. ä. ins Abwasser kippen.
- **Frostwächter:** Schützt den Boilerbehälter und den Abwassertank, indem er unter einer bestimmten Temperatur automatisch das Ventil öffnet. Vorab Eimer platzieren!
- **Temperaturfühler:** Mit einer kleinen Wetterstation kann an mehreren Punkten innen und außen konstant die Temperatur kontrolliert werden.
- **Dieselkälteschutz:** Normaler Winterdiesel enthält Stoffe, die den Betrieb bis -20 °C gewährleisten. Fällt die Temperatur noch tiefer, kann die Beigabe weiterer Additive sinnvoll sein. Herstellerangaben beachten!
- **Frostschutzmittel:** Scheibenwischwasser und Kühlflüssigkeit sollten vor der Abreise auf ausreichenden Frostschutz kontrolliert werden.
- **Überbrückungskabel:** Eigentlich Standardausrüstung, kann aber bei großer Kälte besonders wichtig werden.
- **Unterbodenschutz:** Bei manchen Campern ist die Behandlung mit Unterbodenschutz (durch die Fachfrau/den Fachmann) sinnvoll. Am Ende des Winters sollte das Mobil von unten auf Schäden kontrolliert und von Salz und Matsch gereinigt werden.

WINTERCAMPING LIFE-HACKS

Die Tipps zum Wintercamping klingen einschüchternd? Es ist ja nicht so, dass es zur Expedition an den Nordpol geht. Auf jedem Campingplatz sind andere Camper sowie die Betreiber, die allesamt mit Rat und Tat zur Seite stehen.

Im Winter rückt die Campingcommunity noch enger zusammen, und das Gebot zur Nachbarschaftshilfe besitzt zu dieser Jahreszeit besonderen Wert. Hat man einmal etwas vergessen, wird es einem bestimmt geliehen.

KNOW-HOW

- **Temperatur halten:** Der Camper sollte möglichst nie kälter als 10 °C werden. Der Frostwächter löst sonst aus, oder Leitungen können gar einfrieren.
- **Gas:** Je nach Temperatur und Isolierung reicht eine 11-Kilo-Flasche Campinggas für zwei bis acht Tage. Gas wird auf den meisten Campingplätzen angeboten, ist hier aber oft teurer. Darauf achten, dass es sich um reines Propangas handelt, Butangas bleibt bei niedrigen Temperaturen flüssig.
- **Lüften:** Gerade im Winter ist das regelmäßige Lüften wichtig. Die Feuchtigkeit aus nasser Kleidung sollte sich nicht als Kondenswasser in den Ritzen niederlassen. Am besten kräftig stoßlüften, damit trockene Luft eindringt. Haben Schränke keine Lüftungsschlitze (nicht verstopfen!), am besten die Schranktüren beim Stoßlüften ebenfalls öffnen.
- **Trocknen:** Die meisten Wintercampingplätze verfügen über spezielle Räume zum Trocknen der Ausrüstung. Manche Wohnmobile besitzen eine beheizte Heckgarage. Alternativ muss man sich im Eingangsbereich des Campers in Heizungsnähe Möglichkeiten zum Aufhängen schaffen.
- **Skibasar:** Wintersportausrüstung steht oft lange ungenutzt in der Ecke und wird irgendwann gebraucht verkauft. Im Internet sowie in vielen Städten gibt es spezielle Skibasare, oft organisiert vom lokalen Skiclub.
- **Ladung:** Mit Wintersportausrüstung, Gas, Lebensmitteln und den üblichen Wohnmobilgegenständen kommt einiges zusammen. Das Gewicht der Ladung sollte gut verteilt werden. Nicht zuletzt, da sich sonst das Risiko des Festfahrens erhöht.
- **Festgefahren:** Die Schneehügel rund um die Reifen entfernen. Dann nach Möglichkeit den Camper ein wenig vor- und zurückschaukeln, um Traktionshilfen unter die Reifen zu schieben (auch möglich mit einem Wagenheber). Alternativ kann Streusplitt helfen. Dann wieder vor- und zurückschaukeln und währenddessen vorsichtig Gas geben.
- **Buchen:** Wenn im Sommer der angesteuerte Campingplatz ausgebucht ist, ist das ärgerlich, aber in der Regel gibt es Alternativen in der Nähe. Im Winter haben die meisten Plätze geschlossen, und die geöffneten sind beliebt. Frühzeitig reservieren lohnt also.

PACKLISTE

- **Fußmatte:** Eine grobe Fußmatte vor dem Fahrzeug kann helfen, Matsch und Schnee draußen zu halten. Manche Campingplätze bieten Europaletten.

- **Kopflampe:** Besser als herkömmliche Taschenlampen, da man zum Beispiel beim nächtlichen Anlegen von Schneeketten die Hände frei hat.

- **Klappfäustlinge:** Die bei Fotografen beliebten Handschuhe ermöglichen es, den vorderen Teil wegzuklappen.

- **Gamaschen:** Was früher aus Filz oder Baumwolle war, sind heute wasserabweisende und atmungsaktive Polyestergamaschen. Der Zweck ist derselbe: verhindern, dass Schnee von oben in die Schuhe dringt.

- **Schuhspikes:** Beim hochalpinen Bergsteigen werden Steigeisen eingesetzt, auf glatten und steilen Spazierwegen Schuhspikes. Der oft auch als »Grödel« bezeichnete Gleitschutz kann unter normalen stabilen Winterschuhen befestigt werden.

- **Schaufel:** Kann sinnvoll sein, um die Reifen freizubuddeln oder den Weg vor dem Mobil zu reinigen. Streusalz kann eine Alternative sein. Beides ist auf jedem Campingplatz vorhanden.

- **Stützplatten:** Wenn das Tauwetter beginnt, sind Stützplatten sinnvoll, damit Hubstützen nicht so leicht einsinken oder wegrutschen.

- **Traktionshilfen:** Sollte man sich einmal festgefahren haben, helfen Gripmatten freizukommen. Fußmatten sind ein möglicher Ersatz (ist aber das Ende der Fußmatte).

- **Besen:** Spätestens, bevor das Fahrzeug in Bewegung gesetzt wird, muss der Schnee vom Dach beseitigt werden.

- **Eiskratzer:** Er sollte lang genug sein, um bequem die ganze Windschutzscheibe zu erreichen.

- **Enteisungsspray:** Die gründliche Variante, die Scheiben eisfrei zu bekommen. Schützt auch vor dem Wiedervereisen.

- **Schneeketten:** Am besten das Anlegen zu Hause einmal üben. In Italien z. B. ist das Mitführen in manchen Regionen im Winter Pflicht. Spätestens auf den letzten Metern können auf steilen Zufahrtsstraßen Schneeketten Voraussetzung zur Erreichung des Ziels werden.

- **Winterreifen:** Versteht sich aus Sicherheitsgründen von selbst, zumal in manchen Ländern Winterreifenpflicht herrscht.

- **Gasflaschenadapter:** Leider gibt es keine EU-Norm für Gasanschlüsse. Daher besser ein Adapterset für Gasflaschen mitnehmen.

Österreich

Ein traumhafter Wintertag beginnt auf dem tief verschneiten Campingplatz im Ötztal.

Mit den Zielen …

Ötztal ▸ S. 14, Stubaital ▸ S. 18, Zillertal ▸ S. 22, Achensee ▸ S. 26, Wilder Kaiser ▸ S. 30, Kitzbühel ▸ S. 34, Zell am See ▸ S. 38, Großglockner ▸ S. 42, Bad Gastein ▸ S. 48, Schladming-Dachstein ▸ S. 54, St. Anton ▸ S. 58, Silvretta Montafon ▸ S. 62

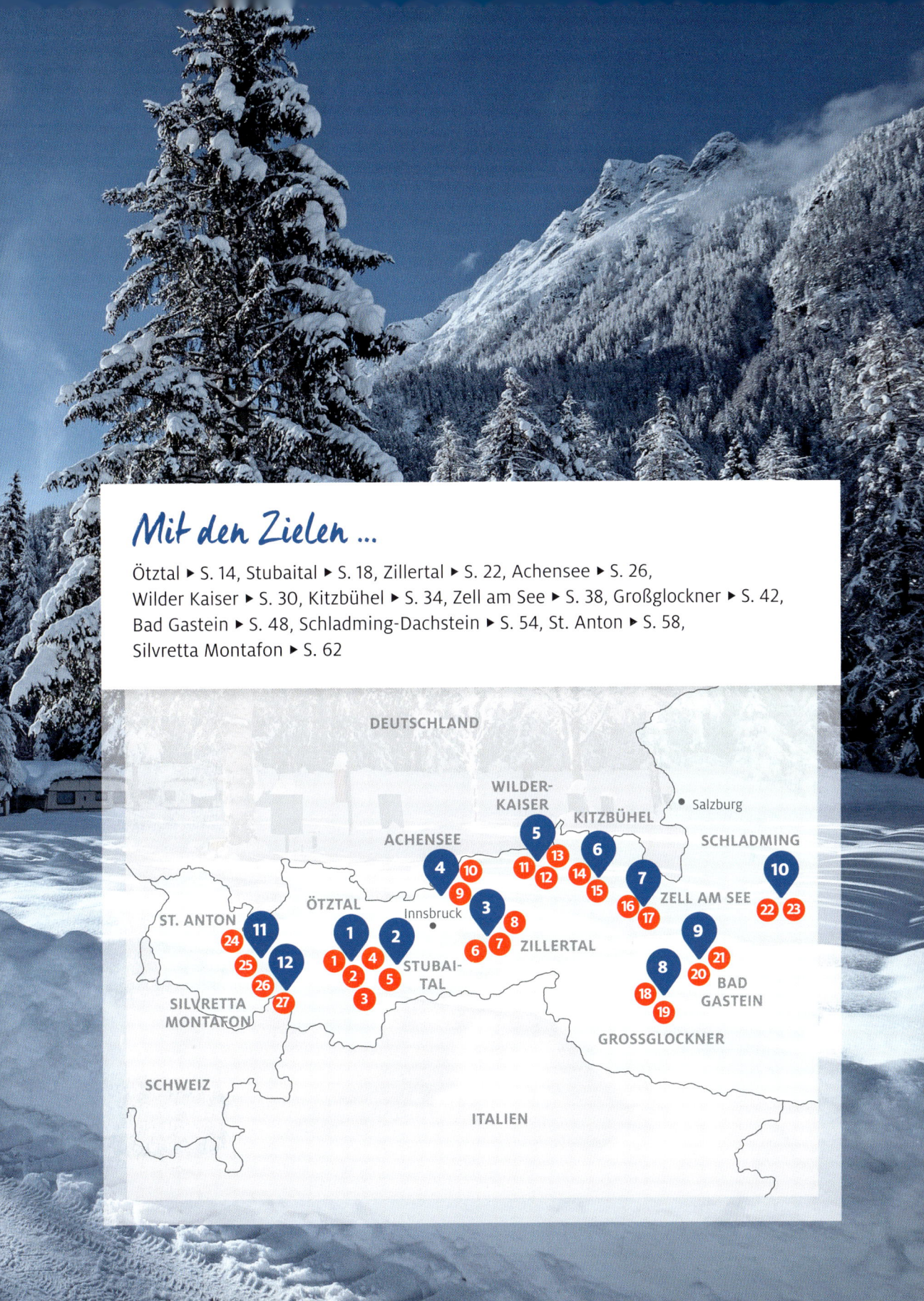

ÖZTAL

Gewusst, wann ...

Skiweltcup Sölden
Eigentlich ein Herbsttipp: Ende Oktober wird auf dem Gletscher Rettenbachferner schon Ski gefahren und die Rennsaison mit dem Alpinen Skiweltcup im Riesenslalom eröffnet.
▶ www.soelden.com/de/winter/events/skiweltcup

 Immer schön warm anziehen und ausreichend Gas im Camper haben, damit einen hier nicht das Schicksal des Ötzis ereilt. Es kann kalt werden im Ötztal, das sich zwar »Tal« nennt, aber bei Sölden immerhin noch 1300 Meter über dem Meeresspiegel liegt. Und erst recht kann es kalt werden oben auf den Gipfeln in den Ötztaler Alpen, wo die Lifte rauf bis auf 3300 Meter führen und gleich mehrere Gletscher Schnee und Eis ganzjährig konservieren.

250 Dreitausender umgeben das Ötztal, das ein Seitental des Inns ist. Wie überall in Tirol ist die Bergwelt traumhaft schön und die touristische Infrastruktur so hervorragend, dass allen möglichen Wintersportaktivitäten nachgegangen werden kann. Der Ruf Söldens als eines der bekanntesten Abfahrtsskigebiete der Alpen mitsamt seinen Hütten und lauten Bars als Après-Ski-Destination eilt dem Ötztal ohnehin voraus. Aber auch die flache Talsohle bietet Bretterenthusiasten großen und ruhigeren Spaß! Hier reihen sich in Richtung Inn die kleinen Weiler auf wie Perlen, und eine große Zahl kostenloser Loipen verbinden sie. Sie sind dank der Höhenlage des Tals relativ schneesicher. Flacher Boden plus Schnee plus ausreichend Platz ergibt ebenfalls hervorragende Bedingungen wofür? Richtig, Wintercamping. Und so haben gleich mehrere sehr schöne Plätze im Ötztal ganzjährig geöffnet. Loipen, Pisten, Lifte und Wellness sind nie weit entfernt.

◂ Bei guter Schneelage ist es möglich, mit den Skiern bis zum Wohnmobil auf dem Campingplatz Sölden zu fahren.

SÖLDEN SKIGEBIET

Die BIG 3 Rallye einmal quer durch das Skigebiet zeigt, welch eindrucksvolle Berge in Sölden befahren werden: Man fährt auf dieser Tour über drei Dreitausender, sieht den Tiefenbachgletscher und überwindet mehr als 5000 Höhenmeter bei 50 Pistenkilometern. Unterwegs liegen wunderbare Aussichten, urige Hütten, blaue Autobahnen zum Carven und schwarze Herausforderungen. Die längste Abfahrt des Gebiets ist die Talabfahrt nach Sölden, auf der man von der Schwarzen Schneid bis zum Ortsrand fast 15 Kilometer zurücklegt. Neben den wirklich vielfältigen Pisten gibt es Freeride-Möglichkeiten, einen Snowpark, Winterwanderwege und verschiedene Abfahrten für alle Rodelfans.

OBERGURGL – HOCHGURGL

Das Ötztal ist nicht nur Sölden! Im hinteren Teil des Tals liegen auf 2000 Metern die Dörfer Obergurgl und Hochgurgl. Auch wenn es hier keinen Campingplatz gibt, lohnen sich die Dörfer und das Skigebiet allemal für einen Ausflug. Beides sind gemütliche kleine Ortschaften. Obergugl ist autofrei und in Hochgurgl führt die Skipiste bis vor die Türen der Chalets und Restaurants. Insgesamt verfügen die beiden verbundenen Skigebiete über 112 Pistenkilometer, und obwohl hier kein Gletscher dazuzählt, sind die Gebiete aufgrund der Höhe und des Klimas sehr schneesicher. Viele der Liftanlagen sind modern, und aufgrund geringerer Gastzahlen als in Sölden sind hier die Wartezeiten oft auch bei perfekten Bedingungen kurz.

LANGLAUFEN IM UNTEREN ÖTZTAL

Sowohl in Obergurgl als auch in Sölden gibt es Höhenloipen, aber der Großteil der mehr als 140 Kilometer gespurten Loipen befindet sich tiefer im Ötztal. In der Nähe des Ötztaler Naturcampings und des Camping Ötztal Längenfeld beginnt beispiels-

Sölden

- **Pistenlänge:** 144 km
- **Lifte:** 33
- **Höhe:** 1350–3340 m
- **Schneesicher:** ❄❄❄❄❄
- **Familien:** ❄❄❄❄
- **Highlight:** BIG 3 Rallye über 3 Dreitausender

weise die abwechslungsreiche Südloipe, die bis nach Huben und zurück durch Wald und Wiesen führt, während links und rechts die Dreitausender herabschauen.

ESSEN & TRINKEN

Pizzeria Nudeltopf

Gemütliche Pizzeria, bei der der zweite Teil des Namens etwas kurz kommt. Aber die Pizzen sind dafür groß und knusprig. Das Restaurant befindet sich in unmittelbarer Nähe der Gaislachkoglbahn und des Campingplatzes Sölden.

▸ Dorfstraße 107, 6450 Sölden, Tel. +43 (0)5254 2010, www.nudeltopf.riml.com

Gasthaus zum Hirschen

Wer in Längenfeld eine Alternative zu den hervorragenden Pizzerien (u. a. auf dem Campingplatz Ötztal Längenfeld) sucht, ist in diesem Gasthaus gut aufgehoben. Hier werden mit lokalen Zutaten Lammkeule und Ötztaler Saibling verfeinert.

▸ Oberlängenfeld 11, 6444 Längenfeld, Tel. +43 (0)5253 5201, www.hotel-hirschen.com

CAMPINGPLÄTZE

Camping Sölden ★★★★✦

1 Der außerordentlich schön gelegene Platz der Extraklasse liegt am Ortsrand von Sölden und ist von der Ötztaler Ache durch eine Straße getrennt. In der Platzpizzeria Infang sollte man besser reservieren: Carpaccio, knusprige Pizza und zum Nachtisch Schokoladensoufflé locken viele Gäste an. Eine Kletterwand, eine Tischtennisplatte und der Aufenthaltsbereich sind top gepflegt und bestens für Schlechtwetterbeschäftigungen geeignet.

❄ **Die Gemeinde Sölden rühmt sich für ihre kurzen Wege: Die Gaislachkoglbahn ist keine 300 Meter entfernt, und bei viel Schnee endet die Talabfahrt quasi vor dem eigenen Camper. Skikeller und Sanitäranlagen sind gut beheizt, und für die Extraportion Wärme gibt es einen Wellnessbereich mit Sauna, Dampfbad und Fitnessgeräten.**

▶ Wohlfahrtstraße 22, 6450 Sölden, Tel. +43 (0)5254 2627, GPS 46.95785, 11.011933, 01.01.–24.04., 09.06.–02.10., 20.10.–31.12. geöffnet

■ pincamp.de/nt2200

Ötztaler Naturcamping ★★★✦✧

2 Dieser ruhige, am Waldrand gelegene Platz atmet Natur. Die hohen Berge schauen von links und rechts herunter, die Camper stehen zwischen wunderschönen Nadelbäumen auf Terrassen, und in der Mühle schauen die Gäste beim Korn mahlen und Brot backen zu. Wer hier morgens Brötchen bestellt, bekommt die besten und frischesten des Ötztals geliefert und im Platzcafé wird zum kühlen Hellen eine Tiroler Jause mit eigenem Brot auf den Tisch gestellt. Gemütlichkeit wird hier großgeschrieben.

❄ **Rodel-, Wander- und Langlaufstrecken liegen in unmittelbarer Nähe, und in die Skigebiete fährt der kostenlose Skibus. Skitrockenraum samt Schuhtrockner ist genauso wie großzügige und warme Sanitäranlagen vorhanden.**

▶ 6444 Huben, Tel. +43 (0)5253 5855, GPS 47.037333, 10.976416, 01.01.–02.05., 17.05.–03.10., 23.10.–31.12. geöffnet

■ pincamp.de/nt2310

Camping Ötztal Längenfeld ★★★★✦

3 Leider hat die Aqua Dome Therme keinen Hinterausgang, sonst bräuchte man hinter dem Campingplatz nur die Wiese zu überqueren, durch den Bach zu waten und könnte sich dann gleich in das Solebecken legen. Allerdings können die Sanitäranlagen dieses 4-Sterne-Platzes auch mit denen der Therme mithalten, insofern kann man vielleicht auch einfach hierbleiben. Kids finden indoor einen kleinen Spielplatz, und für den Hunger gibt es eine leckere Pizzeria.

❄ **Das große Loipengebiet rund um Längenfeld erstreckt sich in direkter Umgebung, und zu den Höhenloipen in Gries sind es nur gut sechs Kilometer. Die Naturrodelstrecken und die Eisbahn im Ort sind fußläufig. In die Skigebiete bringt einen rasch der Skibus (zur Bergbahn Sölden rund 15 km). Ein Skitrockenraum ist vorhanden.**

▶ Unterlängenfeld 220, 6444 Längenfeld, Tel. +43 (0)5253 5348, GPS 47.072283, 10.963983, ganzjährig geöffnet

■ pincamp.de/nt2330

Weiter in Richtung Inn liegen auf dem Sonnenplateau Niederthai eine größere Anzahl Klassik- und Skatingloipen sowie die Nordic Sports Arena Niederthai, wo jeden Donnerstag- und Sonntagmittag für jedermann ein Langlaufbiathlon mit Laserschießanlage angeboten wird. Die Loipen im Ötztal sind kostenlos und die Anbindungen mit dem Skibus hervorragend.

AQUA DOME LÄNGENFELD

Mit einer kristallförmigen Spitze und dampfenden Beckenschalen fügt sich diese große Therme elegant in die Berglandschaft ein. Unter der Kristallspitze verbirgt sich der Ursprung der Therme – hier sprudelt das schwefelhaltige Wasser aus über 1800 Metern Tiefe an die Oberfläche. Drum herum ist eine moderne, helle Badewelt gebaut worden, bestehend aus Innen-und Außenbecken, Kinderbereich, Solebecken und Saunalandschaft samt Erd- und einer Heustadelsauna. Natürlich ist auch für die entspannte Ruhephase nach dem Saunagang gesorgt.
▶ Oberlängenfeld 140, 6444 Oberlängenfeld, www.aqua-dome.at

GLETSCHERSCHAUSPIEL HANNIBAL

Das Künstlernetzwerk Lawine Torrèn inszeniert in Kooperation mit der Gemeinde Sölden und dem Getränkehersteller Red Bull ein riesiges Spektakel, das die Geschichte des Alpenüberquerers und Feldherrn Hannibal erzählt. Pistenbullys mimen Hannibals Elefanten, Helikopter erleuchten die Berge scheinwerferhell, Tänzerscharen spielen die Leiden von Hannibals Truppen, Skifahrer sausen die Hänge herab, und Paraglider schweben aus der Nacht herein. Diese gigantische Performance findet alle zwei Jahre im April statt.
▶ www.soelden.com/hannibal-gletscherschauspiel

Neben Skipisten machen auch Rodel- und Wanderstrecken das Ötztal zum beliebten Winterdomizil.

STUBAITAL

Gewusst, wann ...

FIS Freeski Weltcup Stubai
Bereits in der zweiten Novemberhälfte treffen sich die Freeski-Superstars zum Slopestyle. Während man anderswo noch auf den ersten Schnee hofft, schwingen sich die Athleten im Snowpark Stubai Zoo auf ihre Twintips, um die ersten Punkte des Weltcups zu ergattern.
▶ www.stubaier-gletscher.com

2 Während die Münchner ihre Oktoberfestzelte auf der Theresienwiese abbauen, wird im Stubaital o'zapft und Mitte Oktober mit dem Weiße-Wies'n-Ski-Oktoberfest die Saison eröffnet. Wobei »Wiesn« hier ein wenig irreführend ist – auf dem Stubaier Gletscher sieht man mehr Schnee als Grün, und vor der ersten Maß sollte man dringend eine Runde mit den Skiern oder dem Board drehen. Willkommen in Tirol, willkommen im Stubai! Schneesicher von Oktober bis Juni und unter drei Stunden entspannt von München erreichbar. Kein Wunder, dass hier Tourismus die größte Industrie ist. Flankiert von imposanten Bergketten liegt das 35 Kilometer lange Tal südlich der Landeshauptstadt Innsbruck. Rund um den Stubaier Gletscher und in den weiteren Gebieten Elferlifte, Serlesbahnen und Schlick 2000 ist das Tal ein echter Allrounder: Kinderfreundliche Anfängergebiete, supersteile Profiabfahrten, Langlauf, Schneetouren, Winterwandern, Rodeln – hier gibt es alles, was das Wintersportlerherz begehrt.

Nach dem Sport geht es ab in eine der Hütten zu Kaiserschmarren oder Tiroler Kasknödel. Oder man macht gleich einen Ausflug in die Altstadt von Innsbruck und schlendert zum Alpenzoo. In der Region pendeln hervorragend funktionierende Skibusse, sodass das Mobil getrost auf dem Platz stehenbleiben kann.

◀ Der Ort Neustift im Stubaital zählt zu den beliebtesten Wintersportorten in der schneesicheren Region.

SKIGEBIET STUBAIER GLETSCHER

Schneesicher zwischen Oktober und Juni: Mehrere Abfahrten starten auf über 3000 Metern, und selbst die Höhenloipe (Skatingloipe) befindet sich in 2600 Metern Höhe, was perfektes Höhentraining verspricht. Auch in der wärmsten Frühlingssonne haben hier die Lifte geöffnet, und große Teile der 65 Pistenkilometer sind befahrbar. Gletscher, Höhe und Schneekanonen sei Dank!

Weil die Bedingungen für Abfahrtsski so gut sind, hat das Team hinter dem Skigebiet Zeit, sich um das Drumherum zu kümmern. Mit Kinderübungsgelände, Schneekarussell und Kinderrestaurant liegt ein Fokus auf den kleinen Gästen. Und mit dem enorm umfangreichen Snowpark DC Stubai Zoo ein zweiter Fokus auf den Snowboardern und Freestylern. Hier wird auf der Pro-, Medium-, Jib- und Easy Line trainiert, und der Park gehört zu den größten Europas.

SCHLICK 2000

Auf der anderen Seite des Stubaitals, kurz vor Innsbruck, liegt dieses kleine Skigebiet, in dem alle Familienmitglieder ihre eigenen Runden drehen und man sich mittags in einer der gemütlichen Hütten für Pommes und Limo versammelt. Der Großteil der Pisten ist schön breit und für alle Könnerstufen gut zu befahren. Und sportliche Skifahrer finden neben und zwischen den Pisten eine Menge Freeride-Möglichkeiten, die nicht weit in das Gelände führen und nicht sonderlich gefährlich, aber trotzdem herausfordernd sind. Winter- und Schneeschuhwanderer finden insbesondere oberhalb der Mittelstation mehrere schöne Wege durch den verschneiten Winterwald.

RODELN AM ELFER

Das Gebiet beim Comfort Camping Stubai ist für seine Rodelstrecken bekannt. Die haben es aber in sich! Auf den kurvigen Wegen durch den Bergwald muss man ordentlich die Hacke in den Schnee drücken. Schlitten können bei verschiedenen Sportshops

ESSEN & TRINKEN

Restaurant Kirchenwirt

Neben dem Camping Stubai bekommt man eine schmack- und herzhafte Mischung aus österreichischer und ungarischer Küche. Man hat die Wahl zwischen ungarischem Rindsgulasch mit Eiergraupen und Tiroler Gröstl mit Speck.

▶ Stubaital Str. 92, 6167 Neustift im Stubaital, Tel. +43 (0)664 5936696, www.kirchenwirtneustift.at

Volderauhof

Zu diesem unscheinbaren Restaurant kommen auch die Tiroler, um sich zwischen Fritattensuppe, Kaspressknödel und Käsespätzle weitere Klassiker ihrer Küche servieren zu lassen. Mit Vorbestellung gibt es ab zwei Personen auch eine ordentliche Portion ofenfrischer Rippchen. Fußläufig vom Camping Edelweiß zu erreichen.

▶ Volderau 7, 6167 Neustift im Stubaital, Tel. +43 (0)5226 2617, www.gasthaus-volderauhof.at

Stubaier Gletscher

▶ Pistenlänge:	42 km
▶ Lifte:	26
▶ Höhe:	1695–3210 m
▶ Schneesicher:	❄ ❄ ❄ ❄ ❄
▶ Familien:	❄ ❄ ❄ ❄
▶ Highlight:	Snowpark DC Stubai Zoo

CAMPINGPLÄTZE

Comfort Camping Stubai ★★★★★

4 Das teils leicht geneigte, naturbelassene Wiesengelände mit vereinzelten Bäumen liegt bei einem Bauernhof in Neustift, dem bekanntesten Ort des Stubaitals. In den kleinen Ort sind es nur wenige Gehminuten, und direkt nebenan ist ein Supermarkt. Der Aufenthaltsraum samt kleinem Spielplatz und Tischtennisplatte ist nicht nur für Kids.

❄ **Die Rodelbahn des kleinen Schneesportgebiets Elfer endet auf dem Platz, die Bergbahn Elferlifte ist in Steinwurfweite, der Skibus (zum Stubaier Gletscher 18 km) hält fast vor dem Platz, und um die Ecke ist ein Eislaufplatz mit Schlittschuhverleih. Im Winter freut man sich besonders über die neu gestalteten, warmen Sanitäranlagen, den Skitrockenraum und erst recht über die kleine Saunalandschaft!**

▸ Stubaitalstraße 94, 6167 Neustift, Tel. +43 (0)5226 2537,
GPS 47.109733, 11.308383, ganzjährig geöffnet
■ pincamp.de/nt3920

Camping Edelweiß

5 Camping Edelweiß liegt im hinteren Stubaital in Volderau. Neben dem einfachen, aber sehr schönen Platz ragen die Berge steil in die Höhe, und der kleine Fluss Ruetz plätschert durch das Tal. Abends steht der Chef im Restaurant selbst am Herd und kocht Wildspezialitäten aus eigener Jagd und anderes herzhaftes Campingessen.

❄ **Ins Gletscherskigebiet sind es von hier nur noch sieben Kilometer, der Gletscher ist bereits sichtbar. Mit dem Skibus sind es nur wenige Minuten Fahrt. Im Ort gibt es einen kleinen Übungslift. Auf Wellnesstempel und ähnlichen Schnickschnack wird auf dem Platz verzichtet, dafür gibt es gepflegte, warme Sanitäranlagen, einen guten Skitrockenraum, den gluckernden Bach und die Aussicht auf Berge und Gletscher.**

▸ Volderau 29, 6167 Neustift im Stubaital, Tel. +43 (0)5226 3484,
GPS 47.067816, 11.253233, ganzjährig geöffnet
■ pincamp.de/pin_43652

---

im Stubaital sowie bei einigen Hütten ausgeliehen werden. Und wer zum Nachtrodeln kommt, hat vielleicht Lust, beim Weber Lois an der Schneebar für einen Glühwein Halt zu machen.

FREIZEITZENTRUM NEUSTIFT

Das kleine Familienbad in Neustift ist sicher nicht mit einem Wasserfunpark zu vergleichen. Aber es gibt eine längere Rutsche, ein Innenbecken, in dem alle gemeinsam plantschen, und einen Saunabereich, der ein gesondertes Ticket erfordert. Im Saunabereich ist es ruhig – Körper und Nerven können hier entspannen. Sollte man im Anschluss noch den Keller des Freizeitzentrums besuchen, könnte das von Vorteil sein! Denn hier gibt es einen Schießstand und eine Kegelbahn. Das Freizeitzentrum ist städtisch verwaltet.

▸ Stubaital Str. 110, 6167 Neustift im Stubaital,
www.stubai.at/freizeitzentrum-neustift

STUBAY FREIZEITCENTER: SAUNAPARADIES UND AIRPARC

Aus der Panoramasauna des Saunaparadieses fasziniert der Blick auf die majestätische Gletscher-

Bestens präparierte Pisten versprechen einen herrlichen Skitag auf dem Stubaier Gletscher.

bergwelt. Der Aufguss zischt und der Schweiß rinnt an einem herab. Teil des StuBay Freizeitcenters sind unter anderem auch noch ein 25-Meter-Sportbecken und Solebecken, die sind aber ein wenig frisch, insofern schnell wieder zurück zur Stille der Saunen.

Neben dem Saunaparadies gibt es im Freizeitcenter auch noch einen Airparc. Das ist die Schlechtwetteralternative für alle sprungbegeisterten Anhänger von Freeskiern, Snowboards, Skates und Freestyle-Akrobatik. Mit Freestyle-Trampolinen, Rampen und Matten für das Üben von Boardtricks und Parcour-Lines. Wer schon immer mal Salti lernen wollte, ist hier genau richtig. Beim ersten Mal muss eine kostenpflichtige Einführung gebucht werden, damit Verletzungen kein Thema sind. Bei Regen ist die Maximalkapazität allerdings schnell erreicht. Dann am besten schon vor Öffnung des Parcs anstellen. Auf dem Parkplatz der ebenfalls kommunal betriebenen Einrichtung ist Wohnmobilen das Parken nicht gestattet, insofern reist man besser mit dem Bus an.
▶ Landesstraße 1, 6165 Telfes im Stubai, www.stubay.at

ALPENZOO TIROL

Weil man hier keine Löwen, Tiger und Elefanten hält, sondern die ebenso bedrohten Tierarten Luchs, Otter, Adler und Wolf, fühlen sich die Tiere auch im Winter wohl. Im Indoorbereich sieht man in verschiedenen Aquarien die Unterwasserwelt der Alpen vom Gebirgsbach bis hinunter zum Gardasee. Nur Murmeltiere und Lurche wird man zu dieser Jahreszeit wohl nicht zu Gesicht bekommen, da sie sich für ihre Winterruhe zurückgezogen haben.

Der Zoo liegt in Innsbruck am Fuß der Nordkette, und so nimmt man von der Stadt aus entweder den steilen Aufstieg in Kauf, oder man fährt mit der Hungerburgbahn.

ZILLERTAL

Gewusst, wann ...

Lederhosen Wedel Woche
Am Ende der Saison steppt in der Zillertal Arena das letzte Mal der Après-Ski-Bär zu Frühschoppen und Livemusik. Und er trägt Lederhosen oder Dirndl, denn dann bekommt er den Skipass in dieser Aprilwoche vergünstigt.
▶ www.zillertalarena.com/winter/events/lederhosen-wedel-woche

Das Zillertal, ein Seitental des Inns, ist nur rund 50 Kilometer lang. Aber das sind fantastische 50 Kilometer. In den Höhenlagen lösen dichte Zirbenwälder die Fichten und Tannen ab, Flechten wachsen auf den Steinen, und in der gesamten Naturparkregion befinden sich rund 80 Gletscher. Touristische Angebote reichen von der Hochloipe auf über 1500 Metern über anspruchsvolle Winterwanderungen bis zu den Greifvögeln der AdlerBühne Ahorn in Mayrhofen. Alpine Ski- und Snowboardfahrer werden ohnehin glücklich – ob in der Zillertal Arena oder auf dem Hintertuxer Gletscher, Österreichs einzigem Ganzjahresskigebiet.

Was aber als Wintercamper vor allen Dingen auffällt, ist, wie sehr im Zillertal in hochklassige Campinginfrastruktur investiert wurde. Gleich eine Reihe von Plätzen bieten Spiel und Spaß für Kinder und vor allem Wellness für Erwachsene. Die Ausstattungen erinnern zum Teil an Thermen. Und so kann man sich bei der Auswahl des Campingplatzes überlegen, was einem wichtiger ist: das beheizte Außenschwimmbecken, die Finnische Sauna oder das Aromadampfbad?

◄ Die Zillertal Arena mit Pisten in allen Schwierigkeitsgraden zählt zu den familienfreundlichsten Skigebieten in Tirol.

ZILLERTAL ARENA

Mit fast 150 Pistenkilometern ist die Arena das größte Skigebiet im Zillertal. Es erstreckt sich von Zell am Ziller bis in den Salzburger Pinzgau. Mit vielen leichten und mittelschweren Pisten, einem speziell für Kinder geeigneten Funpark, der Rodelbahn am Hainzenberg und Gimmicks wie einer Videopiste hat man sich viel Mühe gegeben, alle Altersklassen und Könnerstufen anzusprechen. Besonders schön und lang sind die Talabfahrten: Zehn Kilometer vom Isskogel hinab nach Gerlos und acht Kilometer vom Übergangsjoch nach Zell am Ziller.

NATUR EIS PALAST

Bergführer bringen Touristen in eine eigene kleine Welt, die tief unter der Skipiste liegt. In einer begehbaren Gletscherspalte finden die Besucher funkelnde Eiskristalle, herabhängende Stalaktiten und einen gefluteten Gang, der mit einem Boot erkundet wird. Festes Schuhwerk, keine Platzangst und das nicht eben niedrige Entgelt sind Voraussetzung für das Abenteuer. Der Eispalast liegt am Hintertuxer Gletscher inmitten des schönen und extrem schneesicheren Skigebiets Ski & Gletscherwelt Zillertal 3000 und kann gut mit einem Skitag kombiniert werden.
▶ Hintertux 794, 6293 Tux,
www.tux.at/natur-eis-palast

Zillertal Arena	
▶ Pistenlänge:	145 km
▶ Lifte:	52
▶ Höhe:	580–2500 m
▶ Schneesicher:	❄❄❄❄
▶ Familien:	❄❄❄❄❄
▶ Highlight:	Ski-Movie- und Speed-Check-Pisten

Die Gletscherhöhle im Natur Eis Palast auf dem Hintertuxer Gletscher ist ein beliebtes Auflugsziel.

CAMPINGPLÄTZE

Erlebnis Comfort Camping Aufenfeld ★★★★★
6 Als 1978 der Campingplatz eröffnet wurde, konnten sich die Betreiber vermutlich nicht vorstellen, welche 5-Sterne-Ausstattung nach und nach entstehen würde. Heute umfasst die Anlage u. a. ein Schwimmbad mit mehreren kleinen Becken, eine Saunalandschaft im Westernstil, eine Kletterhalle mit Boulderbereich, einen überdachten Skater- und Trampolinbereich und einen Erlebnisfreizeitpark. Vieles davon ist nicht Teil des Basistarifs, sodass sich der einfache Übernachtungspreis in Grenzen hält.

❄ **Ach, und Wintersport gibt es natürlich auch: In die nahe gelegenen Skigebiete fährt der Skibus (Zillertal Arena gut 3 km), und bei ausreichendem Schnee gibt es am Campingplatz sogar einen eigenen Anfängerlift und einen Loipeneinstieg direkt in Aschau.**

▸ Aufenfeldweg 10, 6274 Aschau, Tel. +43 (0)5282 2916, GPS 47.263266, 11.8995, 01.01.–06.11., 17.12.–31.12. geöffnet

■ pincamp.de/nt5150

Campingdorf Hofer ★★★★☆
7 Der kleine Campingplatz ist keine Luxuserlebniswelt, hat aber alles, was man für einen gelungenen Aufenthalt braucht. Der Empfang ist freundlich und hilfsbereit, und im Restaurant am Platz werden wärmende Tiroler Spezialitäten gekocht. Die Sanitäranlagen sind modern, sauber und warm. Der Bahnhof, mehrere Einkaufsmöglichkeiten und Restaurants von Zell am Ziller liegen in der Umgebung.

❄ **Dank optimaler Lage wird die Liftanlage der Zillertal Arena durch einen längeren Spaziergang oder eine kurze Busfahrt erreicht, die Kunsteisbahn im Freizeitpark ist sogar noch näher und auch die sieben Kilometer lange Rodelbahn am Gerlosstein liegt nur wenige Fahrminuten entfernt. Ein Skitrockenraum ist vorhanden.**

▸ Gerlosstraße 33, 6280 Zell am Ziller, Tel. +43 (0)5282 2248, GPS 47.228733, 11.8858, ganzjährig geöffnet

■ pincamp.de/nt5170

Camping Mayrhofen ★★★★★
8 Auch das Ende des Zillertals will nicht auf einen Campingplatz der Extraklasse verzichten. Vom Platz am Hang mit zwei geschotterten Terrassen hat man einen weiten Blick auf die Berge und ins Zillertal. Das Zentrum von Mayrhofen ist gut zu Fuß erreichbar. Dadurch, dass der Wellnessbereich des angrenzenden Hotels mitgenutzt werden kann, gibt es ein großes Außenbecken, das auch im Winter geheizt wird, ein kleines Hallenbad und eine Wellnessoase mit Sauna und Dampfbad.

❄ **Die Talstationen von Mayrhofen (2 km) und Umgebung (Zillertal Arena 9 km) sind schnell mit dem Skibus erreicht, sodass die gesamte abwechslungsreiche Skiwelt des Zillertals befahren werden kann. In der direkten Umgebung finden sich zudem einige angenehmen flache Langlauf- und Wanderstrecken. Ein Skitrockenraum ist vorhanden.**

▸ Laubichl 125, 6290 Mayrhofen, Tel. +43 (0)664 88518866, GPS 47.175833, 11.86905, 01.01.–15.10., 16.12.–31.12. geöffnet

■ pincamp.de/nt5200

Vom Campingdorf Hofer aus ist die Zillertal Arena schnell erreicht.

PLAYARENA TUX

Als Eltern tobt man hier entweder mit oder setzt auf die ganztägige Betreuung für Kinder von 0–16 Jahren und verabschiedet sich auf die Skipiste. Langweilig wird es in keinem Fall. Entweder die Pisten des Zillertals sorgen für Unterhaltung, oder Trampolinpark, Indoorhochseilgarten, Kletterwand, Rutschen und Airhockey. Auch bei schlechtem Wetter eine gute Familienbeschäftigung.
▶ Vorderlanersbach 286, 6293 Tux, www.playarena.at

ERLEBNISTHERME ZILLERTAL

In der Erlebnistherme wurde neben das Hauptbecken eine Textilsauna gebaut, genau genommen eine »Zirbensauna«. Und so sitzt man umgeben vom zähen Holz der Zirbelkiefer, auch Königin der Alpen genannt, und schaut durch die Fensterfront den Kindern dabei zu, wie sie durch das Becken toben. Ohne Kinder lohnt der gesonderte Eintrittspreis für die Saunawelt, denn der allgemeine Teil der Erlebnistherme richtet sich spürbar an Familien. In der Saunawelt hingegen verteilen sich die Besucher über die acht Saunen und Dampfbäder, und so herrscht gediegene Ruhe.
▶ Badweg 1, 6263 Fügen, www.erlebnistherme-zillertal.at

ESSEN & TRINKEN

Hofer's Wirtshäusl
Eine Balance aus gemütlicher Wirtshausatmosphäre, schmackhaftem Essen und freundlicher Bedienung. Zwischen hausgemachten Spinatknödeln und Kaspressknödel-Burger treffen Tiroler Spezialitäten auf internationale Wirtshausrezepte. Liegt am Campingplatz von Zell am Ziller.
▶ Gerlosstraße 33, 6280 Zell am Ziller, Tel. +43 (0)5282 2248, www.campingdorf.at/hofers-wirtshaeusl

Western Steakhouse – White Horse
Für alle Westernfans ist der Besuch des Steakhouses ein Besuch wert, auch wenn sie nicht im anliegenden Camping Aufenfeld übernachten. Am besten kommt man an einem Abend mit Livemusik im Saloon.
▶ Aufenfeldweg 14, 6274 Aschau im Zillertal, Tel. +43 (0)5282 20186, www.western-steakhouse.at

ACHENSEE

Gewusst, wann ...

Silvesterschwimmen am Achensee

Zur Mittagszeit des 31.12. springen immer zwei Verrückte zugleich in den eiskalten Achensee und legen die 50-Kilometer-Schwimmstrecke zurück. Ein Wettkampf, bei dem sich niemand ernst nimmt und der in der ruhigen Region tatsächlich eine Art Happening ist. Silvester am Achensee verspricht einen geruhsamen Jahreswechsel.
▶ www.achensee.com/erleben/winterurlaub/silvesterschwimmen-achensee

Der Achensee ist ein Bergsee, wie er im Bilderbuch steht. Der Fjord der Alpen ist der größte See Tirols und lohnt schon allein den Besuch der Region. Umringt ist er von kleinen touristischen Ortschaften und vor allem von der einsamen Bergwelt. Im Osten steht das Rofangebirge mit schroffen Spitzen und senkrechten Felswänden. Und im Südwesten erstreckt sich das Karwendelgebirge, eine der unbewohntesten Gegenden Mitteleuropas. Eine einzigartige alpine Urlandschaft, ein mehr als 700 Quadratkilometer großer Naturpark.

Zumeist sind es nicht die alpinen Skifahrer, die hierherkommen. Es gibt keinen großen Skizirkus und wenig Après-Ski. Dafür warten viele, viele gepflegte Loipenkilometer, einfache Winterwanderwege und herausfordernde Skitouren und Schneeschuhwanderungen. Erfahrene Tourengänger suchen sich ihre eigenen Wege, geübte Einsteiger halten sich an Strecken neben den Skipisten, und alle anderen nehmen an einer der geführten Touren teil, die von staatlich geprüften Berg- und Skiführern angeboten werden. Mit Fellen wird frühmorgens den Berg hinaufgestiegen. Belohnt wird die Mühe mit Ausblicken auf den glitzernden See!

◄ Der Achensee ist zu jeder Jahreszeit einen Besuch wert – im Winter locken hier auch noch die Skigebiete.

SKIGEBIET CHRISTLUM ACHENKIRCH

Auf der Nordseite des Achensees liegt an der Ostflanke des Karwendels dieses feine Skigebiet. Mit breiten sonnigen Abfahrten, einem Snowland und einer Rodelstrecke an der Mittelstation werden gerade die Kleinen angesprochen. Aber da unter den 27 Pistenkilometern auch einige FIS-zertifizierte schwarze Pisten sind, ist für jede Erfahrungs- und Leistungsstufe etwas dabei.

LANGLAUF RUND UM DEN ACHENSEE

Mit mehr als 200 Loipenkilometern zählt der Achensee zu den beliebtesten Langlaufregionen Tirols. Insbesondere für Anfänger wird eine gute Umgebung geboten, zum Beispiel mit einem dreitägigen Langlaufcamp, der Übungsloipe in Pertisau oder der einfachen Ortsloipe Achenkirch. Letztere

Christlum Achenkirch

- **Pistenlänge:** 27 km
- **Lifte:** 10
- **Höhe:** 950–1800 m
- **Schneesicher:** ❄ ❄ ❄
- **Familien:** ❄ ❄ ❄
- **Highlight:** Hervorragende Loipen rund um den Achensee

ist sogar barrierefrei, da einige Strecken auch speziell für Langlaufschlitten präpariert werden, mit denen Rollstuhlfahrer unterwegs sind. Von den Campingplätzen aus klappt die An- und Abreise zu den Loipen hervorragend mit den kostenlosen öffentlichen Bussen.

ROFAN

Von Maurach aus fährt die Seilbahn hoch zum Rofan. Hier gibt es auch ein kleines Skigebiet, die

Rund um Pertisau führen weitläufige Loipen und Winterwanderwege.

Der Alpen-Caravanpark Achensee bietet See- und Bergblick.

CAMPINGPLÄTZE

Alpen-Caravanpark Achensee ★★★★⯪

❾ An der Nordspitze des Achensees gelegen, hat man von hier einen herrlichen Bergblick. Abends lädt das Restaurant dieses 4-Sterne-Platzes zu Pizza am offenen Kamin und einem wärmenden Getränk, während die Kids im Bällebad, am Kicker oder Billardtisch spielen. Alle freuen sich über die sehr gut gepflegten und gemütlichen Sanitäranlagen sowie den großzügigen Skikeller.

❄ **Es sind nur zwei Kilometer bis zu den Liftanlagen des Ski- und Rodelgebiets Christlum, das bequem mit dem Skibus angefahren werden kann. Und in unmittelbarer Nachbarschaft startet eine kostenlose Loipe, mit der das große Loipennetz rund um den Achensee erreicht wird.**

▸ Achenkirch 17, 6215 Achenkirch, Tel. +43 (0)5246 6239,
  GPS 47.499549, 11.706416, ganzjährig geöffnet
■ pincamp.de/nt4800

Camping Karwendel ★★★★★

❿ Der ruhig gelegene Naturcampingplatz liegt am Dorfrand von Maurach an der Südspitze des Achensees. In den Dorfkern, zum Seeufer und zum Atoll Achensee führen bequeme Fußwege. Die Sanitäranlagen sind neu und sauber, in der Gaststätte wird leckeres Wild aus eigener Jagd zubereitet, und der Jugendraum beschäftigt die ganze Familie bei schlechtem Wetter. Gemütliche Holzblockhäuser werden für die Nichtcamper angeboten. Rundum gelungen!

❄ **Die Rofan Seilbahn liegt in Fußdistanz, und zum Skigebiet Christlum Achenkirch fährt regelmäßig der Skibus (13 km), der direkt vor der Tür hält. Unmittelbar am Platz verlaufen eine Loipe und schöne Spazierwege. Ein Skiraum mit Skischuhtrockner ist vorhanden.**

▸ Planbergstrasse 23, 6212 Maurach, Tel. +43 (0)5243 6116,
  GPS 47.4216, 11.7401, 01.01.–06.11., 22.12.–31.12. geöffnet
■ pincamp.de/nt4640

Von Pertisau am Fuß des Rofan aus lässt sich die Region rund um den See bestens erkunden.

meisten Gäste kommen aber wegen der Aussicht oder für Wanderungen. Sei es, um einen Rundweg von circa einer Stunde zur Erfurter Hütte zu spazieren. Oder, um mit den Schneeschuhen oder Tourenskiern die verhältnismäßig einfache Tour vorbei an der Erfurter Hütte durch den Schnee in Richtung Rofanspitze aufzusteigen.

ATOLL ACHENSEE

Biozirbensauna, klassisch, Finnisch oder weniger heiß in der Kräutersudsauna, oder beim schwimmen im Infinitypool – beinahe von überall schaut man aus den großen Panoramafenstern auf das atemberaubende Bergseepanorama. Und wer nicht nur entspannen will, wird im modernen Atoll am Seeufer von Maurach auch fündig. In der Boulderhalle werden regelmäßig neue Routen aller Schwierigkeitsgrade geschraubt, im Gym quälen sich die Fitnessfans (natürlich auch mit Seeblick), und im Winter lädt das Atoll auf einem Kunsteislaufplatz zum Schlittschuhlaufen und Eisstockschießen. In Maurach wird einem, egal bei welchem Wetter, nicht so schnell langweilig.

ESSEN & TRINKEN

SeeEck Achensee
Hier kocht die Chefin Steffi mit den frischesten Zutaten Köstlichkeiten wie ihre geschäumte Fischsuppe, Spinatknödel und knuspriges Backhendl. Dazu sitzt man im Winter gemütlich am Kamin.
▸ Seestraße 41a, 6215 Achenkirch, Tel. +43 (0)664 1311152, www.seeeck.at

Arthur's Venezia
Auch außerhalb des Campingplatzes Karwendel findet man in Maurach leckeres Essen. Zum Beispiel in Arthur's Trattoria & Pizzeria mit krosser Pizza oder Miesmuscheln in Weißwein.
▸ Dorfstraße 23, 6212 Maurach, Tel. +43 (0)5243 5527, www.arthurs-achensee.at

WILDER KAISER

Gewusst, wann …

Ellmi's zauberhaftes Bergadvent

Während auf anderen Weihnachtsmärkten innständig auf ein weißes Weihnachten gehofft wird, machen sich die Ausrichter des Ellmauer Bergadvents auf 1500 Metern darum wenig Sorgen. Im verschneiten Wald vor der nächtlichen Kulisse des Wilden Kaisers ist Adventsromantik garantiert. Ab dem zweiten Adventwochenende am Freitag- und Samstagnachmittag und -abend. Auffahrt mit der Almbahn Hartkaiser.
▶ Weißachgraben 5a, 6352 Ellmau, www.ellmau-going.at

5 Während die Hänge des Wilden Kaisers so schroff und steil sind, dass sie sich selbst für die tollkühnste Skipiste nicht eignen, sind die sanften Flanken der Kitzbühler Alpen wie geschaffen für Abfahrts- und Rodelstrecken sowie Winterwanderwege. Und da haben die Tiroler sich nicht lange bitten lassen und ein weitverzweigtes Wintersportgebiet geschaffen, das mit 288 Pistenkilometern so groß ist, dass problemlos der Tag verbracht werden kann, ohne eine Abfahrt doppelt zu machen. Die neun Talstationen der SkiWelt Wilder Kaiser-Brixental befinden sich in verschiedenen Orten, die durch gute Straßenverbindungen und die kostenlosen Skibusse perfekt miteinander vernetzt sind. Die Ortschaften und die oberhalb davon liegenden Abfahrten haben alle ihren eigenen Charakter: Südseite, Nordseite, das geschichtsträchtige Brixen im Thale, die kleinen Gassen von Hopfgarten-Markt und das malerische Ensemble des Dorfs Söll. Eigentlich sollte hier für jeden etwas dabei sein, aber wem diese Riesenauswahl dennoch nicht reicht, der begibt sich nach Kitzbühel: entweder schnell und bequem per Bus oder traumhaft schön über die KitzSkiWelt Tour.

◄ Die zerklüfteten Berggipfel und steilen Hänge im Wilden Kaiser kommen bei Sonnenuntergang besonders gut zur Geltung.

SKIWELT WILDER KAISER - BRIXENTAL

Von den 288 Pistenkilometern sind 33 Kilometer schwarze Pisten. Viele der Abfahrten sind zwar lang, aber auch breit und gut zu meistern. Kinder fahren in Begleitung eines Elternteils in der Nebensaison bis zum 15. Lebensjahr gratis. Mit Kinder- und Anfängerfreundlichkeit wird hier geworben. Aber aufgrund seiner Größe und Verästelung ist das Gebiet so vielfältig, dass für alle Altersstufen etwas dabei ist. Ein guter Ausgangspunkt ist das im Zentrum des Gebiets liegende Brixen im Thale, wo es direkt eine Auswahl unterschiedlichster Abfahrten gibt. Anfänger orientieren sich am besten gen Osten Richtung Going und Ellmau, Profis nach Norden Richtung Söll und Snowpark-Fans gen Süden zum Big Playground Westendorf. Winterwanderwege sind beinahe überall zu finden, aber eine besonders schöne Wanderung startet im Bergdorf Going, führt den Astberg hinauf zur Hütte am Hollenauer Kreuz und bietet fantastische Ausblicke auf den Wilden Kaiser.

SkiWelt Wilder Kaiser	
▶ Pistenlänge:	284 km
▶ Lifte:	90
▶ Höhe:	620–1957 m
▶ Schneesicher:	❄ ❄ ❄ ❄
▶ Familien:	❄ ❄ ❄ ❄ ❄
▶ Highlight:	Top-Allrounder für die ganze Familie

KAISERBAD ELLMAU

Ein sehr schönes kleines Familienbad mit einem Außenbecken, das auch im Winter geöffnet ist, Rutschen und herrlichen Ausblicken auf die umliegende Bergwelt. Die Kids vergnügen sich auf den zwei Rutschen oder auf dem Indoorwasserspielplatz. Und die Erwachsenen entspannen im Solebecken,

Für Klein und Groß ist das Angebot an Pisten in der SkiWelt Wilder Kaiser-Brixental enorm.

CAMPINGPLÄTZE

Panoramacamping Westendorf ★★★★✩

11 Das leicht geneigte Rasengelände ist auf drei Stufen naturnah von Wiesen und Wald umsäumt, und von Straße und Bahnlinie durch einen Tannenstreifen getrennt. Kindern und Jugendlichen steht der Spiel- und Aufenthaltsraum nicht nur an Schlechtwettertagen zur Verfügung, und gegen ein kleines Entgelt kann die schöne Sauna genutzt werden.

❄ **Gut zwei Kilometer von der Bergbahn des Skigebiets Westendorf (Teil der SkiWelt Wilder Kaiser) entfernt, ist dieser Platz im Brixental ein hervorragender Ausgangspunkt für unterschiedlichen Wintersport. Gepflegte Langlaufloipen, eine wunderschöne lange Rodelbahn und Einkaufsmöglichkeiten sind fußläufig. Ein Skitrockenraum mit Skischuhtrockner ist vorhanden.**

▸ Mühltal 70, 6363 Westendorf, Tel. +43 (0)5334 6166, GPS 47.432883, 12.201866, 01.01.–16.10., 16.12.–31.12. geöffnet

■ pincamp.de/nt6390

Camping Schlossberg Itter ★★★★✭

12 Unterhalb von Schloss Itter residiert dieser 4-Sterne-Campingplatz, der kaum einen Wunsch unerfüllt lässt. Kinder spielen im Indoorspielraum, und Erwachsene verschnaufen in der Sauna und im Dampfbad. Einzig die nahe gelegene Hauptstraße kann je nach Stellplatz die Urlaubsfreude ein wenig stören.

❄ **Zur Bergbahn Hopfgarten ist es ein ausgedehnter Spaziergang oder eine kurze Fahrt mit dem Skibus, und das Loipennetz rund um Itter bietet Herausforderungen in allen Schwierigkeitsgraden. Die nächste Rodelbahn liegt nur einen Steinwurf den Hügel hinauf, und für Winterwanderer bietet die Region Hohe Salve Streckenverläufe von leicht bis schwer. Ein Trockenraum für die Ausrüstung ist natürlich vorhanden.**

▸ Brixentalerstraße 11, 6305 Itter, Tel. +43 (0)5335 2181, GPS 47.466283, 12.1395, 01.01.–06.11., 12.12.–31.12. geöffnet

■ pincamp.de/nt6350

Camping Reiterhof ★★★✭✩

13 Ein kleiner Platz mit gutem Preis-Leistungs-Verhältnis, auf dem man freundlich empfangen wird. Seine kinderfreundlichen Vorzüge entwickelt er besonders im Sommer, wenn der Badesee lockt und der Freizeitpark seine Tore öffnet, aber im Winter ist dafür der Panoramablick auf die Hohe Salve umso schöner.

❄ **Mit dem vor der Tür haltenden Skibus sind es zur Bergbahn Hopfgarten und zum Skigebiet Kelchsau nur einige Minuten Fahrt. Kelchsau ist nicht mit der übrigen SkiWelt Wilder Kaiser verbunden und daher kostengünstiger und überschaubarer. Loipen und Winterwanderwege sind – wie überall im Brixtal und seinen Seitentälern – nicht weit entfernt. Ein Skitrockenraum ist vorhanden.**

▸ Kelchsauerstraße 49, 6361 Hopfgarten, Tel. +43 (0)5335 3512, GPS 47.430683, 12.1499, ganzjährig geöffnet

■ pincamp.de/nt6370

im Kräuterdampfbad oder in der Zirbenpanoramasauna. Zum Kaiserbad gehören außerdem eine Tennis- und eine Kletterhalle. Der Eintritt hierzu ist separat.
▸ Wimm 1, 6352 Ellmau, www.kaiserbad.com

ALPENIGLU

Rund herum nichts als Eis und Schnee, draußen heult der Wind. Und dann schaltet man das Licht aus, kuschelt sich in den Schlafsack und träumt von Pinguinen. Klingt das gemütlich? Dann wäre die Voraussetzung für eine Nacht im Igludorf geschaffen. Die professionell gebauten Schneehäuser im Stil der Schutzhütten der Inuit werden jährlich an der Bergstation in Hochbrixen aufgebaut. Sie dienen experimentierfreudigen Touristen als Hotel. Im Igludorf werden Candle-Light-Dinners, Kurse im Schnitzen von Eisskulpturen und Drinks an der Eisbar angeboten. Aber eigentlich geht es allen darum, sich einzukuscheln und zu wissen, dass es im Schlafsack warm ist, während draußen die Eiseskälte einer Nacht am Berg herrscht.
▸ www.alpeniglu.com/igludorf

ESSEN & TRINKEN

Michlwirt
Der Michlwirt will eigentlich nur ein traditionelles Wirtshaus sein, ist aber weit mehr. So gibt es hervorragende Käsespätzle und hochgelobte Schnitzel. Qualität macht beliebt, es lohnt sich zu reservieren.
▸ Peter-Neuschmid-Straße 5, 6363 Westendorf, Tel. +43 (0)664 2508412, www.michlwirt.at

Gasthof Grieswirt
Gegenüber dem Campingplatz am Schlossberg Itter liegt dieser gemütliche Gasthof. Serviert werden Burger und Spareribs auf rustikalen Holzbrettchen und dazu ein großes kaltes Bier.
▸ Brixentaler Str. 5, 6305 Itter, Tel. +43 (0)664 4120982, www.grieswirt.tirol

Langlaufloipen, Rodel- und Wanderstrecken liegen nahe beim Campingplatz Schlossberg Itter.

KITZBÜHEL

Gewusst, wann ...

Hahnenkamm-Rennen
Auf der Streif wird seit 1931 das heute wohl bekannteste und legendärste Skiabfahrtsrennen der Welt ausgetragen. Ende Januar stehen Zehntausende Zuschauer im Zieleinlauf, und Millionen sitzen vor ihren Bildschirmen. Sie sehen Athleten, die mit 135 km/h bergab rasen und unterwegs zwei Sprünge von 60 Metern hinlegen.
▶ www.hahnenkamm.com

Der Name Kitzbühel glitzert in teuren Luxusfarben. Kitzbühel bedeutet Champagnerflaschen und Prominenz, hier feiern Fußballlegenden und Schlagersänger teure Après-Ski-Partys, und Arnold Schwarzenegger kommt mit dem Helikopter zum Charitydinner. Kitzbühels Anziehungskraft entstammt unter anderem dem Spektakel rund um das legendäre Hahnenkamm-Rennen. Aber der Kern des Erfolgs von Kitzbühel liegt zunächst in der wunderschönen Bergwelt und der hervorragenden Infrastruktur. Die Wege sind kurz: Von der Unterkunft zum Lift ist es nie weit, bei der letzten Abfahrt fährt man vom Berg bis mitten in das Dorf, und die Anreise aus München oder Salzburg lohnt sich auch für ein Wochenende. Die Bedingungen zum Skifahren sind ohnehin gut. So gut, dass Profis wie Toni Sailer und Hansi Hinterseer hier zum ersten Mal auf den Brettern standen. Und spätestens beim Kontakt mit Einheimischen wird das Klischee vom Nobelort Kitzbühel schnell weggewischt. Sie sagen: Tiroler Herzlichkeit und ein schöner Wintersportort, der übrigens neben dem Abfahrtsskigebiet auch beste Langlaufvoraussetzungen bietet, das ist das wahre Kitzbühel.

◄ Kitzbühel inmitten der Tiroler Bergwelt verspricht neben Glanz und Glamour auch viel Herzlichkeit und Bodenständigkeit.

KITZSKI

Das Skigebiet KitzSki ist gut, das steht außer Frage: 233 Abfahrtskilometer, die Anfängern und Profis gleichermaßen viel abverlangen. Bei Neuschnee Hunderte Varianten abseits der gespurten Pisten. Eine Armee Schneekanonen, die die Saison strecken. Rodelbahnen als Alternative für Groß und Klein. Und eine Vielzahl Hütten, von der kleinen Einkehrmöglichkeit bis zur Streifalm, wo am Fuß der Rennstrecke bis in die Nacht hinein gefeiert wird. Snowboarder finden im aufwendig erstellen Snowpark ihren Spaß, müssen aber aufgrund der vielen Ziehpisten im Skigebiet selbst oft das Board abschnallen. Viele der Pisten sind hier kürzer als

KitzSki

▸ Pistenlänge:	233 km
▸ Lifte:	57
▸ Höhe:	800–2000 m
▸ Schneesicher:	❄ ❄ ❄ ❄
▸ Familien:	❄ ❄ ❄ ❄
▸ Highlight:	Weltberühmte FIS-Abfahrten

ESSEN & TRINKEN

Restaurant Schwedenkapelle Kitzbühel

Bis hierher und nicht weiter kamen die Schwedischen Reiter 1643! Vom Campingplatz Bruggerhof in Richtung Kirchberg liegt dieses urig-gemütliche Restaurant, das nach einer dem Dreißigjährigen Krieg gedenkenden Kapelle benannt ist. Serviert werden von Rindfleischsülzerl bis Zanderfilet Klassiker sowohl aus der der Tiroler als auch der internationalen Küche.

▸ Klausenbach 67, 6370 Kitzbühel,
Tel. +43 (0)5356 65870,
www.schwedenkapelle.com

Mocking – Das Wirtshaus

In Kitzbühel gibt es vom Lobster-Spezialitätenrestaurant bis zum Thai-Imbiss eine große Auswahl. Wer sich irgendwo dazwischen bewegen und auf das Österreichische besinnen möchte, ist im Mocking gut aufgehoben. Hier gibt es zu Feiertagen auch den Kaviar auf der Karte, aber zugleich das beste Schnitzel des Orts.

▸ Hahnenkammstraße 8, 6370 Kitzbühel,
Tel. +43 (0)5356 66544,
www.mocking-kitzbuehel.at

Die Lifte im Skigebiet KitzSki bringen die Schneebegeisterten bis auf 2000 Meter Höhe hinauf.

zum Beispiel nebenan im Wilden Kaiser, daher lohnt vielleicht ein Ausflug in das Nachbargebiet: Die KitzSkiWelt Tour verbindet seit 2022 die Gebiete und erstreckt sich in ihrer längsten Variante über 80 Pistenkilometer.

LANGLAUF IN DEN KITZBÜHELER ALPEN

In den Tälern auf schneebedeckten Feldern und Golfplätzen und in den Bergen auf den Höhenloipen ist ein großes Loipennetz geschaffen worden, das zu den besten in Österreich zählt. Rund um den Ort Kitzbühel finden sich circa 70 Kilometer Loipen – zum Beispiel die abends beleuchtete Sportloipe in unmittelbarer Nähe des Campingplatzes Bruggerhof – und in den gesamten Kitzbüheler Alpen rund 500 Loipenkilometer. Mit Ausnahme des Pillerseetals ist die Benutzung der Loipen kostenlos. Bei gutem Wetter ist zum Beispiel die fast 20 Kilometer lange flache Strecke auf der Sonnenloipe zwischen Kitzbühel und Kirchberg das ideale Terrain für Einsteiger und Genießer.

CAMPINGPLÄTZE

Campingplatz & Hotel Bruggerhof ★★★★★

14 Der ein wenig in die Jahre gekommene Platz ist Teil des Biohotels Bruggerhof. Man hat einen schönen Blick auf das Kitzbüheler Horn, und trotz der Nähe zum Kitzbüheler Zentrum stehen die Camper naturnah am Waldrand. Straße und Bahnlinie können allerdings in Hörweite sein. Beim eigenen Biomarkt kauft man Obst für das Frühstück, und zum Abendessen geht es in das Hotel-Restaurant für Tiroler Bauernspeckteller und Gulaschsuppe. Camping oder schon Glamping?
❄ **Vor der Tür hält der Skibus (3 km zur Talstation in Kitzbühel), Langlaufloipen sind in direkter Umgebung, und am Ende des Wintersporttags tauchen Gäste in das kleine Hallenbad des großzügig gestalteten Komplexes des Bruggerhofs und entspannen in der Sauna und im Dampfbad.**
▸ Reitherstraße 24, 6370 Kitzbühel, Tel. +43 (0)5356 62806,
GPS 47.459233, 12.3615, ganzjährig geöffnet
■ pincamp.de/nt6500

Camping Michelnhof ★★★★★

15 Camping Michelnhof ist ein kleiner, feiner familienbetriebener Naturcampingplatz vor herrlicher Bergkulisse. Der Platz liegt etwas außerhalb von St. Johann bei einem Bauernhof, beiderseits einer Anliegerstraße. Teils terrassiertes, teils geneigtes, durch Fichtenreihen und Laubbäume begrenztes Wiesengelände sowie ein ebener, geschotterter Bereich mit wenig Bewuchs. Im Michelnhof Stüberl werden bodenständige Gerichte aus regionalen Zutaten gekocht.
❄ **Die Lifte des Familienskigebiets St. Johann sind weniger als zwei Kilometer entfernt. Nach St. Johann, zu den Langlaufloipen und nach Kitzbühel (8 km) fährt der Bus. Zum abendlichen Entspannen der Muskulatur gibt es in der Nähe eine schöne Wellnessoase. Ein Skitrockenraum ist vorhanden.**
▸ Weiberndorf 6, 6380 St. Johann in Tirol, Tel. +43 (0)5352 62584, GPS 47.510466, 12.408733,
01.01.–01.11., 06.12.–31.12. geöffnet
■ pincamp.de/nt6550

Mit kraftvollen Schritten sind die Skilangläufer auf dem Penningberg mit Blick auf die Hohe Salve unterwegs.

BADEZENTRUM AQUARENA KITZBÜHEL

Sportlich ambitionierte Schwimmer ziehen im Sportbecken einige Runden, während der Rest der Familie im Plantschbecken mit Wasserfall und zwei Rutschen die überschüssige Energie abbaut. Die Saunalandschaft mit Steinofen- und Aromasauna sowie Dampfbädern ist für Kinder gesperrt und kostet extra Eintritt, sodass es hier gemächlicher zugeht und die Erwachsenen nach einem langen Skitag oder Wandertag durch den Schnee richtig schön entspannen können. Ein kleines Nickerchen im Ruhebereich ist inklusive. Insgesamt ein nettes, aber etwas in die Jahre gekommenes Bad. Wer es ein Stück exklusiver möchte, legt beim Eintrittspreis noch ein wenig drauf und geht in den noblen Spa-Bereich des A-ROSA-Hotels.

▸ Klostergasse 2, 6370 Kitzbühel,
   www.aquarena.tirol

WILDPARK AURACH

Muffelwild, Alpakas, Rotwild, Luchse, Wildkatzen, Yaks und Schneeeulen: So einige der Tiere, die auf dem riesigen Berggelände zu Hause sind, haben es bereits ins Fernsehen geschafft, denn in den Nullerjahren war der Wildpark Drehort der TV-Serie »Da wo die Berge sind« mit Hansi Hinterseer. Eine großartige Wahl, nicht nur wegen der Tiere, sondern auch wegen des Bergpanoramas.

Eine gute Stunde dauert der Rundweg, der ganz ohne Zäune mitten durch den Park führt! Allerdings können sowohl Zufahrt als auch die Wege im Park glatt werden – am besten Schneeketten und stabile Schuhe mitnehmen. Es kann zudem ein Transfer aus Kitzbühel gebucht werden. Im Winter ist der Park nur an Wochenenden geöffnet, und es lohnt, die Fütterung um 14.30 Uhr abzupassen.

▸ Wildparkweg 5, 6371 Aurach bei Kitzbühel,
   www.wildpark-tirol.at

ZELL AM SEE

7 Der Zeller See ist ein Juwel inmitten der Alpen des Salzburger Lands. Steht man unten am See, schaut man hoch zu den Bergen, zum Nationalpark Hohe Tauern und zum Gletscherskigebiet Kitzsteinhorn. Steht man oben, schaut man runter auf das Juwel, das von den Bergen wie von Gold und Silber eingefasst wird. Berg, See, Gletscher: Das ist die Trias, die Urlauber zu allen Jahreszeiten in die Region bringt. Übernachtet wird rund um den See, wo es gleich eine Handvoll Wintercampingplätze gibt, von denen einige samt eigener Badewelt zur absoluten Extraklasse gehören. Und während der Gletscher für Schneesicherheit im Frühjahr und selbst im Frühsommer sorgt, ist das Campen am Zeller See neben blühenden Osterglocken und Forsythien ein Traum.

Kommt man ein bisschen früher, ist die Region auch abseits der Gletscherpisten ein Wintersportparadies. Bei ausreichendem Schnee spannt sich entlang des Sees und rund um das Dorf Kaprun ein Loipennetz, das mit wenigen Steigungen und tollen Ausblicken punktet.

An Tagen, an denen die Bretter nicht unter die Füße geschnallt werden, lohnen Ausflüge nach Zell am See mit seiner hübschen Altstadt, die auf einer Halbinsel im See gebaut wurde. Oder in das Dorf Kaprun mit einer mittelalterlichen Burg und vielen schnuckeligen Chalets. Oder zu Fuß den Berg hoch, um einen Blick hinab auf das Juwel zu werfen.

Gewusst, wann ...

NostalSki

Steht die Skiausrüstung der Großeltern noch auf dem Dachboden oder hängt gar als Dekoobjekt an der Wand? Gepaart mit einer ordentlichen Portion Mut würde das als Qualifikation für das Skirennen NostalSki reichen. Ende Februar versammeln sich Skinostalgiker auf der Schmittenhöhe und schwingen sich auf ihre Holzski.
▶ www.nostalki.com

◀ Lautlos schweben die Gondeln nach oben, und der Zeller See mit den ihn umgebenden Bergen zieht alle Blicke auf sich.

SCHMITTENHÖHE

In den Wintermonaten ist die Schmittenhöhe mit rund 75 Pistenkilometern das größte Skigebiet der Region. Mit breiten und gut präparierten Pisten werden hier Carver angesprochen. Für Kids gibt es die unterhaltsame Funslope, bei der kleine Sprünge und Tunnelfahrten für Abwechslung sorgen. Einige schwarze Pisten, eine kurze Rennstrecke mit Toren und schöne lange Talabfahrten machen auch Fortgeschrittenen Freude. Und für jede Fähigkeits- und Altersstufe gibt es das tolle Berg- und Seepanorama gratis. Besonders ambitionierte Skifahrer können mit der Ski ALPIN CARD zu den Liftanlagen des schnell zu erreichenden Skigebiets Saalbach wechseln.

MAISKOGEL

Der Familienberg oberhalb von Kaprun zeichnet sich durch flaches Gelände und gemütliche Hütten aus. Die Wege aus dem Dorf sind kurz, und hier können hervorragend die ersten Meter auf Brettern zurückgelegt werden. Ende 2019 wurde zudem die Seilbahn 3K K-connection eröffnet, sodass nun über den Maiskogel auch der Gletscher am Kitzsteinhorn erreicht werden kann.

GLETSCHERSKIGEBIET KITZSTEINHORN

Zum einzigen Dreitausender im Salzburger Land führen insgesamt 19 Lifte, womit hier eine Infrastruktur geschaffen wurde, die fast ganzjährig auf

Schmittenhöhe

- ▶ Pistenlänge: 77 km
- ▶ Lifte: 28
- ▶ Höhe: 750–2000 m
- ▶ Schneesicher: ❄ ❄ ❄ ❄
- ▶ Familien: ❄ ❄ ❄ ❄
- ▶ Highlight: Berg- und Seepanorama

Noch sind alle Plätze vor dem atemberaubenden Bergpanorama über Zell am See frei.

Fällt über Nacht neuer Schnee, führt nur einer kleiner Trampelpfad zum Wohnmobil.

CAMPINGPLÄTZE

Camping zur Mühle ★★★★★

16 Der Campingplatz ist Teil einer größeren Ferienanlage am Ortsrand von Kaprun und liegt inmitten von bewaldeten Hängen. Zur Ferienanlage gehören ein Hotel, ein Restaurant sowie ein ganzjährig beheiztes Freibad mit Gegenstromanlage, einer Finnischen Sauna und einem Dampfbad. Die Einkaufsmöglichkeiten in Kaprun sind fußläufig.

❄ **Als Ausgangspunkt für das Schneesportgebiet Kitzsteinhorn ist der familiengeführte Platz ideal. Entweder man nimmt den kostenlosen Skibus zur Bergbahn des Skigebiets Kitzsteinhorn (5 km) oder man läuft einen Kilometer zur Maiskogelbahn und reist über den Maiskogel zum Gletscher. Ein Skitrockenraum ist vorhanden.**

▸ Umfahrungsstraße 5, 5710 Kaprun, Tel. +43 (0)6547 8254, GPS 47.2644, 12.7461, ganzjährig geöffnet
■ pincamp.de/sa0880

Sportcamp Woferlgut ★★★★★

17 Auch im Sportcamp Woferlgut gehören Hotel, Restaurant, Campingplatz und Badewelt zur Anlage. Der 5-Sterne-Campingplatz bietet großzügige Sanitäranlagen samt Skitrockenraum, eine topgepflegte Anlage, und je nach Jahreszeit sind die Tennis- und Beachvolleyballplätze geöffnet. Das große Untergeschoss der Gaststätte ist reserviert für Kinder, die hier mit und ohne Betreuung spielen und basteln. Gegen die nahe gelegene Hauptstraße schützt eine Lärmschutzwand.

❄ **Der Skibus hält vor der Tür (11 km zur Bergbahn des Skigebiets Kitzsteinhorn), bei guten Schneeverhältnissen startet eine 3,4 Kilometer lange Loipe direkt am Platz und weitere, teils beleuchtete Loipen sind nah. Eislaufen je nach Eisdicke direkt am Woferlgut oder am Zeller See.**

▸ Krössenbachstraße 40, 5671 Bruck a. d. Großglocknerstraße, Tel. +43 (0)6545 7303,
   GPS 47.283716, 12.81695, ganzjährig geöffnet
■ pincamp.de/sa1410

Schneefans wartet: Eine Höhenloipe für die Langläufer, Winterwanderwege für die Fußgänger, Ski- und Schneeschuhrouten für die Abenteurer, naturbelassene Hänge für die Freerider, Halfpipe für die Springer und natürlich diverse präparierte Pisten für die Abfahrer. Durch die sanften Hänge ist dieser Gletscher auch besonders für Anfänger und Genießer geeignet – der überwiegende Teil der 50 Pistenkilometer ist blau und rot gekennzeichnet.

TAUERN SPA HOTEL & THERME

Unter Österreichs Wellnesshotels zählt Tauern Spa zu den Besten des Lands. Die Wasserwelt des Spa-Hotels steht Gästen von außen weitestgehend offen! Wurde bei der Beschreibung von Zell am See bereits das Panorama erwähnt? Sei's drum, hier ist es wieder angemessen: Ob durch die verglaste Fassade, aus einem der Außenbecken, den Panoramasaunen oder dem rundum verglasten Skylinepool – beinahe von überall schaut man auf den schneebedeckten Gipfel des Kitzsteinhorns. Clever gemacht ist der vom übrigen Spa-Bereich abgetrennte Kinder-Spa mit eigenen Pools und Rutschen.
▶ Tauern Spa Platz 1, 5710 Kaprun, www.tauernspakaprun.com

ESSEN & TRINKEN

Don Carlos
Wer in der Nähe des Sportcamps Woferlgut nach einer Alternative zum Platzrestaurant sucht, kommt gerne zu Don Carlos. Pizza, Pasta und Burger stehen in kürzester Zeit auf dem Tisch. Hier wird man satt, freundlich bedient, und lecker ist es auch noch!
▶ Gewerbestraße, 5671 Bruck an der Großglocknerstraße, Tel. +43 (0)6545 70092, www.doncarlos-dieselkino.at

Margarethenstein
Für dieses kleine Restaurant mit Dachterrasse lohnt sich eine Reservierung, denn die liebevoll dekorierten Speisen sind beliebt. Etwas, das man sich vielleicht nicht jeden Abend gönnt, aber Hirschroulade oder hausgebeizter Lachs in Gin sind es wert.
▶ Kirchgasse 1, 5710 Kaprun, Tel. +43 (0)660 4965828, www.margarethenstein.at

Bestens präparierte Pisten und tief verschneite Berggipfel rundum versprechen einen perfekten Skitag.

GROSSGLOCKNER

Allen Bergsteigern und Wanderfreunden ist der Großglockner mehr als nur ein Begriff. Große Gletscher liegen auf seinen Flanken, und seine Spitze reckt er weit nach oben in die Wolken bis auf 3798 Meter. Das macht ihn zum höchsten Berg Österreichs. Eine Besteigung ist für viele Bergsteiger ein großer Traum. Nicht wenige von ihnen gehen das Abenteuer im Winter an, mit Fellen unter den Skiern als geführte Skitour.

Für normale Alpinski- und Snowboardfahrer gibt es zwei Skigebiete, in denen ihnen Liftanlagen das Leben leichter machen. Auf der Ostseite des Bergs liegt in Tirol das Gebiet Kals-Matrei mit einem Wintercampingplatz im ruhigen Kals. Und auf der Westseite in Kärnten befindet sich das Skigebiet von Heiligenblut, das ein wenig größer und belebter ist. Egal, wo man hinfährt, gemütliche österreichische Gastfreundschaft und Hüttenkultur findet sich hier überall. Und die überwältigende Natur ist ohnehin omnipräsent, denn man befindet sich mitten im Nationalpark Hohe Tauern, dem größten und ältesten Nationalpark Österreichs.

Gewusst, wann ...

Wallfahrtskirche St. Vinzenz

Die spätgotische Kirche von Heiligenblut mit dem schneebedeckten Großglockner im Hintergrund ist ein echtes Postkartenmotiv. Sie hat mit einer Legende rund um das Blut Christi zur Namensgebung des Orts beigetragen. Führungen finden i. d. R. mittwochs statt.
▶ www.heiligenblut.at/de/sehen/kirchen-wallfahrtsorte.html

◂ Hoch über Heiligenblut zeigt sich der imposante Gipfel des Großglockners im Sonnenuntergang mit einer Wolkenhaube.

SKIGEBIET GROSSGLOCKNER/ HEILIGENBLUT

Gemütliche Carvingschwünge ziehen und dabei die imposante Gestalt des Großglockners bewundern. Auf mehr als 50 Pistenkilometer kommt das Gebiet, das sich auf der Kärtner Seite des Bergs befindet. Fast alle Pisten sind blau und rot markiert, was gerade bei Sonnenschein ein herrlich entspanntes Bergerlebnis mit sich bringt. Gemütlich Gipfel schauen, ein Schwung links, einer rechts und die Schwerkraft macht den Rest. Wer es unbedingt aufregender und anstrengender will, verlässt die gespurten Bahnen und stürzt sich in die Freeride-Arena. Bei guter Schneelage überwindet die längste Variante 1500 Meter Höhenunterschied. Und wer morgens früh dran ist, findet mit ein bisschen Glück eine unberührte Pulverdecke vor.

GROSSGLOCKNER RESORT KALS-MATREI

In das Osttiroler Skigebiet führen Bergbahnen aus den Ortschaften Kals und Matrei. Kals ist ein ruhiges Dorf mit alten Bauernhöfen und einem hübschen historischen Ortskern im Kalser Tal. Matrei ist ein quirliges Tourismuszentrum und liegt im Virgental.

Das Skigebiet Kals-Matrei wirbt besonders um Familien mit Kindern. So zahlen zum Beispiel Jugendliche bis zur Volljährigkeit den Kindertarif, für Kinder unter sechs Jahren sind alle Lifte kostenlos, und sowohl auf der Kals- auch der Matrei-Seite gibt es ein Übungsgelände mit Zauberteppichen und einfachen Hügeln. Dabei punktet das Skigebiet selber durchaus mit anspruchsvollen Pisten. Gerade unter den Abfahrten, die in Richtung Kals hinabführen, sind spannende steile Strecken. Ein Highlight, auch für Nichtskifahrer, ist die Adlerlounge am höchsten Punkt des Großglockner Resorts. Von hier blicken Besucher auf über 60 Dreitausender.

WINTERWANDERN HOHE TAUERN

Die Nationalparkregion Hohe Tauern ist das größte Schutzgebiet der gesamten Alpen und auch im Winter ein faszinierender Naturraum. Rotwild, das aus den Wäldern herabsteigt, Steinböcke, die mit sicherem Schnitt durch beinahe senkrechte Felswände klettern und große Greifvögel, die majestätisch ihre stummen Kreise ziehen. Eine einfache Art, diese Welt zu erleben, kann der schöne Wanderweg von knapp drei Kilometern einmal rund um Heiligenblut sein oder die zwölf Kilometer lange Rundwanderung über die Apriacher Almen. Um noch tiefer in den Nationalpark vorzustoßen, können Schneeschuhe in Heiligenblut ausgeliehen werden.

▸ www.heiligenblut.at/de/erleben/winter/ winterwandern-schneeschuhtouren.html

PFERDESCHLITTENTOUR

Die Norikerpferde der Familie Wallner sind stoische Zeitgenossen. Während es sich die Touristen dick eingemummelt im Schlitten gemütlich gemacht haben, stapfen sie geduldig leise vorwärts, und ihr Atem hinterlässt kleine Wolken in der abendlichen Winterluft. Zu hören sind nur das Knirschen des Schnees und das leise Läuten der Schlittenglocke. Drei Stunden dauern die Touren über die Apriacher Alm durch das herrliche Winterwunderland, warme Decken sind inklusive.

▸ **Anmeldung:** Familie Wallner, Tel. +43 (0)664 1221890, www.heiligenblut.at/de/erleben/winter/ mehr-winterspass.html

Großglockner/Heiligenblut	
▸ **Pistenlänge:**	55 km
▸ **Lifte:**	12
▸ **Höhe:**	1300–2902 m
▸ **Schneesicher:**	❄ ❄ ❄
▸ **Familien:**	❄ ❄ ❄ ❄
▸ **Highlight:**	Freeride-Arena

Schon ab Mitte Oktober ist die Region um die Großglockner-Hochalpenstraße schneebedeckt.

Ein gut geräumter Wintercampingplatz macht die An- und die Abreise komfortabel.

CAMPINGPLÄTZE

Nationalpark-Camping Großglockner ★★★★★

18 Zwischen dem Fluss Möll und dem steil aufragenden Felsmassiv liegt dieser familiär geführte Platz mit Blick auf den Großglockner und die Wallfahrtskirche von Heiligenblut. Im Platzrestaurant werden Leckereien zubereitet, die vom Frühstück über französische Zwiebelsuppe bis zur Pizza reichen. Sehr ruhig gelegen und trotzdem fußläufig zu Einkaufsmöglichkeiten in Heiligenblut. Die Sanitäranlagen sind sauber und warm, und auch ein Skitrockenraum ist vorhanden.

❄ **Zur Bergbahn ins Skigebiet Großglockner/Heiligenblut und zur Sauna des städtischen Hallenbads sind es rund 20 Minuten zu Fuß. Entlang der Möll gibt es schöne und einfache Schneespaziergänge, und auch herausfordernde Winterwanderwege beginnen in der Nähe.**

▶ Hadergasse 11, 9844 Heiligenblut, Tel. +43 (0)4824 2048, GPS 47.0374, 12.8393, ganzjährig geöffnet
■ pincamp.de/kt1420

Nationalpark-Camping Kals ★★★★★

19 Kals besteht zum Großteil aus einer Ansammlung alter Bauernhöfe, und in diese beschauliche Atmosphäre passt dieser Campingplatz hervorragend. Es geht gemütlich zu, alle Annehmlichkeiten (inkl. dem fußbodenbeheizten Sanitärraum) sind gut gepflegt, man wird freundlich empfangen, und ein kleiner Shop bietet das Nötigste an, falls mal der Kaffee ausgeht. Mehr braucht es in dieser Kulisse nicht für einen wunderschönen Wintercampingaufenthalt.

❄ **Die Abfahrten und Lifte des Großglockner Resorts Kals-Matrei beginnen und enden direkt am Platz. Und auch die gepflegten Loipen liegen in unmittelbarer Nähe. Ein Skitrockenraum ist selbstverständlich vorhanden.**

▶ Burg 22, 9981 Kals, Tel. +43 (0)4852 67389, GPS 47.018969, 12.634656,
 01.01.–18.04., 21.05.–10.10., 18.12.–31.12. geöffnet
■ pincamp.de/ot0370

EISKLETTERN HEILIGENBLUT

Funkelndes Glitzern um einen herum, eine Eiseskälte liegt in der Luft, und weit über dem Boden ruht das eigene Körpergewicht auf einem Fuß im vertikalen Wasser. Zum Glück ist das gefroren. Klingt nach verrücktem Extremsport? Nicht mit der richtigen Technik und einer vernünftigen Anleitung durch kundige Profis. Mehr als 40 Wasserfälle gibt es rund um Heiligenblut. Im mit Flutlicht ausgestatteten Eisklettergarten Heiligenblut bieten staatlich geprüfte Bergführer Schnupperkurse an, um Neugierigen die Handhabung von Steigeisen und Pickeln näherzubringen.

▶ Hof 38, 9844 Hof,
www.grossglockner-bergfuehrer.at/winterprogramm

HALLENBAD HEILIGENBLUT

Wem ein Ausflug zum Tauern Spa in Zell am See zu weit ist, geht in das städtische Hallenbad von Heiligenblut. Hier gibt es neben dem Schwimmbecken eine kleine Kinderrutsche, ein Solarium und zwei Saunen. Sicher kein Luxusfreizeitbad, aber ausreichend zum Schwitzen.

▶ Hof 55, 9844 Hof, www.heiligenblut.gv.at/
unser-heiligenblut/gemeindebetriebe

ESSEN & TRINKEN

Café-Restaurant Dorfstub'm

In der Dorfstub'm treffen sich alle, die in gemütlicher Atmosphäre beisammensitzen, Wein trinken, Rindsbouillon schlürfen oder Pizza essen wollen. Liegt direkt neben der Talstation von Heiligenblut und ist damit erster Anlaufpunkt nach der letzten Talabfahrt.

▶ Hof 4, 9844 Hof, Tel. +43 (0)4824 2019,
www.restaurant-dorfstueberl.at

Gasthof Ködnitzhof

Graukas, Kalser Ziege, Spaghetti oder Holzhackersteak? Die traditionellen regionale Küchenideen werden in diesem Gasthof in Kals zusammen mit internationalen Klassikern angeboten.

▶ Ködnitz 16, 9981 Kals am Großglockner,
Tel. +43 (0)487 68201,
www.koednitzhof.at

Am Rand der Großglockner-Hochalpenstraße gibt es zahlreiche Rast- und Aussichtsplätze.

BAD GASTEIN

Kaiser, Könige, Bismarck, Arthur Schopenhauer und Thomas Mann – sie alle kamen, um sich im Gasteiner Heilstollen der Radontherapie hinzugeben (das Edelgas Radon fördert die Zellteilung und stärkt das Immunsystem). Und vielleicht kamen die Prominenten auch, um ihre besonders angespannten Nerven zu beruhigen. Zur Unterbringung der zahlungskräftigen Besucher entstanden im Gasteinertal schickste Belle-Époque-Bauten, zum Teil zehn Stockwerke hoch. Besonders Bad Gastein mit seinem imposanten Wasserfall (gerade eingefroren im Winter sehenswert) erlebte zu seinen Hochzeiten einen Bauboom. Doch dann kam eine Zeitenwende. Die Radontherapie verlor an Reiz, andere Orte wurden angesagter, die Besucher blieben Bad Gastein fern, und die Investoren zogen sich zurück. Viele der Prachtbauten verfielen.

Erst seit einigen Jahren erlebt das Gasteinertal ein kleines Revival. Zuerst kamen die Lost-Places-Fotografen, die Hipster, die Künstler und die Fans der Belle-Époque-Ruinen. Dann wurden einige der alten Gebäude renoviert, und der touristische Neuaufschwung begann. Für die Übernachtungsmöglichkeiten von Campern ist das natürlich nicht sonderlich relevant – die Campingplätze der Gegend waren und sind gut in Schuss. Aber profitieren tun auch die Camper vom erstarkenden Interesse am Gasteinertal. So wurden vor Kurzem in der Alpentherme neue Becken gebaut und für das Wintersportgebiet die schnelle Schlossalmbahn geschaffen.

Gewusst, wann …

FIS Snowboard Weltcup
Der Snowboard Weltcup macht im Januar Halt in Bad Gastein. Für die noch junge Sportart des Parallelslaloms ist der Wettkampf auf der Buchebenwiese inmitten der altehrwürdigen Hohen Tauern seit mehr als 20 Jahren ein Traditionsrennen. Das Finale wird abends im Flutlicht ausgetragen.
▶ www.skiclub-badgastein.com/snowboard-weltcup.html

◄ Das heute wieder sehr beliebte Gasteinertal im Pongau liegt auf der Grenze der Bundesländer Salzburg und Kärnten.

ALPINSKI IM GASTEINERTAL

Wer sagt, er kommt aus Gastein, muss weiter präzisieren: Bad Gastein, Bad Hofgastein, Dorfgastein oder Sportgastein? Aus den beiden »Bads« führen Lifte in das größte Skigebiet der Region Schlossalm-Angertal-Stubnerkogel. Stolze 87 Pistenkilometer bieten einen Höhenunterschied von mehr als 1000 Metern, viele blaue und rote anfängerfreundliche Pisten und mit der zehn Kilometer langen Abfahrt an der Hohen Scharte Nord auch eine enorm lange und durchaus herausfordernde Strecke. Grandiose Ausblicke gibt es hier von der nervenkitzelnden Hängebrücke an der Stubnerkogelbahn-Bergstation.

Weiter nördlich im Tal und ein Stück von Bad Gastein entfernt liegt das Skigebiet Dorfgastein-Großarl, das mit 70 Pistenkilometern auch problemlos Unterhaltung für den ganzen Tag bietet. Hier überwiegen ebenfalls die anfängerfreundlichen sanften Abfahrten. Fans der schwarzen Pisten und vor allem des Freeridings und des Tiefschnees fahren nach Sportgastein und nehmen dort die Goldbergbahn und den Kreuzkogellift. Ebenso anspruchsvolles Skifahren gibt es am Graukogel, der von Bad Gastein erreicht wird, wenn man die Graukogelbahn auf der östlichen Talseite nimmt.

Schlossalm-Angertal-Stubnerkogel

- **Pistenlänge:** 87 km
- **Lifte:** 18
- **Höhe:** 860–2300 m
- **Schneesicher:**
- **Familien:**
- **Highlight:** Lange Pisten von der Hohen Scharte

ESSEN & TRINKEN

Ramazottii Gastein

Nach einem langen anstrengenden Tag im Schnee ist man im gemütlichen Restaurant vor einer großen Quattro Stagioni oder einer ordentlichen Portion Schweinemedaillons bestens aufgehoben. Aus dem Gastraum schaut man auf den holzbefeuerten Ofen und kann den Pizzen beim Aufgehen zusehen. Das Lokal liegt auf dem Weg zwischen den Campingplätzen und Bad Hofgastein.

▶ Erzwiesgasse 5, 5630 Bad Hofgastein, Tel. +43 (0)6432 21757, www.ramazottiigastein.com

Panoramarestaurant Silberkrug

Hier wird man lecker und unkompliziert satt und kann währenddessen auch noch eine fantastische Aussicht auf die umliegende Bergwelt genießen. Auf der Speisekarte stehen Cordon bleu, diverse Burger und Saiblingsfilet vom Grill.

▶ Bahnhofplatz 5, 5640 Bad Gastein, Tel. +43 (0)6434 2223400, www.restaurant-silberkrug.at

Kraut & Rüben

Auf der Suche nach fleischlosen abwechslungsreichen Gerichten und einer Alternative zu Käsespätzle und Pommes? In der Fußgängerzone von Bad Gastein werden in diesem vegetarischen Restaurant alle fündig, die sich sonst in der Alpenküche auf die Beilagen beschränken. Und auch »Karnivoren« sind von den hübsch angerichteten Rösti und der geschmackvollen Polenta begeistert.

▶ Pyrkerstraße 3, 5630 Bad Hofgastein, Tel. +43 (0)6432 2201, www.xn--kraut-und-rben-qsb.at

LANGLAUF IM GASTEINERTAL

Langläufer können sowohl für Klassisch als für Skating je nach Schneelage an allen Orten der Region zwischen verschiedenen Loipen wählen. Besonders schön ist der drei Kilometer lange Rundkurs »Himmelwandloipe« bei Bad Gastein. Die Loipe liegt in einem Seitental, dem Kötschachtal, und führt entlang der 400 Meter hohen, fast senkrechten Himmelwand. Besonders schneesicher ist die Wanderloipe entlang des Angerbachs, die auf 1200 Metern beim Skizentrum Angertal beginnt. Und im Dunkeln geeignet ist die Kurparkloipe in Bad Hofgastein. Sie ist beschneit und beleuchtet und hat obendrein Schießstände für Laserbiathlon.

GASTEINER HEILSTOLLEN

Der Paselstollen bei Bad Gastein wurde eigentlich zum Goldabbau angelegt. Besonders viel Gold wurde nicht gefunden, aber es fiel auf, wie schnell es unter Tage wärmer wurde. Dann stellte man eine besonders Konzentration von Radon in der Stollenluft fest. Radon soll chronische Schmerzen lindern

CAMPINGPLÄTZE

Kurcamping Bertahof ★★★★★

20 Auf dem familienfreundlichen Platz wird sich Mühe mit den Details gegeben. Besonders sieht man das den heimeligen Sanitäranlagen samt Familienbadehäusern an, was gerade für das Wintercamping nicht verkehrt ist. Nebenan liegt der Landgasthof Bertahof, der mit seiner raffinierten Küche zu den interessantesten im Gasteinertal gehört. Das ebene Gelände liegt an der Straße, und auch die Bahnlinie ist in Hörweite, was je nach Stellplatz ein wenig stören kann.

❄ **Der Skitrockenraum ist gut beheizt, und mit dem Bus sind die Bergbahn (ins große Gebiet Schlossalm-Angertal-Stubnerkogel) und die Alpentherme nur einige Minuten entfernt (zu Fuß ein ordentlicher Spaziergang). Zur Himmelwandloipe im Bad Gasteiner Kötschachtal sind es ca. sechs Kilometer.**

▶ Vorderschneeberg 15, 5630 Bad Hofgastein, Tel. +43 (0)6432 6701,
  GPS 47.143683, 13.120216, ganzjährig geöffnet
■ pincamp.de/sa1780

Kur-Camping & Appartements Erlengrund ★★★★★

21 Die hilfsbereiten holländischen Besitzer haben einen Platz geschaffen, der auch im Winter einen herrlichen Rückzugsraum bietet. Manches ist etwas in die Jahre gekommen, aber alles ist sauber. Sollte der eigene Camper streiken, gibt es ein schönes Almhütten-Chalet. Gegen die auch hier verkehrsreiche Straße helfen eine Betonmauer und einige Wohnhäuser.

❄ **Abends fühlt man sich wohl in den warmen Sanitärräumen, im Skitrockenraum und erst recht im Wellnessbereich mit Finnischer- und Biosauna. Ins Kötschachtal zum Langlaufen sind es weniger als fünf Kilometer, der Skibus hält nur 100 Meter entfernt und bringt die Wintersportler zur Graukogelbahn oder zur Talstation des Gebiets Schlossalm-Angertal-Stubnerkogel, was beides ebenfalls weniger als fünf Kilometer sind.**

▶ Erlengrundstraße 6, 5640 Bad Gastein, Tel. +43 (0)6434 30205,
  GPS 47.133916, 13.131583, ganzjährig geöffnet
■ pincamp.de/sa1810

Die Thermen von Bad Gastein und Bad Hofgastein sind von den Campingplätzen aus schnell erreicht.

und Entzündungen hemmen. Heute fahren Patienten zur Behandlung von Erkrankungen des Bewegungsapparats und der Atemwege in den Gasteiner Heilstollen ein. Auch wenn Nutzen und Risiken (das radioaktive Edelgas ist gesundheitsgefährdend) der Therapie kontrovers diskutiert werden, übernehmen viele der Krankenkassen den Großteil der Kosten.
▶ Heilstollenstraße 19, 5645 Bad Gastein, www.gasteiner-heilstollen.com

ALPENTHERME GASTEIN

Family-, Relax-, Frauen-, Sauna-, Sportbereich? Die Alpentherme in Bad Hofgastein landet regelmäßig in den Top Ten der Österreichischen Thermen, und sie hält für jeden etwas bereit. Im Familiybereich gibt es eine Black-Hole-Raftingrutsche und ein Wasserkino. In der Saunalandschaft besteht der Höhepunkt aus regelmäßigen Showaufgüssen in der Cascadia Sauna. Wem das zu viel Trubel ist, verkrümelt sich in die Stollensauna, unter den funkelnden Himmel in der Sternen-Licht-Sauna oder in die Badeseen mit natürlichem Thermalwasser (geschlossen bei sehr niedrigen Temperaturen). Die Therme kann nicht ohne den Saunabereich gebucht werden, und so kann der Eintritt gerade mit Familie recht kostspielig werden.
▶ Senator-Wilhelm-Wilfling-Platz 1, 5630 Bad Hofgastein, www.alpentherme.com

FELSENTHERME BAD GASTEIN

Pssst! Zentrum des 1968 gebauten Bads ist die Ruhetherme – ein von rohen Felsen umgebenes Becken mit Liegen drum herum, in dem es garantiert leise zugeht. Trotz 70 Meter langer Rutsche im Erlebnissektor richtet sich die Anlage mehr an Personen, die Entschleunigung und Stille suchen. In den Saunen wurde darauf geachtet, möglichst viele Panoramablicke auf die Berglandschaft der Hohen Tauern zu schaffen. Von dort stammt auch das Thermalwasser, dem die Fähigkeit zur Vitalisierung der Zellen nachgesagt wird.
▶ Bahnhofplatz 5, 5640 Bad Gastein, www.felsentherme.com

Weit reicht der Blick von der Piste auf die Gipfel der Hohen Tauern und die Bergwelt dahinter.

SCHLADMING-DACHSTEIN

Gewusst, wann ...

Nightrace
Flutlicht, 50 000 Fans, Pyroshows: Das ist kein Fußballstadion, sondern Slalomrennen auf der Planai in Schladming.
Die Weltcupstation mit den meisten Zuschauern macht in der zweiten Januarhälfte ordentlich Stimmung.
▶ www.thenightrace.at

Der Trend in den Alpen geht dahin, verschiedene Gebiete unter einem großen Namen zusammenzufassen. So werden Ressourcen für Pistenpflege und Verwaltung geteilt und neue Marketingmöglichkeiten geschaffen. Die Skiregion Schladming-Dachstein ist Teil des Skiverbunds Ski amadé, der mit 760 Pistenkilometern und 270 Liften einer der größten Skiverbünde Europas ist. Das alles kann mit einem Skipass befahren werden! Aber auch schon Schladming-Dachstein allein mit der Schladminger 4-Berge-Skischaukel, dem Dachsteingletscher und verschiedenen kleinen Familienskibergen kommt auf rund 230 Pistenkilometer. Wichtiger ist jedoch, dass es eine höchst abwechslungsreiche Destination ist. Steile und berühmte Pisten wie die Planai, ein Snowpark, in dem man den Profis beim Springen zuschauen kann, und eine Vielzahl breiter und langer Abfahrten vom Gipfel bis ins Tal. Durch das nahe gelegene Ramsau am Dachstein hat man in der Region schnellen Zugang in die Berge des Dachsteinmassivs. Ein wenig ab vom Skitrubel kann man hier sehr schön und auch ambitioniert Langlaufen: Im Ort Ramsau steht ein modernes Langlaufstadion, und es wird eine Vielzahl interessanter Loipen gespurt, weshalb Ramsau zu den besten Langlaufdestinationen Österreichs zählt. Aber auch ganz ohne Bretter unter den Füßen lohnen Ausflüge in das Dachsteinmassiv. Auf einem der vielen auch im Winter begehbaren Wanderwege oder warm eingemummelt auf einem Pferdeschlitten. Wie rufen die Pferdeschlittenlenker? »Nächster Halt Station Schladming, Brrr!«

◂ Während der Auffahrt der Planai-Godelbahn bleibt genügend Zeit, die Aussicht ausgiebig zu genießen.

4-BERGE-SKISCHAUKEL

Mit der Planai-Gondelbahn geht es aus Schladming rauf auf den Berg. Nicht nur die bekannte FIS-Abfahrt vom Planaigipfel bis ins Tal findet sich hier, sondern auch eine Reihe anderer langer und schöner Pisten, ein Snowpark und das Hopsi-Winterkinderland mit Märchenwiese und Kinderbetreuung. Die Planai ist nur eines der vier Skigebiete rund um Schladming, die allesamt durch überbrückende Lifte (Skischaukeln) verbunden sind: Reiteralm, Hochwurzen, Planai und Hauser Kaibling ergeben die 4-Berge-Skischaukel und besitzen zusammen rund 120 Pistenkilometer.

Der Hauser Kaibling gilt mit zwei Talabfahrten als der Berg mit den schönste Pisten, am Hochwurzen gibt es eine lange Rodelbahn, die Reiteralm fordert mit einigen steilen Pisten die Geschwindigkeitsjunkies, und an der Planai sollte unbedingt der Snowpark besucht werden. Auch wenn man nicht über die Kicker und Rails springen will (es gibt unterschiedliche Lines für Anfänger, Fortgeschrittene und Profis), lohnt der Besuch für das Zuschauen. Als einer der spektakulärsten Snowparks Europas ist der Superpark Planai auch Trainingsstätte für einige der besten Freeskier und Snowboarder des Kontinents.

LANGLAUFEN IN RAMSAU AM DACHSTEIN

Einmal pro Jahr macht der Weltcup der Nordischen Kombination (Skispringen und Langlauf) Station in Ramsau. Außerhalb der Wettkämpfe ist das WM-Stadion für jedermann geöffnet. Gerade Kinder werden dort mit offenen Armen empfangen: Den Kleinen wir in einem speziellen Gelände mit Hügeln und Wippen spielerisch das Langlaufen nähergebracht.

Rund um Ramsau befinden sich mehr als 150 Kilometer Loipen mit allen Schwierigkeitsgraden. Darunter sind eine Reihe sehr schöner Rundkurse, zum Beispiel die 15 Kilometer lange Sonnenloipe, die am Ramsauer Stadion beginnt und durch die Ortschaften Schildlehen, Rössing und Kulm führt. Im Stadion selbst kann jeden Abend auch nach Einbruch der Dunkelheit bei Flutlicht gelaufen werden. Und die Loipen am Dachsteingletscher auf 2700 Metern sind nicht nur sehr schneesicher, sondern auch beeindruckend schön.

▸ www.ramsausport.com

MIT DEM FATBIKE IN DIE BERGE

Fatbikes, Fahrräder mit überdimensionierten Reifen so dick wie von einem Motorrad: Braucht man das? Für passionierte Mountainbikefahrer kommt in Bergregionen irgendwann der Punkt, an dem sie den Drahtesel im Keller einmotten. Wenn der erste Schnee fällt, ist normalerweise Schluss mit der Erkundung des Geländes, egal ob per Muskelkraft oder mit dem elektrisch angetriebenen E-Mountainbike.

Mit Fatbikes hingegen schwingt man sich gerade bei Neuschnee auf den Sattel, und schon geht es wieder raus in die Natur. Mit den zehn Zentimeter breiten Reifen, starkem Profil und weichem Gummi haben sie genug Grip, um bei jedem Untergrund stabil zu bleiben. Handelt es sich dann noch um ein E-Fatbike, geht es fix voran.

In Ramsau und Schladming werden geführte Fatbiketouren angeboten, die auch weit hinauf zu den gemütlichen Almen und durch das Winterwunderland Schladming-Dachstein führen. Der Schwie-

4-Berge-Skischaukel	
▸ Pistenlänge:	120 km
▸ Lifte:	50
▸ Höhe:	750–2015 m
▸ Schneesicher:	❄ ❄ ❄ ❄ ❄
▸ Familien:	❄ ❄ ❄ ❄ ❄
▸ Highlight:	Snowpark Superpark Planai

rigkeitsgrad kann je nach Können und Fitness angepasst werden. Auf den gespurten Wander- und Schlittenwegen können auch Kinder ab 1,30 Meter problemlos an den Touren teilnehmen.
▶ www.alpinefatbike.com

IM PFERDESCHLITTEN ZUR HALSERALM

Dick eingemummelt und geschützt vor der beißenden Kälte geht es auf dem Pferdeschlitten hoch zur Halseralm. »Kemmts eina, essts wos gscheits und gfreits enk das enk gibt!« Die Halseralm ist eine der ältesten bewirtschafteten Almen der Region, und die Hütte ist vor sage und schreibe 400 Jahren errichtet worden und hat sich einiges von ihrem alten Charme erhalten. Heute servieren die Wirtsleute dort hervorragenden Kaiserschmarren und andere regionale Köstlichkeiten.

Pferdeschlittentouren gibt es einige in der Region Schladming-Dachstein. Die Tour zur Halseralm startet oberhalb von Ramsau am Oberhornerhof am Vorberg. Durch Wälder und über viele sonnige Frei-

CAMPINGPLÄTZE

Camping Zirngast ★★★ ★ ★

㉒ Der bereits Mitte der 1960er-Jahre eröffnete Platz wird auch heute noch von der Gründerfamilie Zirngast geleitet. Zur Anlage gehören das angegliederte Hotel sowie ein Restaurant mit traditionellen Spezialitäten. Der Campingplatz ist mit dem Österreichischen Umweltzeichen ausgezeichnet. Bei Schneeschmelze sammeln sich Wasser und Matsch auf dem ebenen Wiesengelände, also besser Stiefel mitbringen. Je nach Stellplatz können Bahnlinie und Straße störend sein.

❄ **Bis zur Talstation Planai und auch in die Stadt Schladming ist es nur eine Viertelstunde Fußweg, für Schwerbeladene hält der Skibus vor der Tür. Zu den Langlaufmöglichkeiten in Ramsau fahren die Skibusse stündlich. Die Sanitäranlagen samt großzügigen Einzelduschkabinen und Skitrockenraum sind sauber und warm.**

▶ Linke Ennsau 633, 8970 Schladming, Tel. +43 (0)3687 23195,
  GPS 47.399016, 13.693283, ganzjährig geöffnet
■ pincamp.de/sm0350

Beach Camping Ramsau ★★★ ★ ★

㉓ Obwohl im Winter der Badesee des Beach Campings Ramsau vermutlich nur von hartgesottenen Eisschwimmern genutzt wird und der zugehörige Freizeitpark geschlossen ist: Der Platz ist auch zu dieser Jahreszeit hervorragend. Der Blick ruht auf dem Dachsteinmassiv, und zum Platz gehört ein Restaurant, das leckere Pizza anbietet. Sauna, Dampfsauna und Ruheraum der Wellnessanlage am Ramsau-Beach können mitbenutzt werden.

❄ **Die Lage ist vor allem für Langläufer und Winterwanderer optimal: Die 200 Kilometer Loipen von Ramsau am Dachstein starten vor dem Camper. Die Sesselbahn Rittisberg, der Rodelberg und leichte Pisten sind in direkter Nähe, und mit dem Skibus ist man unter einer halben Stunde in den größeren Skigebieten in Schladming. Ein Trockenraum ist vorhanden.**

▶ Schildlehen 128, 8972 Ramsau, Tel. +43 (0)3687 21010,
  GPS 47.424016, 13.624116, ganzjährig geöffnet
■ pincamp.de/sm0360

Das Ortszentrum von Schladming ist von den Campingplätzen aus zu Fuß schnell erreicht.

flächen geht es durch die verschneite Landschaft. Touren bucht man bei Familie Pitzer vom Oberhornerhof: Tel. +43 (0)6454 7369.

ERLEBNIS-THERME AMADÉ

Vor allem mit Kindern ist die Therme im Pongau einen Ausflug wert. Eine halbe Stunde von Schladming entfernt, gibt es hier Spaß, Abenteuer und Erholung. Highlights für Kids sind das Wellenbecken, die Kletterwand im Wasser und die Rutschen, wobei der Looping (ab 50 kg) auch für Erwachsene adrenalintreibend sein dürfte. Die gemütliche Entspannung findet man am ehesten, wenn man den Extraeintritt für die Saunalandschaft zahlt und sich für einen Aufguss zurückzieht. Zum Beispiel zum Hildegard-von-Bingen-Aufguss in die Panorama-Alpsauna. Um die Therme in vollem Umfang zu erleben, braucht man einige Stunden, und so wird die Fahrt ins Pongau eher ein Tagesausflug. Eine schnelle Alternative sind die kleinen Bäder (mit Sauna) in Schladming und Ramsau.

▸ Thermenplatz 1, 5541 Altenmarkt im Pongau, www.thermeamade.at

ESSEN & TRINKEN

Restaurant Schattleitner

Etwas versteckt in der Nähe der Ortsmitte von Schladming ist dieses urige Restaurant ein Geheimtipp. Nicht gerade die erste Wahl für Vegetarier – serviert wird Herzhaftes, von der Leberknödelsuppe bis zum Steak.

▸ Katzenburgweg 177, 8970 Schladming, Tel. +43 (0)3687 24462, restaurant-schattleitner.business.site

Steakhouse Friesacher

Neben dem, was bei dem Namen erwartet wird, brät man hier leckeres Lachssteak und auch Steaks vom Krokodil kommen auf den Grill.

▸ Vorstadtgasse 117, 8970 Schladming, www.friesacher.org

ST. ANTON

Gewusst, wann ...

Après-Ski-Hits von RTL2
Einmal im Leben so richtig Après-Ski nach dem Klischeerezept? Dann ist die große Party im Dezember beim Mooserwirt die richtige Wahl. Hier zeichnet RTL2 sein jährliches Après-Ski-Hits-Konzert auf, und alle Größen der Partyschlagerszene sind dabei.
▶ Unterer Mooserweg 2, 6580 St. Anton am Arlberg, www.mooserwirt.at

11 Es gab Zeiten, da waren so manche der ansässigen Bergbauern so arm, dass sie ihre Kinder rüber in das wohlhabendere Schwaben schickten, damit sie sich als billige Saisonarbeitskräfte anboten. Dafür gab es in verschiedenen deutschen Städten spezielle Märkte, auf denen die mehr oder weniger rechtlosen minderjährigen Arbeiter vermittelt wurden. Erst 1915 schaffte man diese Kindermärkte ab. Ungefähr zu dieser Zeit wurden in St. Anton das alpine Skifahren und obendrauf der moderne Wintersporttourismus geboren. 1901 gründete sich der Ski-Club Arlberg, bald darauf wurden die ersten Skirennen abgehalten. Der Skipionier Hannes Schneider erfand hier die Arlberg-Technik, eine Zwischenstufe zwischen Telemark und dem modernen Parallelschwung. Er war ein vielseitig interessierter Mensch – unter anderem spielte er in einem sehr populären Skifilm an der Seite von Leni Riefenstahl – und ein findiger Unternehmer. 1920 gründete er in St. Anton die erste Skischule Österreichs.

Heute zählt die Region jährlich mehr als eine Million touristische Übernachtungen, und das zusammenhängende Skigebiet Ski Arlberg ist mit 300 Pistenkilometern das größte Österreichs und in der Top 5 der größten Skigebiete der Welt. Die meisten Bergbauernfamilien von damals sind längst erfolgreiche Tourismusunternehmer.

◄ Lange, breite Pisten machen die Abfahrten im Skigebiet von St. Anton zum beliebten Wintervergnügen.

SKIGEBIET SKI ARLBERG

St. Anton, Lech, Zürs, St. Christoph, Stuben und Warth-Schröcken ergeben zusammen über 300 Pistenkilometer. Dazwischen liegt keine Skibusstrecke, nein, das ist tatsächlich ein über Lifte zusammenhängendes Gebiet. Natürlich gibt es hier alle Facetten des Ski- und Snowboardsports: 130 Kilometer blaue Pisten, von denen besonders viele oberhalb von Lech zu finden sind, Rennstrecken mit Skimovie-Anlage wie am Hinterwieslift in Lech, steile Hänge wie der Lange Zug mit 80 Prozent Gefälle und einem Geschwindigkeitsrekord von 248 km/h, Kinderareale wie Paulis Kinderland in Warth oder ein Snowpark mit Easy-, Medium- und Pro-Lines. Und unterwegs laden diverse Hütten zu Knödeln ein, von denen einige auch über den Skitag hinaus einem mit Musik und Weißbier das Aufbrechen schwermachen.

ABSEITS DER PISTEN

Sucht man nach Gründen für den touristischen Erfolg St. Antons, stößt man schnell auf die natürlichen Begebenheiten. Auf den sanften Hängen bleibt der Schnee liegen und rutscht nicht ab, und vom Schnee gibt es viel: Bei St. Anton liegt die Wasser- und Wetterscheide zwischen Rhein und Donau. Es schneit viel und regelmäßig, weshalb besonders die Tiefschneefans auf ihre Kosten kommen, wenn sie gleich morgens die Pulverwelt erobern.

Neben der schieren Größe ist der Arlberg für die Routen abseits der Pisten bekannt. Rund um das Liftgebiet werden circa 200 Kilometer Varianten gezählt. Unter www.alpenvereinaktiv.com stellen die Alpenvereine eine Reihe der Varianten vor, aber weisen auch darauf hin, dass entsprechendes Know-how über Schneeverhältnisse und lokale Besonderheiten Voraussetzung ist. Neulinge sollten erstmal erfahrene Locals befragen. Freerider, die einen besonders spektakulären Einstieg suchen, kommen zur Riffelscharte, wo sich der einzige Winterklettersteig Tirols befindet. Der 850 Meter lange Klettersteig führt über atemberaubende Tiefen zu Abfahrten ins Moostal oder nach Pettneu.

Weniger Adrenalin, aber nicht weniger Schönheit bieten die Schneeschuhwanderungen. Sie werden von den Skischulen und den Arlberg-Arena-Wanderführern als geführte Touren angeboten.

WILDTIERFÜTTERUNG LECH ZÜRS

In der Dämmerung kann man im Engerle-Wald bei Lech jeden Mittwoch Hirsche und Rehe beobachten. Dann kommen die scheuen Gäste aus den Verstecken im Wald zum Futtertrog und zeigen sich den unter einem überdachten Sitz versteckten Besuchern. Das Betreten des Fütterungsbereichs und das Fotografieren mit Blitzlicht ist selbstverständlich verboten, sodass die Tiere ausreichend Ruhe haben. Möchte man jedes Detail sehen, kann ein Fernglas helfen. Der Beobachtungspunkt befindet sich hinter dem Ortsausgang von Lech in Richtung Zug und ist an der Tannbergstraße ausgeschildert. Außerdem bietet die Gemeinde zweimal wöchentlich geführte Wanderungen zur Wildbeobachtung an.

▸ www.portal.gastfreund.net/wildtierfuetterung

ARLBERG WELLCOM

Nettes, unaufgeregtes Bad als Teil eines Kongresszentrums, das für verregnete Tage oder den abendlichen Saunagang vollkommen ausreicht. Indoor gibt es ein Kinder- und ein Erwachsenenbecken. Von

Ski Arlberg	
▸ Pistenlänge:	302 km
▸ Lifte:	88
▸ Höhe:	1300–2811 m
▸ Schneesicher:	❄ ❄ ❄ ❄ ❄
▸ Familien:	❄ ❄ ❄ ❄
▸ Highlight:	Größtes zusammenhängendes Skigebiet Österreichs

ESSEN & TRINKEN

Harry's Burger & Grill
Kleiner, feiner Burgerladen mitten in Pettneu und damit unweit der Campingplätze in Pettneu. Wer kein Gehacktes will, bekommt auch Spareribs oder Frittatensuppe.
▶ Dorf 155, 6574 Pettneu am Arlberg, Tel. +43 (0)5448 8237

Fuhrmannstube by Buffy
Gemütliche, gutbürgerliche Küche in der Dorfstraße St. Antons. In rustikaler Atmosphäre gibt es Braten oder Schnitzel und zum Nachtisch leckeren Kaiserschmarren.
▶ Dorfstraße 74, 6580 St. Anton am Arlberg, Tel. + 43 (0)5446 2921, www.fuhrmannstube.com

hier kann man durch einen Schwimmkanal in das beheizte Außenbecken schwimmen, um auf 25 Metern Länge seine Bahnen zu ziehen. Geschwitzt und durchgeatmet wird in der Finnischen, der Kelosauna und dem Soledampfbad. Die Fensterscheiben beschlagen nicht, sodass das schöne Panorama der Tiroler Alpen auch aus der Sauna sichtbar bleibt.
▶ Hannes-Schneider-Weg 11, 6580 St. Anton am Arlberg, www.arlberg-wellcom.at

MUSEUM ST. ANTON

Das kleine Museum befindet sich in dem 100 Jahre alten ehemaligen Landhaus des deutschen Industriellen Bernhard Trier. Im Restaurant und Café des Hauses wird eine feine Küche geboten und im Museum die Entwicklung St. Antons von einem Bergbauerndorf zu einem Tourismusmagneten nachgezeichnet. Da das gleichzeitig auch die Geschichte des Skitourismus selbst ist, erfährt man so einiges über den Skipionier Hannes Schneider, die erste moderne Skischule und die Erfindung des Wedelns.

Moderne Skihütten laden mit einem großen Angebot an Speisen und Getränken zur Pause ein.

Blick über die mit Schnee überzuckerten bewaldeten Hänge zu den Berggipfeln

CAMPINGPLÄTZE

ArlBerglife Camping ★★★★★
24 Der kleine, schön gelegene Platz am Fuße des Hohen Rifflers verfügt über moderne Sanitäranlagen mit Fußbodenheizung und Deluxe-Dusche, was nach einem Tag in der Kälte viel wert sein kann. Wenn nicht unter der Dusche, so kann man sich im Aufenthaltsraum im Tiroler Stil aufwärmen oder seine Pasta kochen. Wer sich morgens verwöhnen lassen will, meldet sich für das Frühstücksbüfett an.
❄ **Mit dem Skibus ist es nicht weit nach St. Anton, der kleine Wellnesspark Pettneu ist mit seinen Saunen weniger als zwei Kilometer Fußweg entfernt, und die 22 Kilometer lange Stanzertalloipe zwischen St. Jakob und Flirsch führt unterhalb des Campingplatzes den Bach und die Bahnlinie entlang.**

▸ Haus 58a/c, 6574 Pettneu am Arlberg, Tel. +43 (0)664 1630393, GPS 47.148865, 10.345605, 01.01.–24.04., 01.06.–01.10., 02.12.–31.12. geöffnet

■ pincamp.de/nt0055

EuroParcs Ferienregion Arlberg ★★★★★
25 Der Campingplatz in Pettneu am Arlberg ist auf Wintercamping spezialisiert und macht es auch Einsteigern so leicht wie möglich. Die meisten Standplätze verfügen über eine beheizte Sanitärhütte mit Dusche, WC und Abwaschstelle. Der Platz ist gut angebunden, was bedeutet, dass die Schnellstraße zum Arlbergtunnel nebenan verläuft und zusammen mit der Zugstrecke etwas stören kann. Direkt neben dem Campingplatz liegt der kleine Wellnesspark Pettneu mit Sauna, Dampfbad und Eisgrotte.
❄ **Der Skibus hält vor der Tür, damit ist man schnell im Skigebiet in St. Anton. In Pettneu gibt es bei ausreichend Schnee auch drei kleine Lifte und eine schöne lange Rodelstrecke.**

▸ Strohsack 235c, 6574 Pettneu am Arlberg, Tel. +43 (0)5448 222660, GPS 47.145016, 10.337716, ganzjährig geöffnet

■ pincamp.de/nt0050

SILVRETTA MONTAFON

Gewusst, wann ...

Funkenfeuer im Montafon

Am ersten Sonntag nach Fasnacht werden im Tal von Montafon riesige Holztürme erst kunstvoll aufgeschichtet und dann abgebrannt. Mit diesem aus vorchristlicher Zeit stammenden Ritual sollen die Dämonen des Winters vertrieben werden. Touristen dürfen trotzdem hoffen, dass der Schnee auch nach dem Funkenfeuer noch einige Tage liegen bleibt.
▶ www.montafon.at/de/Mein-Montafon/Bergkultur-Vorarlberg/Funken

12 Ganz frühmorgens aufstehen und die erste Gondel um 7.30 Uhr auf den Berg nehmen. Jeden Samstag bietet Silvretta Montafon allen frühen Vögeln die Chance, den Sonnenaufgang zwischen den Gipfeln zu erleben. Mit Blick auf Lichtenstein und die angrenzende Schweiz schaut man zu, wie die ersten Sonnenstrahlen vorsichtig über die Berge tasten. Dann schwingt man über die frisch präparierten Pisten oder die unberührte Tiefschneedecke, denn das Skigebiet ist ein Mekka für alle Freeride-Fans. Normalsterbliche können da meist nur zuschauen, zum Beispiel bei einem der Wettbewerbe der Freeride World Tour, bei der man gemütlich im Restaurant sitzend (mit dem Fernglas) betrachten kann, wie Wagemutige über senkrechte Felswände hinweg Saltis vollführen. Weniger gefährlich, aber noch immer aufregend, sind die sieben steilsten Pisten des Skigebiets. Mit Neigungen bis zu 81 Prozent kann man da schon mal zögern, bevor es bergab geht. Aber alles halb so wild, mehr als die Hälfte der Pisten ist blau markiert und entsprechend entspannt zu fahren. Es wird ja zum Glück niemand gezwungen, das Leben aufs Spiel zu setzen.

◀ Von Gaschurn aus fährt die Versettla-Bahn hinauf in die Skiregion Silvretta Montafon und zum Bergrestaurant Nova Stoba.

SILVRETTA MONTAFON

Mit mehr als 100 Pistenkilometern besitzt eigentlich jedes Skigebiet eine große Bandbreite an Pisten für unterschiedliche Fahrstile. Aber im Silvretta Montafon trifft das ganz besonders zu. Für Wagemutige, Erfahrene und Könner sind die ungespurten Freeride-Strecken und die sieben Black Scorpions, die steilsten Pisten des Skigebiets. Auch die Talabfahrt mit einem Höhenunterschied von 1700 Metern bis hinunter nach Schruns erfordert zumindest Kondition. Genussfahrer hingegen halten sich an die blauen und roten Pisten, die den absoluten Großteil der Abfahrten stellen. Daher ist Silvretta Montafon auch durchaus anfängergeeignet. Und auch Freestyler werde hier glücklich – der Snowpark zählt zu den aufregendsten und abwechslungsreichsten Snowparks Österreichs. Silvretta Montafon ist einfach ein richtig gutes Skigebiet.

GOLM

Am Anfang des Montafontals liegt dieser Erlebnisberg für die ganze Familie. Auf den immerhin mehr als 20 Pistenkilometern gibt es besonders viele breite und leichte Hänge. Aber bei Schnee steigen hier eigentlich alle besser gemeinsam auf die Schlitten und rodeln die Naturbahn in die Tiefe. Und sollte der Schnee knapp sein, bietet der Alpine-Coaster ganzjährig Ersatz auf Schienen. Auch an die Freunde der bretter- und kufenlosen Fortbewegung ist hier gedacht worden: Mit einer Reihe von markierten Winterwanderwegen jeder Länge und Schwierigkeit kann die Gegend gemächlich erkundet werden.

MADRISA RUNDTOUR

Das Skigebiet Gargellen ist der Geheimtipp der Skigebiete des Montafons. An der Grenze zur Schweiz ist es das höchste Gebiet der Region, und oft wird bis in das Frühjahr, also bis weit hinter das Abbrennen der Funkenfeuer gefahren. Ein wenig ab vom Schuss, sind die Liftschlangen zumeist sehr kurz, und gerade

ESSEN & TRINKEN

Mühle-Heuriger Gaschurn
Heuriger Wein steht hier zwar trotz des Namens nicht auf der Karte, aber zum Rindsgulasch passen ja ohnehin vielleicht besser ein kräftiges Kellerbier und ein Enzianschnaps zur Verdauung.
▶ Kirchdorfstraße 5, Kirchdorfstraße 2c, 6793 Gaschurn, Tel. +43 (0)5558 8080, www.muehle-heuriger.at

Restaurant Zwickmühle
In Berlin muss man vielleicht seine schwäbische Herkunft verstecken. In Vorarlberg macht man daraus regionale Küche mit schwäbischem Akzent. Und so findet sich auf der Karte des schicken Restaurants neben der gebratenen Brust vom Vorarlberger Huhn auch die Roulade aus dem Ländle.
▶ Dorfstraße 29, 6773 Vandans, Tel. +43 (0)5556 75294, www.zwickmuehle.com

Familien fühlen sich bei der überschaubaren Größe (30 Pistenkilometer) wohl. Von hier startet die Madrisa Rundtour, eine bekannte Skitour. Sie führt über

Silvretta Montafon

▶ Pistenlänge:	110 km
▶ Lifte:	36
▶ Höhe:	700–2430 m
▶ Schneesicher:	❄ ❄ ❄ ❄
▶ Familien:	❄ ❄ ❄ ❄
▶ Highlight:	Freeriding – auch abseits der Pisten ein Top-Skigebiet

Der warme Outdoorpool am Alpencamping Nenzing ist nach einem langen kalten Wintertag ein Genuss.

CAMPINGPLÄTZE

Camping Nova ★★★★★

26 Camping Nova wird bereits in dritten Familiengeneration geführt. Freundlich wird man hier empfangen, und von Sanitäranlagen über Skitrockenraum bis Check-in funktionieren die Dinge unkompliziert und professionell. Im oberen Teil des Platzes befindet man sich im Schallbereich der Straße.

❄ **Die nächste Bergbahn ins Skigebiet Silvretta Montafon ist genau wie die Restaurants von Gaschurn zwei Kilometer entfernt, und der Skibus hält vor der Tür. In der Region sind ebenfalls einige Loipen zu finden, zum Beispiel die 16 Kilometer lange Loipe im nahe gelegenen St. Gallenkirch, die abends sogar beleuchtet wird.**

▸ Campingstraße 138a, 6793 Gaschurn, Tel. +43 (0)5558 8954, GPS 46.998283, 10.0136, 01.01.–09.04., 27.05.–31.12. geöffnet

▪ pincamp.de/vb0660

Alpencamping Nenzing ★★★★★

27 Die großen Skigebiete sind ein Stück entfernt, dafür kann man hier im Hallenbad schwimmen und im Dampfbad, der Panorama-Heu-Lavendelsauna und diversen anderen Saunen schwitzen. Kids spielen im Kinderparadies mit Kletterwand oder sitzen im Kinderkino. Bei den Restaurants gibt es die Qual der Wahl: Im Himmelwärts wird exquisiter Fisch und Steak gebraten, im urigen Gafrenga traditioneller und einfacher gekocht. Mit Blick auf das Bergpanorama ist das Alpencamping Nenzing ein guter Ausgangspunkt für Ausflüge und vor allem ein Luxuswohlfühlort.

❄ **Zum Skigebiet Silvretta Montafon oder Lech Zürs am Arlberg sind es rund 30 Kilometer. Bei ausreichendem Schnee gibt es Loipen direkt in Nenzing sowie kleine Pisten mit drei Schleppliften. Gut ausgebaute Wege laden auch im Winter zum Wandern ein.**

▸ Garfrenga 1, 6710 Nenzing, Tel. +43 (0)5525 62491, GPS 47.182566, 9.682233, ganzjährig geöffnet

▪ pincamp.de/vb0390

alte Schmugglerrouten zwischen Österreich und der Schweiz. Die 45 Kilometer lange Tour ist technisch relativ einfach. Doch weniger erfahrene Tourengänger sollten sie besser in geführter Form angehen.
▶ www.montafon.at/skitouren

WILDPARK FELDKIRCH

Kein Glück bei der Steinbocksichtung im Montafon gehabt? In den Tiergehegen des Wildparks von Feldkirch sollte es klappen. Steinböcke wohnen hier gemeinsam mit Auerochsen, Auerhähnen, Luchsen, Wölfen und anderen Bergbewohnern. Allerdings sind ihre Tiergehege so groß, dass man bei den scheueren Exemplaren auch hier Pech haben kann. Eintritt frei, um Spende wird gebeten.
▶ Ardetzenweg 20, 6800 Feldkirch, www.wildpark-feldkirch.at

SPA ALPENROSE

Nach einer größeren Therme sucht man im überschaubar großen Montafontal vergeblich, aber in den teilweise weitläufigen Wellnessbereichen der Hotels können zum Teil auch Tagesgäste die Saunen und daran angeschlossenen Ruhebereiche aufsuchen. Das Wellnesshotel Alpenrose in Schruns zählt zu den wunderschönen, luxuriösen (und entsprechend nicht ganz günstigen) Angeboten. In einer edlen Umgebung aus Holz und Granit entspannt man hier im Day-Spa (bis 20 Uhr) in den verschiedenen Saunen, liest auf der bequemen Liege sein Buch und überlegt, den Fitnessraum zu nutzen, entscheidet sich dann aber dagegen, um lieber noch eine Runde zu dösen.
▶ Silvrettastraße 45, 6780 Schruns, www.spa-alpenrose.at

Tief eingeschnittene Täler und mehr als 2000 Meter hohe Berggipfel prägen die Region Silvretta Montafon.

Schweiz

Wenn der Kinderlift direkt am Campingplatz vorbeiführt, haben die Eltern ihren Nachwuchs immer im Blick.

Mit den Zielen ...

Oberengadin ▶ S. 68, Unterengadin ▶ S. 74, Davos ▶ S. 78,
Arosa-Lenzerheide ▶ S. 82, Flims ▶ S. 86, Haslital Brienz ▶ S. 90, Engelberg ▶ S. 96,
Grindelwald ▶ S. 100, Interlaken ▶ S. 106, Sion im Rhonetal ▶ S. 110

OBERENGADIN

Gewusst, wann ...

Engadin Skimarathon
Massenstart bei der zweitgrößten Langlaufveranstaltung der Welt: Über 14 000 Läufer starten am zweiten Sonntag des Monats März in die 42-Kilometer-Loipe von Maloja bis S-chanf.
▶ www.engadin-skimarathon.ch

1 Schwer beladene Touristencamper, die über den ganzjährig befahrbaren Julierpass in das Oberengadin kommen, geraten beim Anstieg auf 2284 Meter ordentlich ins Schnaufen. Überhaupt sollte die Wintertauglichkeit besser vor der Abfahrt überprüft werden, denn in einem der höchstgelegenen bewohnten Täler Europas wird es kalt. Doch oft fühlt sich das gar nicht so schlimm an, da das Klima meist trocken und sonnig ist. Willkommen in der prickelnden Champagnerluft des Oberengadins!

Wiege des Wintersports, Rösti mit Kaviar in der Berghütte und Pferderennen auf einem zugefrorenen See (White Turf – ein spannendes Spektakel an drei Sonntagen im Februar) sind Aspekte des Trubels. International wird die Region vor allem unter dem Nobellabel St. Moritz vermarktet, und da kommt ein Begriff wie »Champagnerluft« gerade recht. Doch gerade diese besondere Höhenluft schafft die Qualitäten, die für alle gleich sind, egal wie voll das Portemonnaie ist. Dank der Trockenheit und der Kälte entsteht oft feinster Pulverschnee, den alle gemeinsam genießen. Er fällt auf die Pisten der Skigebiete, auf das riesige Loipennetz, das die Engadiner Seenplatte durchzieht, und die herrlichen Winterwanderwege, auf denen man das weite Inntal erkunden kann.

◄ Bis auf knapp 3000 Meter fahren die modernen Kabinen der Bergbahn Diavolezza hinauf ins Skigebiet über St. Moritz.

CORVIGLIA

Hier gibt es mit 34 Kilometer schwarzen Pisten mehr Könnerabfahrten als in anderen Skigebieten insgesamt. St. Moritz war gleich zweimal Gastgeber der Olympischen Winterspiele – 1928 und 1948, und neben den herausragenden Langlaufbedingungen waren sicher die Pisten des Hausbergs Corviglia ein Grund für die Vergabe.

Eine Vielzahl von Profisportlern kommt bis heute gerne für ihr Training in die Wiege des Wintersports. Sie finden 155 sehr unterschiedliche Pistenkilometer in allen Schwierigkeitsgraden vor, einen Snowpark, Tiefschneehänge und ein modernes Liftsystem, das zum Teil schon um 7.45 Uhr in der Früh seine Arbeit aufnimmt.

Corviglia

- **Pistenlänge:** 155 km
- **Lifte:** 23
- **Höhe:** 1720–3057 m
- **Schneesicher:** ❄❄❄❄❄
- **Familien:** ❄❄❄❄
- **Highlight:** Langlauftraining in Höhenluft

Das ganze Oberengadin bietet schönste Winterwanderwege, die aufgrund der Seen oft ohne zu viel Steigung auskommen. Wer lieber in der Höhe wandert, nimmt eine der Bergbahnen, zum Beispiel nach Chantarella, und läuft von dort auf das Sonnenplateau Salastrains.

Eine gepflegte Langlaufloipe führt direkt am Schloss Crap da Sass am Silvaplaner See vorbei.

OBERENGADIN

ESSEN & TRINKEN

Die Hühnerei

In einer altehrwürdigen holzvertäfelten Lokalität hat dieses hippe Konzeptrestaurant eröffnet. Serviert werden kreativ zubereitete Speisen, von denen man auch satt wird. Das Thema kreist rund um das – Überraschung! –Huhn. Oder Mistkratzerli, wie man in der Schweiz sagt.

▸ Via San Gian 7, 7505 Celerina,
  Tel. +41 (0)81 8370101,
  www.rosatsch.ch/restaurant/huehnerei

Crap Da Fö

Im diesem gemütlich eingerichteten Restaurant am Hotel Palü kommen vor allem Fleischliebhaber mit Kreationen vom mächtigen Holzgrill auf ihre Kosten. Vielleicht ein Stück gegrilltes Lamm und als Beilage Polenta Taragna? Crap Da Fö liegt zwischen Camping Morteratsch und St. Moritz.

▸ Via da Bernina 17, 7504 Pontresina,
  Tel. +41 (0)81 8389595,
  www.palue.ch/crap-da-foe

OLYMPIA BOB RUN ST. MORITZ-CELERINA

Im Sommer ist hier nur die Leitplanke sichtbar, und Grashüpfer springen durch die Wiese. Die älteste Bobbahn der Welt wird jedes Jahr neu aus Natureis geformt und ist damit nebenbei die größte Eisskulptur der Welt. Wer gerne selbst einmal mit 130 km/h den Kanal herunterbrettern möchte, kann eine der Taxifahrten buchen, die täglich im Anschluss an das Profitraining angeboten werden. Vorsicht: zwischendrin Aussteigen ist nicht möglich!

FAMILIENSKIGEBIET ZUOZ

Fünf Lifte formen dieses kleine Skigebiet. Es wirbt um skisportbegeisterte Familien, da mit einigen einfachen Pisten, einer speziell kindergesicherten Sesselbahn, einem Snowpark und einer Zeitmesspiste gute Voraussetzungen für einen gemeinsamen Familientag geschaffen wurden. Und bei der überschaubaren Größe trifft man sich immer schnell wieder. Die Preise sind allerdings nicht so weit weg vom großen Bruder St. Moritz.

LANGLAUFPARADIES OBERENGADIN

Das Loipennetz des Oberengadins übertrifft alle anderen Schweizer Gebiete. Die hoch gelegene Seenlandschaft mit weiten Tälern und Schneesicherheit bietet perfekte Bedingungen. Dazu viel Sonnenschein, trockene Luft und eine Wahnsinnsaussicht! Eine schier endlose Auswahl in einem Netz von 240 Kilometern lässt sich nicht in einem Urlaub erkunden. Klassisch, Skaten, Firnskaten, Hundeloipe, Nachtloipe, es ist für jeden etwas dabei. Ein Engadiner Klassiker ist zum Beispiel die Teilstrecke des Engadiner Skimarathons, die von St. Moritz bis Maloja über die Oberengadiner Seenplatte führt. Insgesamt ist Zuoz das Zentrum des Langlaufsports in der Region. Es müssen Loipentickets erworben werden.

DIAVOLEZZA-LAGALB

Die Teufelin ist der Geheimtipp der Einheimischen. Im kleinen Skigebiet hat man spektakuläre Aussichten auf die Eisriesen Piz Bernina und Piz Palü und tolle anspruchsvolle Pisten unter den Brettern. Es sticht besonders die Gletscherabfahrt hervor, auf deren zwölf Kilometer lange Strecke sich besser nur traut, wer die Skier sicher beherrscht. Nach einem schwindelerregenden Einstieg folgt eine nicht präparierte Piste mit einer Vielzahl von Buckeln, für deren Bewältigung Zeit eingeplant werden sollte.

SCHLITTELBAHN MUOTTAS MURAGL

Für ganz kleine Kinder ist diese Rodelstrecke eher nichts, die toben besser auf dem Spielplatz an der Bergstation des Muottas Muragl. Von der Bergstation startet man in die Rodelstrecke, die durch 20 Kurven

Eine Standseilbahn fährt zum Muottas Muragl hinauf, der eine herrliche Aussicht über das Oberengadin bietet.

CAMPINGPLÄTZE

Camping Morteratsch ★★★★★

1 Dieser naturbelassene und von Bachläufen durchzogene Platz hat eine atemberaubende Aussicht auf die umliegenden Bergriesen, die man sogar aus der freistehenden Sauna (nicht inklusive) genießen kann. Im eigenen Restaurant werden einfache Pizza, Pommes und Gegrilltes serviert, und im Aufenthaltsraum gibt es eine Kaminecke. Sollte der eigene Camper nicht gut genug isoliert sein für den Oberengadiner Winter, sind die drei Holzhäuser eine gemütliche Alternative.

❄ **In den meisten Wintern kann man auf dem Campingsee Schlittschuhlaufen, und eine Langlaufloipe führt direkt über den Platz. Zu den Liftanlagen von St. Moritz (10 km) oder Diavolezza (6 km) ist es ein Stück mit dem kostenlosen Bus oder der Bahn. Skitrockenraum ist selbstverständlich auf diesem nahezu perfekten Wintercampingplatz vorhanden.**

▸ Plauns 13, 7504 Pontresina, Tel. +41 (0)81 8426285,
   GPS 47.182566, 9.682233, ganzjährig geöffnet

■ pincamp.de/gr4200

Camping Gravatscha ★★★★★

2 Der im Tannenwald beim Zusammenfluss von Flaz und Inn gelegene Campingplatz Gravatscha ist trotz des nahen Flugplatzes ruhig. Die geringe Anzahl an Starts und Landungen sind eher eine Sensation als eine Störung. Der Aufenthaltsraum verfügt über eine Küche, und wer nicht selber kochen will, geht in das angeschlossene Restaurant Piste 21, wo es von Pizza bis Zanderknusperli diverse Klassiker gibt. Es stehen hübsche rustikale Holzbungalows zur Verfügung. Das Mineralbad im Zentrum von Samedan ist rund drei Kilometer entfernt.

❄ **Der Skibus bringt die Gäste von der nahegelegenen Haltestelle nach St. Moritz (10 km). Loipen zum Langlaufen und flache Wege zum Spazieren finden sich entlang der Flüsse in der direkten Umgebung.**

▸ Plazza Aviatica, 27, 7503 Samedan, Tel. +41 (0)76 2537736,
   GPS 46.541983, 9.89265, 01.01.–18.04., 03.05.–23.10., 04.12.–31.12. geöffnet

■ pincamp.de/gr4090

Camping Madulain ★★★★★

3 Madulain ist ein ruhiges Dorf zwischen La Punt und Zuoz, dem entschleunigten Gegenpol zu St. Moritz. Der betont familiär geführte Platz passt hier gut hin. Geboten werden saubere und warme Sanitäranlagen mit der Möglichkeit, Privatbäder zu mieten, und bei Sonnenschein öffnet der kleine Wintergarten für einen Kaffee. Auch hier kann man mit kleinen hübschen Mietobjekten der Oberengadiner Kälte entfliehen, sollte der eigene Camper streiken.

❄ **In Madulain fährt man eher lang als ab und so sind Langlaufschule und diverse Loipen ganz in der Nähe. Wer sich doch lieber mit der Schwerkraft den Hang hinabstürzt, nimmt entweder die Rhätische Bahn (Station ca. 50 m vom Campingplatz) nach St. Moritz oder läuft 20 Minuten in das kleine Skigebiet Zuoz (5 Lifte) oder nimmt den Skibus dorthin.**

▸ Via Vallatscha 115, 7523 Madulain, Tel. +41 (0)81 8540161,
   GPS 46.587644, 9.939999, 01.01.–18.04., 01.06.–23.10., 17.12.–31.12. geöffnet

■ pincamp.de/gr4070

und mehr als 700 Höhenmeter führt, bevor die Muottas-Muragl-Bahn alle wieder heile nach oben bringt.
▶ www.mountains.ch/de/bergerlebnis-engadin-stmoritz/Winter

OVAVERVA

Ein tolles Bad für Groß und Klein. Im Hallenbad springen nicht nur Kids vom Sprungturm, in den drei Rutschen wurden auch schon Personen des mittleren Alters gesichtet. Im Außenbereich rieseln einem die Schneeflocken auf die Nase, während die Massagedüsen den Muskelkater bearbeiten. Der Eintrittspreis ist für Schweizer Verhältnisse auch deswegen gemäßigt, weil der Spa-Bereich mit Saunen und Whirlpool separat gebucht wird.
▶ Via Mezdi 17, 7500 St. Moritz, www.ovaverva.ch/de

MINERALBAD & SPA

Mitten im Dorfkern von Samedan wurde das verwinkelte Bad direkt neben die denkmalgeschützte Kirche gebaut. Erwachsene und Kinder ab 15 Jahren können hier nach einem langen Skitag entspannen. Man startet einen Besuch im Erdgeschoss und arbeitet sich durch die mit geschmackvollen Mosaiken gestalteten Etagen bis zur Dachterrasse hoch. Dies ist das erste vertikale Mineralbad der Schweiz. Unterwegs wartet ein Badeparcous mit unterschiedlichen Becken, Dampfsaunen und Whirlpools. Das stark mineralhaltige Wasser des Bads stammt aus einer Quelle unter dem Haus. Klein, fein und elegant.
▶ San Bastiaun 3, 7503 Samedan, www.aqua-spa-resorts.ch/de/mineralbad-spa-samedan

Wintercamping in den Schweizer Bergen ermöglicht neben Wintersport auch andere Freizeitaktivitäten.

UNTERENGADIN

Eine ordentliche Portion gelassener Gemütlichkeit ist dem gesamten Unterengadin, dem unteren Teil des schweizerischen Inntals, eigen. »Skizirkus ist anderswo«, das ist das Motto des Schneesportgebiets Scuol-Motta Naluns. Man ist stolz darauf, nicht das Spektakel der großen Manegen zu bieten. Was ganz und gar nicht heißt, dass ein Besuch nicht lohnt! Pisten, Tiefschnee, Snowpark, Rodelstrecken, Loipen, Wanderwege, Therme – hier gibt es alles, was das Winterherz begehrt. Nur eben eine Spur weniger auf der Suche nach den Superlativen. Ein daraus resultierender Vorteil ist, dass oft weniger los ist und die Schlangen, die sich andernorts vor den Liften bilden können, vermieden werden.

Scuol, der kleine Ort am Fuß des Skigebiets Motta Naluns, bildet von dieser Beschaulichkeit keine Ausnahme. Im Ort und in der Umgebung entspringt eine Vielzahl von Mineralwasserquellen, und während früher Bäder- und Trinkkuren als medizinische Anwendungen die Hauptnutzung des Wassers waren, steht heute die Entspannung im Bogn Engiadina Scuol im Mittelpunkt. Hier räkeln sich die Wintersportler im Solebecken, in den Saunen oder im römisch-irischen Bad und gönnen ihren Gelenken und Muskeln die wohlverdiente Ruhe.

Gewusst, wann ...

Chalandamarz

Alljährlich ziehen Schulkinder in organisierten Umzügen mit schallenden Kuhglocken, knallenden Peitschen und glockenklarem Gesang am 1. März durch die Dörfer des Unterengadins. Ihre Botschaft ist: Der Winter soll verschwinden, der Frühling wird herbeigesungen!

▶ www.engadin.com/de/unterengadin/chalandamarz-im-unterengadin

◄ Das Skigebiet Motta Naluns oberhalb von Scuol ist besonders für Skianfänger und Kinder geeignet.

SKIREGION SCUOL

Oberhalb des Dorfs Scuol liegt das Skigebiet Motta Naluns. Gerade weniger geübte Skifahrer fühlen sich in dem Gebiet wohl. Mit 70 Pistenkilometern ist es überschaubar, die Lifte sind modern und anfängerfreundlich, und der Großteil der Pistenkilometer besteht aus blauen und roten Abfahrten. Auch die schönste Strecke, die sogenannte »Traumpiste«, bietet mit elf Kilometer Länge zwar eine herrliche Abfahrt, ist aber auch für Nichtprofis meisterbar. Kein Wunder, dass die Tourismusindustrie hier Wert auf Kinderfreundlichkeit legt. Der große und durchaus anspruchsvolle Snowpark Scuol hat auch eine einfache Familiy-Line für Nachwuchssnowboarder. Das Kinderland Nalunsin direkt an der Bergstation bietet mit Zauberteppichen und dekorierten Hügeln beste Lernumgebung. Und die Allerkleinsten finden im Kinderhort Motta Naluns Betreuung, Spielzimmer und Snoezelecke.

Scuol	
▶ Pistenlänge:	70 km
▶ Lifte:	10
▶ Höhe:	1250–2785m
▶ Schneesicher:	❄ ❄ ❄ ❄
▶ Familien:	❄ ❄ ❄ ❄
▶ Highlight:	11 km Traumpiste nach Sent

Auch für Langläufer hält das Allroundgebiet des Unterengadins einiges parat. Mit über 90 Kilometer Loipen ist für jeden etwas dabei. Vier Nachtloipen, davon eine direkt in Scuol, einer 24 Kilometer langen Loipe entlang des Inns im Tal und sonnenbeschiene Routen in der Höhe, wie die Panoramaloipe auf 2200 Metern.

Rodelfahrer rasen von Motta Naluns bis nach Ftan in die Tiefe und nehmen im Anschluss wieder den Lift nach oben.

Mit schellenden Kuhglocken und lautem Gesang vertreiben die Schulkinder beim Chalandamarz den Winter.

CAMPINGPLÄTZE

TCS Camping Scuol ★★★★★

④ Nur zwei Steinwürfe vom schön gelegenen Platz entfernt, führt eine kleine Fußgängerbrücke über den Inn nach Scuol. Abends kann man so entspannt im hübschen Dorf Scuol noch etwas essen oder einen Wein trinken gehen. Ein gemütlicher Aufenthaltsraum mit Spielecke und Fernseher und ein Trockenraum für die Schneesportausrüstung helfen gegen Kälte und Nässe. Im angeschlossenen Imbiss Gurlaina werden Fish & Chips, Flammkuchen und einfache Pizza serviert. Es wird empfohlen, ein zusätzliches Stromkabel mitzuführen.

❄ **Die Liftstation ist nur einen guten Kilometer entfernt, der sogar mit einem kostenlosen Skibus überbrückt werden kann. Rund um Scuol werden etwa 35 Loipenkilometer gespurt. Ein Skitrockenraum ist vorhanden.**

▸ 7550 Scuol, Tel. +41 (0)81 8641501, GPS 46.791566, 10.29845,
   01.01.–18.04., 12.05.–23.10., 18.12.–31.12. geöffnet
▪ pincamp.de/gr3600

Camping Sur En ★★★★★

⑤ Vom Dorf Sent (4 km) geht es über eine alte Holzbrücke über den Fluss Inn auf diesen urigen Platz. Das Gelände ist nicht parzelliert, der Stellplatz kann frei ausgesucht werden. Im Sommer ist der Platz Treffpunkt für internationale Holzbildhauer, die einen Skulpturenweg hinterlassen haben, wovon 150 Kunstwerke auch im Winter aufgestellt bleiben. Ein Saunawagen am Inn sowie die modernen sanitären Anlage samt Mietbadezimmern schaffen warmen Komfort. Das Platzrestaurant serviert von Knödelsuppe bis Chickennuggets Lokales und Klassiker.

❄ **Zur Talstation von Motta Naluns sind es 7 Kilometer mit dem Bus (Haltestelle vor der Tür). Ein Skitrockenraum ist vorhanden. Der Eisweg Engadin und normale schöne Wanderwege sind in direkter Umgebung. Langlaufmöglichkeiten sind eher rund um Scuol zu finden.**

▸ 7554 Sur En, Tel. +41 (0)81 8663544, GPS 46.81855, 10.36585, ganzjährig geöffnet
▪ pincamp.de/gr3500

EISWEG ENGADIN

Der Eisweg Engadin folgt einem Rundweg durch die Wälder nahe Scuol und Sent. Ab Ende Dezember wird mit Schläuchen auf dem Weg so viel Wasser verteilt und präpariert, dass eine Schlittschuhstrecke entsteht. Man sollte besser bremsen können, denn überraschenderweise ist die Strecke nicht komplett eben. Liegt neben dem Sur En Camping.

▸ www.eisweg-engadin.ch

BOGN ENGIADINA

Das warme Salzwasser des Solebeckens entspannt bei den älteren Badenden im Nu die beanspruchte Muskulatur und entlastet die versteiften Gelenke. Währenddessen toben die Kids im Strömungskanal oder lassen sich einen der kleinen Wasserfälle auf den Kopf regnen. Anschließend wird im Ruheraum vor dem Kaminfeuer gedöst. Oder man weicht in die Saunalandschaft aus und schwitzt mit Bergpanorama bei den halbstündig durchgeführten Aufgüssen. Noch ruhiger wird es im römisch-irischen Bad, das separat gebucht werden muss. Hier wird man in zehn aufeinanderfolgenden Stationen zwischen Heißluftbad und Teepause professionell entspannt.

▸ Via dals Bogns 323, 7550 Scuol,
   www.bognengiadina.ch

SCHLOSS TARASP

Über dem kleinen Dorf Sparsel – einer Ansammlung von schmucken Engadingerhäusern – erhebt sich das majestätische Schloss Tarasp. Vor fast 1000 Jahren wurde es auf einem Burghügel angelegt und hat seitdem eine lange Reihe aus Grafen und Herzögen als seine Besitzer kommen und gehen sehen. Im 20. Jahrhundert befand es sich weitestgehend im Besitz der Familie des letzten Großherzogs von Hessen. Nach einer kurzen Übergangszeit endete 2016 die Zeit des Adels, und der Unterengadiner Künstler Not Vital erwarb das Schloss, um es mit zeitgenössischer Kunst zu füllen. Es werden regelmäßig Führungen angeboten.

Möchte man den Besuch von Schloss Tarasp mit einer Wanderung verbinden, kann man gut in Scuol starten. Vorbei am See Lai Nair kommt man zum Schloss. Für den Rückweg wählt man die nördliche Route durch Florins und Nairs. Insgesamt gut zwölf Kilometer.

▶ Sparsels 148, 7553 Tarasp,
   www.engadin.com/de/schloss-tarasp

ESSEN & TRINKEN

Batta Porta
Die Besitzer kochen hier zwischen Rindsbraten mit Knödeln und Kraut, Currywurst und hausgemachten Falafeln ihre Lieblingsgerichte. Ein Bistro mit herzlicher Atmosphäre.

▶ Stradun 334, 7550 Scuol,
   Tel. +41 (0)81 8500292

Pizzeria da Salvatore
Schon beim Eintreten verrät der Geruch des Pizzateigs die italienische Heimat von Salvatore. Familienfreundlich werden hier Pizzen serviert, Hauswein eingeschenkt und Spaghetti gekocht. Am Wochenende besser reservieren. Grazie mille!

▶ Sala 120, Sent, Tel. +41 (0)81 8600107,
   dasalvatoresent.business.site

Auf dem Eisweg Engadin ist man auf Schlittschuhen durch die Wälder unterwegs.

DAVOS

Urlaubsort für die Superreichen, Luxushotels, Schickeria und Weltwirtschaftsforum – das sind Schlagworte der höchsten Stadt Europas. Sie sind nicht falsch, und vielleicht sollte man nicht unbedingt gerade dann anreisen, wenn sich Politiker, Wirtschaftsbosse und Lobbyisten Ende Januar für ihr jährliches Treffen versammeln. Aber den Rest des Jahres kommen die allermeisten Gäste für Berge und Klima, die hier die eigentlichen »Promis« sind. Eine Vielzahl an Langlaufloipen, Rodelpisten und Skigebieten haben die Berge berühmt gemacht, und spätestens seit Thomas Manns »Der Zauberberg« ist der Kurort Davos bekannt für seine trockene und besonders reine Luft.

Auf der östlichen Seite des Landwassertals fährt man rauf in das gemütliche Rinerhorngebiet (Talstation direkt am RinerLodge Campingplatz) oder in das hippe Jakobshorngebiet. Auf der westlichen Seite des Tals führen die Lifte unter anderem in das Gebiet Parsenn, eines der traditionsreichsten Skigebiete der Schweiz, und mit 100 Pistenkilometern das größte Wintersportgebiet der Region. Die weitestgehend kostenfeien Langlaufloipen erstrecken sich auf fast 200 Kilometer Strecke. Und der Davoser Schlitten – der klassische Holzschlitten mit eisenbeschlagenen Kufen – ist so berühmt, dass die Gemeinden schon allein deshalb Strecken für das Rodeln präparieren, um diesen Ruf aufrechtzuerhalten. Es kann sich also jeder etwas ganz nach seinem Geschmack aus der Bergwelt herauspicken.

Gewusst, wann ...

Davos Nordic
Zu Beginn der Wintersaison reist der Weltcuptross der Langläuferinnen und Langläufer für den FIS Langlauf Weltcup an. Rund 300 Athleten aus über 30 Nationen steigen bei diesem Traditionsrennen in die Loipe, und 15 000 Zuschauer feuern sie an. Hopp Schwiiz!
▶ www.davosnordic.ch

◂ In Davos findet jährlich das Weltwirtschaftsforum statt, und in der Bergwelt rundum erlebt jeder sein persönliches Wintersporthighlight.

Davos Klosters Parsenn

- **Pistenlänge:** 97 km
- **Lifte:** 18
- **Höhe:** 814 -2844 m
- **Schneesicher:** ❄❄❄❄
- **Familien:** ❄❄❄
- **Highlight:** Talabfahrt mit einer Höhendifferenz von 2034 m

WINTERSPORTGEBIET DAVOS KLOSTERS PARSENN

Auf dem Weissfluhgipfel auf 2844 Metern stößt man sich ab und fährt erst steil in die Tiefe, dann sanft die Hügelflanke entlang und schließlich durch verschneiten Wald bis hinunter nach Küblis. Das liegt auf 814 Metern. Mehr als zwölf Kilometer fährt man bei guter Schneelage auf der längsten der Davoser Abfahrten. In das Parsenngebiet führen sowohl von Davos als auch von Klosters Bahnen. Mit 100 Pistenkilometern bietet das mit Abstand größte der Davoser Gebiete eine große Vielfalt an Pisten und Gastronomieangeboten.

WINTERSPORTGEBIET DAVOS RINERHORN

Die Rinerhornbahn startet nur 100 Meter vom Campingplatz entfernt, und sie führt in das Gebiet, das als Geheimtipp der Region gehandelt wird. Vor allem noch etwas unsichere Skieinsteiger und Fans des viel Raum beanspruchenden Carvens – auf breiten Pisten fühlen sich hier wohl. Die knapp 50 Pistenkilometer verteilen sich primär auf blaue und rote Abfahrten, und die ganz Kleinen freuen sich über einen aufregenden Zauberwald. Außerdem gibt es herausfordernde Rodelpisten.

Die Wintersportregion rund um Davos ist mit Sesselliften und z. B. der Parsenn-Standseilbahn erschlossen.

Der Campingplatz RinerLodge befindet sich gleich gegenüber der Talstation der Rinerhornbahn.

CAMPINGPLÄTZE

RinerLodge Camping ★★⯪★★

6 Auf dem einfachen und eher günstigen Campingplatz gibt es einen beheizten Skitrockenraum, saubere Sanitäranlagen und einen gemütlichen Aufenthaltsraum mit Fernseher und Dartscheibe. Die rauschende Landwasser direkt neben der langen Reihe Stellplätze wird entweder als romantisch oder als laut empfunden. Das Restaurant Blockhuus liegt direkt nebenan.

❄ **RinerLodge Camping liegt neben der Talstation des Skigebiets Davos Rinerhorn. Aufwachen, Skier unter den Arm und los geht's! Campingplatzgäste erhalten Rabatt auf die Liftkarte. Wer Abwechslung braucht, fährt in das große Skigebiet Davos Klosters Parsenn, das problemlos mit dem Bus oder der in unmittelbarer Nähe haltenden Bahn erreichbar ist.**

▶ Landwasserstrasse 64, 7277 Davos Glaris, Tel. +41 (0)81 4170033, GPS 46.743583, 9.779333, ganzjährig geöffnet

■ pincamp.de/gr3100

Campingstellplatz Sunstar Hotel Davos

7 Dies ist zwar kein richtiger Campingplatz, da aber in Davos im Winter nur ein anderer Campingplatz geöffnet ist, kann der Stellplatz die richtige Wahl sein. Der Stellplatz gehört zum Wellness Hotel Sunstar, und Teil des Übernachtungspreises ist der Eintritt in die Wellnessanlage. Dort gibt es nicht nur Duschen und Toiletten, sondern auch Hallenbad, Saunen und eine römisch-irische Therme. Einkaufsmöglichkeiten und Restaurants von Davos Platz sind in unmittelbarer Umgebung.

❄ **Die Talstation des Wintersportgebiets Davos Jakobshorn ist vom Sunstar Hotel nur einen kurzen Spaziergang entfernt. Die anderen Skigebiete sind schnell mit dem Skibus erreicht. Und bei Davos Platz können Langläufer in mehrere Loipen einsteigen.**

▶ Oberwiesstrasse 3, 7270 Davos, Tel. +41 (0)81 836 12 12, GPS 46.793199, 9.817718

WINTERSPORTGEBIET DAVOS JAKOBSHORN

Sekt im Outdoorwhirlpool auf 2560 Metern? Im Häschenkostüm beim Red Bull Homerun? Oder die Pro Kicker Line im JatzPark? Vor einigen Jahrzehnten war das Jakobshorn das einzige Gebiet der Gegend, in dem Snowboarder Lifte benutzen durften. Seitdem hat sich ein Wintersportgebiet entwickelt, in dem Hüttenkultur und Après-Ski im Ranking gleich nach guten Pisten folgen.

LANGLAUFEN IN DAVOS

Durch den großen Wettkampf Davos Nordic, andere kleinere Rennen und einen Langlauf-Leistungsstützpunkt hat sich in der Region Davos-Klosters eine starke Langlaufinfrastruktur entwickelt: FIS-Rennloipen, romantische Seitentäler, spezielle Loipen für Läufer mit Hunden und insgesamt 100 Kilometer klassische und mehr als 70 Kilometer Skatingloipen. Fast alle Strecken sind kostenlos.

VAILLANT ARENA

Die Heimat des Eishockeyvereins HC Davos gilt manchen als das schönste Stadion Europas. Das Feld wird von einer elegant geschwungenen Kuppel aus verleimtem Holz überspannt, und so entsteht trotz der Betonpfeiler ein Blockhüttengefühl. Unter der Woche kann man ein kleines Museum besuchen, das die Geschichte des Schweizer Rekordmeisters mit einigen Fandevotionalien nachzeichnet. Aber um das Stadion wirklich zu erleben, muss natürlich ein Eishockeyspiel besucht werden. Das größte Ereignis des Jahres ist der Spengler Cup, ein seit 1923 ausgetragenes Turnier, bei dem sechs Mannschaften zwischen dem 26. Dezember und Silvester gegeneinander antreten.

▶ Eisbahnstrasse 5, 7270 Davos,
www.hcd.ch/de/eisstadion-davos

WELLNESS UND ERLEBNISBAD EAU-LÀ-LÀ

In diesem Wellnessbad wird mit großem Planschbereich und langer Rutsche auch an die Kids gedacht. Mittwoch- und Samstagnachmittag wird ein spezieller Funpark mit Klettergeräten im Wasser für sie aufgebaut. Im Wellnessbereich im Obergeschoss sind Dampfbad, Kneippanlage, Saunen und ein Rooftop-Sprudelbad eher etwas für die ältere Generation. Im 25-Meter-Sportbecken kann man sich beim Bahnenschwimmen fit halten.

▶ Promenade 90, 7270 Davos Platz, www.eau-la-la.ch

ESSEN & TRINKEN

Restaurant Blockhuus

Die klassisch-rustikale Hütte neben dem RinerLodge Camping liegt an der Talstation Rinerhorn und wird tagsüber von den Wintersportlern angesteuert, die für Bratwurst, Knödel und Apfelstrudel einkehren. Abends schließt das Blockhuus relativ früh.

▶ Landwasserstrasse 49, 7277 Davos,
Tel. +41 (0)81 4170035

Montana Stube

In Davos wird praktisch jeder kulinarische Wunsch erfüllt, solange Geld keine Rolle spielt. Vielleicht ist die gemütliche Montana Stube da gerade die richtige Wahl. Hier wird ganz unaufgeregt Mistkratzerli (gegrilltes Hähnchen) in urigem Ambiente serviert, das dafür aber in hervorragender Qualität.

▶ Bahnhofstrasse 2, 7260 Davos,
www.montanastube.ch

Restaurant Pizzeria Al Capone Klosters

Ein Ausflug in das wunderschöne Chaletdorf Klosters ist ohnehin Pflicht. Warum dann nicht auch Essen gehen? Zum Beispiel in der Pizzeria Al Capone, die hält, was ihr Name verspricht. Zusätzlich zu klassischen Pizzen wird Fondue in einem separierten kleinen Chalet serviert.

▶ Bahnhofstrasse 22, 7250 Klosters-Serneus, Tel. +41 (0)81 4168282,
www.alcapone-klosters.ch

AROSA-LENZERHEIDE

Gewusst, wann ...

Tour de Ski

Lenzerheide und Val Müstair teilen sich den Austragungsort der Schweizer Station der Tour de Ski. Im Zweijahresrhythmus sprinten in Lenzerheide die Langläufer um den Etappensieg. Start- und Zielbereich ist die neue Biathlonanlage, mit der sich die Schweiz ihren Platz im Biathlonzirkus erarbeiten will. Mit Erfolg: 2023/2024 macht der Biathlonweltcup Station, 2025 sogar die WM.
▶ www.biathlon-arena-lenzerheide.ch

4 Vom Campingplatz läuft man zu Fuß zum Lift und begibt sich in das Skigebiet Lenzerheide. Unterhalb vom Piz Scalottas sind die Schatten schon gewichen, und gemütlich carvend geht es die ersten Pisten hinab. Einige blaue und rote Abfahrten später wechselt man vom Stätzerhorn rüber nach Arosa. Seit 2014 sind die beiden Skigebiete durch die Urdenbahn über ein Tal hinweg miteinander verbunden. Am Nachmittag lenkt man noch seinen Weg auf das Parpaner Rothorn, das mit seiner Höhe von 2865 Metern die Restsonne einfängt. Aussicht genießen und dann die steilen Hänge runter, erst die mit Brettern und Metallgeländern gebaute Galerie entlang, und dann traut man sich sogar noch auf die Weltcupstrecke mit einem schwindelerregenden Gefälle von 70 Prozent, so sie denn für uns Nichtprofis freigegeben ist.

Man bevorzugt eher das flache Geläuf? Dann wäre vielleicht ein Schnupperkurs Biathlon genau das Richtige. Im Sprint skaten, Stopp, den Atem kontrollieren und mit der Kleinkaliberwaffe auf die Klappscheiben zielen. Oder doch lieber der Adrenalinverzicht und ein entspannter Wanderweg zur historischen Siedlung in Mittelberg? Arosa-Lenzerheide hat einige Asse im Ärmel und ist obendrein eine der wenigen Regionen der Schweiz, in der Camper auch im Winter zwischen vier Plätzen wählen können.

◄ Im Skigebiet Arosa-Lenzerheide finden Groß und Klein Pisten in allen Schwierigkeitsgraden.

Arosa-Lenzerheide

- **Pistenlänge:** 225 km
- **Lifte:** 43
- **Höhe:** 1229–2865 m
- **Schneesicher:** ❄❄❄❄❄
- **Familien:** ❄❄❄❄❄
- **Highlight:** Rennstrecken mit Zeitmessung

SKIGEBIET AROSA-LENZERHEIDE

Arosa hat viele Unterkünfte, Lenzerheide viele Pisten. Das haben sich die zwei Skigebiete zu Nutzen gemacht und sich 2014 durch die Urdenbahn miteinander verbunden. Zusammen bringen sie stattliche 225 Pistenkilometer auf die Waage, bei denen alles dabei ist: Vom Kinderland Fastatsch mit überdachtem Zauberteppich, einem Kinder-Snowpark, breiten blauen Pisten bis zu supersteilen Rennstrecken mit Zeitmessung.

Kinderfreundlichkeit wird hier groß geschrieben, aber anspruchsvolle Strecken gibt es ebenfalls nicht zu knapp.

LANGLAUFEN IM HOCHTAL LENZERHEIDE

Zwischen Lantsch und Parpan wird im Tal von Lenzerheide das Langlaufangebot gepflegt. Auf rund 1500 Metern werden circa 50 Kilometer Loipen präpariert. Darunter sind viele einfache Strecken, aber auch Herausforderungen mit anspruchsvollem Profil wie die Rennloipe La Pala.

Die Biathlon Arena Lenzerheide (offiziell Roland Arena), fünf Kilometer entfernt vom Dorfzentrum Lenzerheide und direkt neben dem Camping St. Cassian, bietet auch Freizeitsportlern eine hervorragend präparierte Loipe, die abends beleuchtet wird. Es gibt verschiedene Kursangebote, darunter auch ein Schnupperkurs im Biathlon. Die Roland Arena ist die einzige fest installierte Biathlonanlage der Schweiz, was die Internationale Biathlonunion unter anderem mit der Vergabe der WM belohnt hat.

LIGHT RIDE

Rodelfahrer finden in Arosa-Lenzerheide vier Strecken, zu denen sie die Bahn wieder bequem nach oben bringt. So spart man den langen schweißtreibenden Aufstieg zu Fuß und schießt herrlich entspannt den Berg hinab.

ESSEN & TRINKEN

Restaurant Portal

Direkt neben der Talstation Churwalden und damit auch neben dem Campingplatz Pradafenz liegt dieses heimelige Lokal, das hungrigen Wintersportlern für eine kräftigende Pause schmackhafte Bündner Gerstensuppe, Pommes und Spätzlipfanne serviert. Vor dem Restaurant steht man gemeinsam an der Bar für einen Aprés-Ski-Drink.

▸ Girabodawäg 16, 7075 Churwalden, Tel. +41 (0)81 3562039, www.pradaschier.ch/restaurant-portal

Bullrian

Ein Restaurant für den besonderen Abend: In der offenen Küche werden von der Schnauze bis zum Schwanz alle Teile der regional aufgewachsenen Tiere verarbeitet. Nachhaltigkeit wird im Bullrian gelebt. Gekocht werden kreative Menüs mit vielen einzelnen kleinen Gängen.

▸ Poststrasse 147, 7050 Arosa, Tel. +41 (0)81 3771718, www.bullrian.ch

CAMPINGPLÄTZE

Camping Pradafenz ★★★★★

8 Am Ortsrand von Churwalden schafft der kleine, moderne 4-Sterne-Platz das Kunststück, Lifte, Restaurants und Einkaufsmöglichkeiten in Fußdistanz zu haben und trotzdem gefühlt mitten in der Natur zu liegen. Skitrockenraum und beheizte, saubere Sanitäranlagen machen den sportlichen Winterurlaub nicht nur mit Familie komplett. Wegen Rücksicht auf die Anwohner darf an Sonn- und Feiertagen nicht an- oder abgereist werden.

❄ **Drei Lifte direkt am Platz: Der eine führt rauf zur längsten Ganzjahresrodelbahn der Welt, der zweite in das Skigebiet Arosa-Lenzerheide, der dritte ist ein guter Übungslift für Groß und Klein. Es gibt auch Loipen in Churwalden, aber zu den vielfältigen Loipen im Hochtal von Lenzerheide sind es ca. zwölf Kilometer (Bushaltestelle vor der Tür).**

▸ Girabodawäg 34, 7075 Churwalden, Tel. +41 (0)81 3821921, GPS 46.7769, 9.541216, 01.01.–20.04., 25.05.–31.10., 16.12.–31.12. geöffnet

■ pincamp.de/gr2100

Camping Gravas ★★★★★

9 Der einfache Naturcampingplatz liegt oberhalb einer mäßig befahrenen Straße an einem Wildbach. Die Camper stehen inmitten der urigen Bergfichten in einem buckeligen Waldstreifen mit nischenartigen Standplätzen. Es gibt einen Aufenthaltsraum, und der Dorfkern von Lenzerheide ist nur einen kleinen Spaziergang entfernt.

❄ **Unmittelbar neben dem Platz startet der Schlepplift Crestas. Er liegt ganz am Rande des Skigebietes Lenzerheide, aber schon mit nur zwei weiteren Liften ist man oben auf dem Piz Scalottas auf 2323 Metern. Und damit mittendrin im Geschehen. Wer lieber Gondel fährt, läuft 20 Minuten. Eine Loipe beginnt am Platz und führt bis zur Biathlonarena (4 km). Skitrockenraum ist vorhanden.**

▸ Voa Nova 6, 7078 Lenzerheide/Lai, Tel. +41 (0)81 3842335, GPS 46.722758, 9.555437, ganzjährig geöffnet

■ pincamp.de/gr2200

Camping St. Cassian ★★★★★

10 Der schnörkellose Campingplatz liegt im weiten, waldreichen Tal ca. drei Kilomter von Lenzerheide entfernt und am Dorfrand von Lantsch/Lenz. Da sich der Platz ein wenig ab vom Gastronomiegeschehen befindet, trifft es sich gut, dass sein eigenes Restaurant Wildspezialitäten und andere Klassiker der Schweizer Küche serviert.

❄ **Der Skibus (Haltestelle direkt vor der Tür) bringt die Gäste zu den Skiliften von Lenzerheide. Optimal liegt der Platz für Langlauf- oder Biathlonbegeisterte: Sie müssen nur runter vom Gelände, und schon sind sie im sich verzweigenden Loipennetz oder direkt in der Roland-Arena, wo auch Biathlonanfänger willkommen sind. Ein Skitrockenraum ist vorhanden.**

▸ Voia Principala 106, 7083 Lantsch/Lenz, Tel. +41 (0)81 3842472, GPS 46.698733, 9.558133, ganzjährig geöffnet

■ pincamp.de/gr2220

Das Nachtrodelerlebnis Light Ride erinnert manche Kinder an das Videospiel Mario Kart. Hierfür wird zweimal die Woche auf dem unteren Teil der Rodelpiste Scharmoin-Canols eine Strecke mit Lichtinstallationen und Musik multisensorisch gestaltet. Es können jeweils vier Fahrer gleichzeitig starten, unterwegs können Bonuspunkte gesammelt werden, und bei der Zieleinfahrt wird die Rennzeit gemessen. Die Gondelbahn Rothorn 1 bringt die Piloten an den Start. Da bietet sich doch ein familieninterner kleiner Wettkampf an.
▶ www.arosalenzerheide.swiss

WELLNESSBAD H2LAI

Das Sportzentrum Lenzerheide besteht neben Eishalle und Fitnessraum aus dem unterhaltsamen Wellnessbad H2Lai. Kinder stürzen sich in das »Black Hole«, die 85-Meter-Rutschbahn, Sportler kraulen ihre Bahnen, und der Rest sitzt bei 35 °C im Außenbad oder – noch besser – im Whirlpool mit Blick auf Berge und Skipisten. Heißes, dampfendes Wasser umgeben von Schnee ist die perfekte Entspannungskombination.
▶ Dieschen sot 4, 7078 Lenzerheide, www.arosalenzerheide.swiss

Auf dem Naturcampingplatz Gravas stehen die Campingmobile unter schneebedeckten Bäumen.

FLIMS

Gewusst, wann ...

LAAX Open

Frontside Double Cork 1080, Double McTwist 1260 oder der Half-Cab Quadruple Backflip? Keine Ahnung, was das ist? Dann ist der Laax Snowboardworldcup genau die richtige Fortbildungsveranstaltung. Eine der größten Halfpipes der Welt und ein innovativer Slopestyle Kurs bringen im Januar die absoluten Topathlethen nach Graubünden.
▶ open.laax.com

Wenn man im Skigebiet Flims-Laax-Falera von einem Snowboardfahrer überholt wird, der nach einem kleinen Backflip im Tiefschnee abseits der Piste verschwindet, könnte das die Snowboardlegende Shaun White oder die Olympiasiegerin Chloe Kim sein. Sollte man ihr Tempo mithalten und gemeinsam am Lift ankommen, werden sie den Blueline-Zugang nutzen, während man selbst vermutlich für eine Weile in der Warteschlange durchschnauft. Jedes Jahr im Januar reist die internationale Snowboardelite nach Laax, um in einer der größten Halfpipes der Welt ihr Können zu zeigen und einige Runden auf den 224 Pistenkilometern oder den unzähligen Freeride-Strecken des Skigebiets zu drehen. Die Ticketpreise sind happig und die Warteschlangen können ohne Blueline-Zugang lang werden, aber das Winterwunderland hält, was es verspricht. Vom entspannten Carven auf breiten und gut präparierten Pisten über irre Sprünge in vielfältigen Snowparks bis zum Rütteln über Buckelpisten ist alles dabei.

Wer nach Flims reist, kommt im Allgemeinen, um ordentlich Pistenkilometer abzureißen oder durch die Snowparks zu jagen. Dabei hat die Region einiges mehr zu bieten. Im Sommer spricht man von einer Kombination aus Kanada (wegen der vielen Nadelbäume) und der Karibik (wegen der blauen Seen). Auch im Winter zeigt sich diese Schönheit auf den vielen Winterwanderwegen, beim Blick in die Rheinschlucht, auf den mehr als 50 Kilometer gespurten Loipen oder beim Bummel durch den historischen Dorfkern des Dorfs Laax. Und für das Abendprogramm hat die Snowboardszene einige Bars und Clubs entstehen lassen, in denen immer wieder auch bekanntere DJs und Bands auftreten.

◄ Bei den Laax Open zeigen die besten Freeskier der Welt ihr Können und kämpfen um Weltcuppunkte.

WINTERSPORTGEBIET FLIMS-LAAX-FALERA

Das Gebiet ist mit Sesselliften und Gondelbahnen von den drei Dörfern Flims, Laax und Falera zugänglich. Mit 224 Pistenkilometern ist es das größte Gebiet Graubündens. Zwei Drittel der Pisten liegen auf über 2000 Metern, und so ist das Gebiet relativ schneesicher. Der Voralbgletscher kann sogar ab Oktober befahren werden.

Für Skifahrer ist Flims-Laax-Falera ein sehr gutes Gebiet, für Snowboarder wohl das beste der ganzen Schweiz. Hier steht die aktuell größte Halfpipe der Welt, fünf Snowparks mit mehr als 90 Boxen und Rails, und es gibt diverse Freeride-Strecken. Die teuren Ticketpreise lassen sich durch das dynamische Preissystem ein wenig reduzieren, wenn frühzeitig gebucht wird.

Flims-Laax-Falera

- **Pistenlänge:** 224 km
- **Lifte:** 28
- **Höhe:** 700–2430 m
- **Schneesicher:** ❄ ❄ ❄ ❄ ❄
- **Familien:** ❄ ❄ ❄ ❄
- **Highlight:** Snowparks und Freeriding

Eine Pause mit Sonnenbad in der Wintersportregion Flims-Laax-Falera

ESSEN & TRINKEN

Trattoria Pizzeria il Forno

Nur zehn Gehminuten vom Campingplatz Flims entfernt, werden leckere Pizzen im Holzofen gebacken und andere italienische Klassiker von Saltimbocca bis zum Steinpilzrisotto frisch zubereitet. Klassische italienische Desserts runden schließlich das Angebot ab. Der Hauswein Mandurino stammt vom eigenen Weingut im Süden Italiens. Das Restaurant befindet sich im Hotel des Alpes.

▶ Promenada 45, 7018 Flims,
Tel. +41 (0)81 9282525, www.ilforno.ch

Casa Veglia

Bei der Talstation in Laax serviert in der Casa Veglia ein junges und motiviertes Team traditionelle Schweizer Küche. Das Fleisch für die Hacktäschli stammt genauso wie der Käse für das Buure-Fondue aus regionaler Produktion. Freitags wird eine Stubete, ein volkstümlicher Abend mit Tanz und Spielen, veranstaltet. Das Restaurant ist Teil der Familie der Rocksresorts.

▶ Talstation, 7032 Laax,
www.rocksresort.com/casa-veglia

Die Betreiber des Skigebiets, die Weisse Arena Gruppe, hat sich zum Ziel gesetzt, die energietechnisch erste selbstversorgende alpine Destination zu werden. Dafür wird umfangreich in Solaranlagen, Wasser- und Windkraft investiert, und nach und nach werden die Pistenraupen, Schneemobile und Versorgungsfahrzeuge im Skigebiet elektrifiziert.

Aber noch nachhaltiger ist natürlich der Sport, der ohne große Liftanlagen auskommt. Und auch dafür hat die Region einige schöne Strecken zu bieten. Langläufer finden rund um die Dörfer Plaun, Bargis, Flims, Sagogn und Trin 62 Kilometer doppelt gespurte Loipen. Zudem wird mit 100 Kilometer markierten und zum Teil gespurten Wander-, Schneeschuh- und Spazierwegen geworben.

WALDHAUS FLIMS DAY SPA

Eine große Parkanlage umgibt das Luxushotel, zu dem früher sogar der wunderschöne Caumasee samt Strandbad gehörte. Das Hotel aus dem 19. Jahrhundert versprüht seinen alten Charme samt Belle-Époque-Hotelmuseum, in dem noble Dachbodenfunde aus einem anderen Jahrhundert ausgestellt werden. Wie das Museum ist auch der Wellnessbereich für Gäste von außen geöffnet. Architektonisch elegant in die Parkanlage eingebettet, gibt es im Wellnessbereich einen Innen- und einen Außenpool, Aromadampfbäder, klassische Saunen und ein Eisloch im Teich.

▶ Waldhaus, Via dil Parc 3, 7018 Flims,
www.waldhaus-flims.ch

CURLING CLUB FLIMS

Lust auf eine Partie Schach auf dem Eis? In der Waldhaus Arena kann man das Spiel für sich entdecken, das zu Olympia Millionen Menschen vor die Fernseher zieht, das aber kaum einer von ihnen je selber gespielt hat. Dabei ist es doch so einfach: In die Knie, abstoßen, gleiten, loslassen, und dann sollen die anderen ein bisschen wischen. Oder? Auf sechs Rinks lässt sich hier überprüfen, was man vor dem Fernseher gelernt hat. Für Neueinsteiger werden täglich von 16.30 bis 18 Uhr Schnupperkurse angeboten.

▶ Via Sorts Sura 9, 7018 Flims,
www.waldhausarena-flims.ch

FREESTYLE ACADEMY LAAX

Kids und Junggebliebene toben auf diesem Indoorspielplatz und üben ihre Sprünge für die Halfpipe. Es gibt einen Skatepark, Trampoline und Rampen, über die man mit dem Board auf ein aufgeblasenes Luftkissen springt. In den Wintersaisons 2023 und 2024 residiert die Freestyle Academy in einem großen Zirkuszelt des Zirkus Knie und dann wieder in einer neu gebauten Halle.

▶ Via Murschetg 17, 7032 Laax,
www.freestyleacademy.com

CAMPINGPLATZ

Camping Flims ★★★★★

11 Der einzige Wintercampingplatz rund um das Skigebiet Flims-Laax-Falera besteht aus einer von einer kleinen Straße geteilten Wiese mit Baumbestand. Standplätze liegen im oberen Bereich auf mit Rasengittersteinen befestigtem Untergrund. Sanitäranlagen und Skitrockenraum sind schlicht, aber sorgen im Winter für den nötigen Komfort. Es können auch Hütten gemietet werden. Im Platzcafé wird leckeres Frühstück serviert und eine entspannte Atmosphäre kreiert, die zum Verweilen einlädt. Um Kleinigkeiten einzukaufen, reicht der Kiosk auf dem Gelände, während größere Einkaufsmöglichkeiten sowie Restaurants im Zentrum von Flims (ca. 2 km) zu finden sind.

❄ **Zum nahe gelegenen Caumasee führt ein schöner Spaziergang, und von hier gibt es eine Reihe Wanderwege durch die dichten Wälder. Eine Loipe führt in der Nähe des Platzes vorbei und bringt die Langläufer (bei ausreichendem Schnee) bis zu dem sich verzweigenden Loipennetz rund um den Crestasee. Zur etwa zwei Kilometer entfernten Bergbahn Flims sowie zu anderen Langlaufstrecken bringt einen der (mit Gästekarte kostenlose) Skibus. Zudem befindet sich in unmittelbarer Nachbarschaft das Sportzentrum Flims, das im Winter eine Eishalle zum Schlittschuhlaufen und Eisstockschiessen beherbergt sowie die Nutzung eines Kraftraums und eines Schiesskellers anbietet.**

▶ Via Prau la Selva 4, 7018 Flims Waldhaus, Tel. +41 (0)81 9111575,
  GPS 46.824416, 9.281833, ganzjährig geöffnet
■ pincamp.de/gr1300

Auf dem Campingplatz Flims lässt sich ein herrlicher Winterurlaub verbringen.

HASLITAL BRIENZ

Die Gegend im Herzen der Schweiz scheint die Fantasie anzuregen. Der Autor Arthur Conan Doyle hat den (vermeintlichen) Tod seiner Figur Sherlock Holmes an den Reichenbachfall im Haslital verlegt, die Legenden rund um den in der Aareschlucht lebenden Tatzelwurm sind bis heute lebendig, und der Schriftseller J. R. R. Tolkien soll rund um Brienz die Inspiration für die Landschaften in Herr der Ringe gefunden haben.

Im Haslital werden Gemütlichkeit und Bescheidenheit hoch gewichtet, und die Aufmerksamkeit liegt auf Aspekten, die vielleicht in anderen Wintersportregionen ein wenig untergehen. So gilt zum Beispiel das Skischulübungsgelände am Hasliberg als eines der besten des Lands, und für Skitouren, Schneeschuh- und Höhenwanderungen gibt es eine spezielle Seilbahn.

Der blaue Brienzer See ist nur zwanzig Minuten mit Auto oder Bahn entfernt und lädt mit seiner Seepromenade und seinen Chalets in typischer Holzbauweise zu Tagen abseits des Wintersports ein. Seine intensive Farbe erhält der See von kleinen Mineralienpartikeln, die das Gletscherwasser mit sich führt, und die nur langsam zu Boden sinken. Bei Sonnenschein bringen sie das klare Seewasser zum Leuchten, im Sommer türkis, im Winter kräftig grünblau. Einzig der Militärflugplatz Meiringen trübt ein wenig die friedliche Urlaubsstimmung.

Gewusst, wann ...

FIS-Europacup Slalom

Wer den Tanz durch den Stangenwald live und vor Ort erleben will, kommt zum Skirennzentrum Hasliberg. Im Januar treten die Frauen zum FIS-Europacup an, im Februar die Männer. Und in den rennfreien Zeiten wird die Strecke von Vereinen und Einzelpersonen zum Training genutzt. Zuschauen kostenlos!
▶ www.skirennzentrum.ch

◀ Am strahlend blaue Brienzer See,
der bei Sonnenschein noch farbintensiver wirkt,
laden herrliche Wege zu Winterwanderungen ein.

MEIRINGEN-HASLIBERG

Man ist hier stolz auf ein Angebot, das sich an die ganze Familie richtet. Die schwarzen Pisten und die speziell gesicherte Rennabfahrt des Skizentrums Hasliberg zeigen das Potenzial der steilen Berge, aber die Mehrzahl der Strecken sind hervorragend geeignet für weniger versierte Fahrer. Rote und blaue Pisten sind deutlich in der Mehrzahl. Und die ganz Kleinen sind ohnehin besonders willkommen: Für sie gibt es das Skihäsliland mit Kinderliften, Förderband, Übungskarussell und Igludorf. Die 60 Pistenkilometer und 13 Lifte erstrecken sich von 2433 Metern bis runter nach Hasliberg Reuti bei nur knapp über 1000 Metern. Die höhergelegenen Pisten liegen terrassenartig in der Sonne, die tiefergelegenen führen zum Teil durch dicht stehenden Wald. Eine größere Zahl an flachen Stücken und Ziehwegen mindern zwar die Attraktivität für Snowboarder, dafür wurde in den vergangenen Jahren immerhin ein Snowpark angelegt. Abseits der Pisten gibt es einige schöne Routen für Freeriding, aber auch für Schneeschuhtouren. Winterwanderwege, Schlittenstrecken und eine kurze Loipe (1,5 Kilometer) vervollständigen das Gebiet.

Meiringen-Hasliberg

▸ Pistenlänge:	60 km
▸ Lifte:	13
▸ Höhe:	1066–2433 m
▸ Schneesicher:	❄ ❄ ❄
▸ Familien:	❄ ❄ ❄ ❄ ❄
▸ Highlight:	Skihäsliland für Kinder

Der gemütliche kleine Ort Brienz ist für seine Holzskulpturen bekannt.

BRIENZ

Obwohl im Rücken von Brienz das Rothorn in die Höhe ragt, ist hier das Klima aufgrund der ausgleichenden Wassermassen des 260 Meter tiefen Brienzer Sees gemäßigt. Der am östlichen Ende des Sees gelegene Ort Brienz verströmt eine friedliche Heimeligkeit, die sicher mit den Holzchalets aus dem 18. und 19. Jahrhundert zu tun hat. Und vielleicht auch mit der traditionellen Schule für Holzschnitzerei und der Schule für Geigenbau. Kunstfertige Holzverarbeitung scheint hier jedenfalls in den Genen zu liegen, denn im gesamten Ort findet man kreative Beispiele der Holznutzung. Über die Seepromenade spaziert man autofrei, und auch das trägt zur friedlichen Atmosphäre bei.

AXALP OB BRIENZ

Mit Blick auf den Brienzersee durch den Pulverschnee wedeln? Wie der Name schon sagt, liegt die Axalp auf einer Terrasse hoch über Brienz und damit dem See. Mit gerade einmal 15 Pistenkilometern spielt sie in einer anderen Liga als der Hasliberg, aber allein schon die wunderschöne Aussicht rechtfertigt einen Abstecher hierher. Auch die Axalp legt Wert auf Familienfreundlichkeit und perfekt präparierte leichte breite Pisten. Die Kinderlifte bieten für jedes Alter Spaß.

Zusätzlich gibt es markierte Schneeschuhwanderwege und zwei kurze Langlaufloipen. Auch bei ausbleibendem Schnee kann hier schön gewandert werden.

Der Winterwanderweg zur Axalp in der Gemeinde Brienz ist gut beschildert.

NORDISCHES ZENTRUM GADMEN

Entlang des Gadmerwassers, eines Nebenflusses der Aare, führt eine 15 Kilometer lange gespurte Rundloipe durch die wunderschöne Bergkulisse. Ein- und Ausstiege befinden sich in Gadmen, Obermad und in Fuhren. Von Meiringen erfolgt die einfachste Anreise mit einem Bus nach Gadmen. Betreiber der Loipe ist der Nordische Skiclub Oberhasli. Loipenpässe sind im Tourist Center Meiringen und in Gadmen erhältlich.
▸ www.loipe-gadmen.ch

HOTPOT AM BRIENZERSEE

Die Brienzer Tourismusagentur lädt ein in ihre Hotpots! In den heißen Badezubern mit toller Aussicht auf See und Berge sitzen Besucher gemütlich beisammen und trinken kaltes Bier oder bestellen sich gleich ein ganzes Käsefondue. Es gibt Zweier- und Sechser-Hotpots. Für beide ist ein nicht unerhebliches Entgelt zu entrichten, aber solch ein außergewöhnliches Vergnügen gönnt man sich schließlich nicht alle Tage.
▸ Hauptstrasse 143, 3855 Brienz,
Tel. +41 (0)33 952 80 80 www.hotpot-brienz.ch

HALLENBAD MEIRINGEN

Das einfache Bad mit einem 16-Meter- und einem Nichtschwimmerbecken ist für ein städtisches Hallenbad eine gemütliche Oase. Die Wassertemperatur ist mit 28 °C auch im Winter ausreichend warm, auf den Fluren ist es nicht eiskalt und die Finnische Sauna bringt Schwung in den Kreislauf. Montag und Donnerstag ist Frauensaunatag.
▸ Pfrundmattenstrasse 2, 3860 Meiringen,
www.meiringen.ch

SHERLOCK HOLMES IN MEIRINGEN

Als der Schriftsteller Arthur Conan Doyle 1893 in die 120 Meter tiefe Schlucht des Reichenbachfalls schaute, kam ihm die Idee zu Sherlock Holmes Tod. Er konstruierte eine Geschichte, die seinen Meisterdetektiv in die Schweiz reisen und im Kampf mit Professor Moriarty den obersten der insgesamt sieben Wasserfälle hinabstürzen ließ. Das Magazin, in dem damals die Geschichten erschienen, verlor daraufhin auf einen Schlag 20 000 Abonnenten. Conan Doyle ließ Sherlock einige Jahre später wiederauferstehen, aber die Reichenbachfälle behielten ihre Berühmtheit.

Die Gemeinde Meiringen nutzt das heute für verschiedene Attraktionen rund um den Ermittler. So versetzt das kleine Sherlock-Holmes-Museum Besucher in dessen chaotisches Wohnzimmer in der Baker Street 221B. Der KrimiSpass Meiringen lädt Groß und Klein kostenlos ein, selbst in Meiringen zu ermitteln. Und der Campingplatz Alpencamping bietet im Sherlock Mystery Room knifflige Aufgaben. Die spektakulärste Attraktion ist sicherlich der Reichenbachfall selber: In einer Kaskade von sieben Fällen stürzt das Wasser 300 Meter in die Tiefe. Rote

ESSEN & TRINKEN

Restaurant und Pizzeria Bahnhöfli

Im Hausrestaurant des Hotels Meiringen repräsentieren Pizza, Risotto und Pasta gute italienische Küche. Am Wochenende kann es ein wenig länger dauern, bis das Bahnhöfli Spezial, »halb Calzone, halb Flammkuchen«, auf dem Tisch steht. Es gibt eine spezielle Karte für günstigere Take-Away-Pizza.
▸ Bahnhofplatz 1, 3860 Meiringen,
Tel. +41 (0)33 9721212,
www.hotel-meiringen.ch

Hippie Mountain

Das Restaurant neben der Hasliberg-Twing-Gondelstation wird von niederländischen Gastwirten betrieben, was aber wenig Hinweis auf die Speisekarte zulässt. Serviert werden Burger, Lachssteak, Zwiebelsuppe oder frische Hirschravioli.
▸ Haslibergstrasse 365, 6083 Hasliberg,
Tel. +41 (0)33 9712812,
www.hippiemountain.ch

Die Brücke über einen Bergsee beim Alpencamping wird nur von Mutigen überquert.

CAMPINGPLÄTZE

Camping Hofstatt-Derfli ★★★ ★ ★

🔴 Dieser Wintercampingplatz liegt am Ortsrand von Hasliberg. Wer einen der Winterstellplätze ergattern will, sollte frühzeitig reservieren. Der Hotpot-Badezuber und die Gehdistanz zur Godelbahn machen den Campingplatz beliebt. Die ordentlich beheizten Wasch- und Trocknungsräume, Schuhregale, Abstellraum für Sportgerät und eine Skiservicestation mit Selbstbedienung tun ihr Übriges.

❄ **Die Godelbahn Hasliberg Twing ist ca. 15 Minuten Fußweg entfernt. Die Bergwiese, auf der der Campingplatz angelegt ist, steckt in den Wintermonaten im Idealfall unter Schnee, denn dann kann direkt vom Platz auf die hauseigene Langlaufloipe gewechselt werden. Regelmäßig werden hier Techniktrainingskurse für Klassik und Skating angeboten.**

▸ Hofstatt, 6085 Hasliberg Goldern, Tel. +41 (0)33 9713707, GPS 46.737116, 8.195999, 01.06.–30.09., 15.12.–31.12. geöffnet

■ pincamp.de/be4450

Alpencamping ★★★ ★ ★

🔴 Auf diesem gepflegten Platz kümmert sich der Chef persönlich um jedes kleine oder große Problem, hilft mit Ratschlägen und gibt Ausflugtipps. Der gemütliche Aufenthaltsraum lädt in den Abendstunden zum Beisammensein ein, und wer in der Snackbar nicht satt geworden ist, hat es ins Zentrum von Meiringen nicht weit. Außerdem ist an das Alpencamping der Sherlock-Mystery-Room angeschlossen, in dem spielfreudigen Gästen Knobelaufgaben gestellt werden (kostenpflichtig).

❄ **Die knapp zwei Kilometer zur Bergbahn Meiringen-Hasliberg können mit dem Skibus zurückgelegt werden. Ein Skischuhtrockner ist vorhanden. Schöne Wanderwege finden sich viele in der Region – man kann direkt vom Platz starten.**

▸ Brünigstrasse 47, 3860 Meiringen, Tel. +41 (0)33 9713676, GPS 46.73435, 8.17153, ganzjährig geöffnet

■ pincamp.de/be4400

Holzwaggons der Standseilbahn führen zu einer Plattform für beste Aussicht auf das Spektakel. Allerdings ist dieser Ausflug erst ab der Schneeschmelze so richtig beeindruckend, da der Bach im Winter wenig Wasser führt.

KRAFTWERKSFÜHRUNGEN DER KWO

Unter dem Namen »Grimselwelt« vermarktet die Kraftwerke Oberhasli AG touristische Angebote und vermittelt Wissen zur Stromerzeugung durch Wasserkraft. Zu der Kraftwerksanlage der KWO gehören neun Kraftwerke, mit denen mehr als eine Million Menschen mit Strom versorgt werden. Dazu gehören Staumauern in steilster Gebirgslandschaft, aber auch eine unterirdische Welt aus Tunneln, Schächten und Turbinen. Die Bergbahnen dienten früher ausschließlich den Mitarbeitern der Kraftwerke und den Bautrupps, heute werden sie vor allem von Touristen genutzt, um zum Reichenbachfall oder zu den Skitouren- und Schneeschuhwanderrouten im Grimselgebiet zu kommen.

▶ www.grimselwelt.ch

SKULPTURENGARTEN SCHRÄNDLI

Oberhalb der Talstation Meiringen liegt ein kleiner Skulpturengarten mit wechselnden Ausstellungen. Die einzelnen Plastiken werden so aufgebaut, dass sie sich fotogen vor dem weiten Tal und der Silhouette der Wetterhorngruppe abzeichnen. Der Garten befindet sich am alten Serpentinenweg, der die Dörfer des Haslibergs mit dem Zentrum von Meiringen verbindet.

Eine kleine Pause mitten in der Natur der Schweizer Bergwelt ist erlaubt.

ENGELBERG

Gewusst, wann ...

Weltcup Skispringen Engelberg

In der zweiten Dezemberhälfte werden auf der Titlis-Schanze zwei renommierte Skisprungwettbewerbe ausgetragen. Erst reist die Weltelite an, um kurz vor Weihnachten ein Turnier als Teil des Weltcups auszutragen, das aufgrund der Schanzengröße als letzter Test vor der Vierschanzentournee gilt. Und dann kommt kurz nach Weihnachten die Nachwuchselite für den Skisprung-Continental-Cup.
▶ www.weltcup-engelberg.ch

7 Dreh- und Angelpunkt der Region rund um die Alpenstadt Engelberg ist der über 3000 Meter hohe Titlis. Die Südseite des Bergs bekleidet eine fast senkrechte Felswand, die Nordseite schmückt eine große Flanke, die steil gen Engelberg abfällt, und die im oberen Bereich den Titlisgletscher beherbergt. Noch beherbergt, muss man sagen. Denn obwohl man den Gletscher im Sommer mit Reflektiertüchern abdeckt, wird er wohl in wenigen Jahrzehnten nicht mehr existieren. Nordseite plus Gletscher ergeben von Dezember bis April ein relativ schneesicheres Skigebiet, auf dem Gletscher ist das Skifahren sogar von Oktober bis Mai möglich. Die letzte Etappe hinauf auf 3028 Meter fährt die Seilbahn Titlis Rotair, bei der sich die Kabinen während der Fahrt um 360 Grad drehen und eine kleine Vorführung des vollen Bergpanoramas geben. Selbst Vogesen und Schwarzwald sind bei klarem Wetter mit dem bloßen Auge sichtbar. Und so pilgern auch viele Touristen auf den beliebten Aussichtsberg, die zum Schauen und nicht zum Abfahren kommen. Sie laufen über die schwindelerregende Hängebrücke mit 500 Meter Luft unter ihren Füßen und nehmen bergab erneut die Bahn, statt sich die enge Gletscherabfahrt hinabzustürzen.

Engelberg selbst hat seine charmanten Ecken, die mit Belle-Époque-Bauten davon erzählen, dass der Ort bereits zur Jahrhundertwende Touristen anzog, während andere eher als Bausünden zu bezeichnen sind. Zürich ist nur eine gute Stunde Autofahrt entfernt, und so wurde eine Vielzahl Übernachtungsmöglichkeiten benötigt, was so manches Architekturbüro in die Betonkiste greifen ließ.

◂ Touristen genießen den schönen Frühlingstag und die Aussicht auf dem Titlis oberhalb von Engelberg.

WINTERSPORTGEBIET ENGELBERG-TITLIS

Das Skigebiet Engelberg-Titlis ist reizvoll für Fortgeschrittene, der gesamte oberste Bereich besteht aus schwarzen und roten Pisten, die durch spannende Freeride-Strecken ergänzt werden. Mit einer Höhe von 3023 Metern, einem Gletscher und einer Ausrichtung nach Norden ist die Region sehr schneesicher. Besonders schön ist die Talabfahrt, die zwölf Kilometer lang ist und 2020 Höhenmeter überwindet – eine der längsten Schweizer Pisten.

Insgesamt versucht Engelberg-Titlis den Markt potenzieller Touristen zu erweitern und bietet auch Nichtskifahrern Schneeerlebnisse. Auf der Spitze des Kleinen Titlis wurde eine 100 Meter lange Hängebrücke gebaut, von der aus Besucher das tiefe

Engelberg-Titlis

▸ **Pistenlänge:**	82 km
▸ **Lifte:**	18
▸ **Höhe:**	1020–3028 m
▸ **Schneesicher:**	❄ ❄ ❄ ❄ ❄
▸ **Familien:**	❄ ❄ ❄ ❄ ❄
▸ **Highlight:**	Spaziergang über Hängebrücke und Bergpanorama

Die sich drehenden Godeln der Seilbahn Titlis Rotair bieten einen einmaligen Blick auf die umliegende Bergwelt.

ENGELBERG 97

Nichts unter ihren Füßen erleben können. Im Gletscherpark gibt es eine kostenlose Snowtoy-Bahn für Abfahrten auf dem Gummireifen. Und präparierte Winterwanderwege ermöglichen Spaziergänge in der Höhe, zum Beispiel die zweistündige Wanderung vom Hotel Bänklialp zum Untertrübsee.

ENGELBERG-BRUNNI

Das Brunni auf der Sonnenseite von Engelberg ist mit fünf Liften und einer Reihe leichter Pisten die familien- und anfängerfreundliche Alternative zum Titlis. Speziell für die ganz Kleinen werden Förderbänder und der Yeti-Park aufgebaut. Mehrere Rodel- und Wanderwege laden zu einem sonnigen Nachmittag im Schnee ein, und während man sich auf der Terrasse des Familienrestaurants ausruht, kann man die Gleitschirmflieger beobachten, die die leicht abfallenden Hänge und die Thermik für ihre Flüge nutzen. Schon immer davon geträumt, sich einmal wie ein Vogel über die Baumwipfel zu erheben? Die Flugschule Engelberg und Freeminds Paragliding bieten Tandemflüge und Kurse an. Ungefähr vier Tage dauert der Grundkurs (je nach Windverhältnissen).
▶ www.brunni.ch

FELSEN-ERLEBNISBAD EIENWÄLDLI

Der Campingplatz Eienwäldli gehört zu einer großen Anlage. Teil dieser Anlage ist ein kleines Erlebnisbad mit einem Kinderbecken mit Rutschbahn, einer Dampfgrotte und diversen Massagedüsen. In der Saunalandschaft regenerieren die Gäste in drei Saunen und einem Dampfbad und ruhen sich in entspannter, heller Atmosphäre vom Tag aus. Darüber hinaus gibt es noch verschiedene Massage- und Wellnessangebote. Alles kann auch von externen Gästen genutzt werden.
▶ Wasserfallstrasse 108, 6390 Engelberg, www.eienwaeldli.ch

SPORTING PARK

Der Sporting Park ist die Schlechtwetteralternative für alle Sportbegeisterten. Im 25-Meter-Becken des Hallenbads ziehen Schwimmer ihre Bahnen, auf dem Eisfeld (inkl. öffentlichem Eishockey) drehen Schlittschuhläufer Pirouetten und Eishockeyspieler kämpfen um den Puck. Beim Curling und Eisstockschießen werden hingegen ruhigere Steine geschoben. Die zwölf Meter hohe Kletterwand wird von Mutigen erklommen, auf den Tennis- und Badmintoncourts werden die Schläger geschwungen und im Fitnessraum Muskeln und Ausdauer getrimmt.
▶ Engelbergerstrasse 11, 6390 Engelberg, www.sportingpark.ch

ESSEN & TRINKEN

Restaurant Yucatan

Das Restaurant wirbt mit ungezwungener Atmosphäre, bei der sich alle auf Augenhöhe begegnen. Yuci-Burger und rotes Curry finden sich auf der Karte genauso wie Tagliatelle. Es wird Take-Away angeboten. Am Wochenende packen die Gäste spätestens ab 22 Uhr die Tanzschuhe aus und während ein DJ einheizt, ist die ruhige Restaurantstimmung bald passé. Noch einen Margarita bitte!
▶ Bahnhofstrasse 10, 6390 Engelberg, Tel. +41 (0)41 6396868, www.bellevue-terminus.ch

Spice Bazaar

Im Schweizer Alpenparadies ein scharfes indisches Masala Curry? Das kleine Restaurant Spice Bazaar ist im Hotel Central angesiedelt, und oft verirren sich nur Hotelgäste hierher. Dabei sind die Preise im regionalen Vergleich niedrig, die Gastwirte freundlich und das Essen gut. Es gibt einige vegetarische und vegane Gerichte. Auch hier ist Take-Away möglich.
▶ Dorfstrasse 48, 6390 Engelberg, Tel. +41 (0) 41 6397070, www.central-engelberg.ch/en/restaurant-2/

CAMPINGPLATZ

Camping Eienwäldli ★★★★⭒

🔴14 Der einzige Wintercampingplatz in der Nähe des Wintersportgebiets Engelberg-Titlis ist ein Platz der Extraklasse. Angrenzend an ein Golfübungsgelände und direkt an der Engelberger Aa gelegen, hat man einen fantastischen Rundumblick auf die Bergkulisse. Die Sanitäranlagen sind genau wie restliche Infrastruktur modern und gut gepflegt. Strom, Frischwasser- und Abwasseranschluss am Stellplatz funktionieren auch im Winter. Camping Eienwäldli ist Teil einer größeren Anlage samt Sporthotel, Café und Restaurant deren Fazilitäten (gegen Bezahlung) genutzt werden können: Das bedeutet Serviettenknödel mit Eierschwämmlirahmsauce, hausgemachte Pizza, Wellness & Spa mit Saunalandschaft und Massagen (siehe Felsen-Erlebnisbad Eienwäldli).

❄ **Unmittelbar neben dem Platz beginnt eine Langlaufloipe (Sonnenloipe) und bietet Einstieg in das Loipennetz von Engelberg, das im Tal ca. 25 Kilometer groß ist und u. a. mit einer herausfordernden Strecke über das hügelige Golfgelände führt. Auch für ausgedehnte Spaziergänge finden sich schöne Wege. Zur Brunnibahn des Familienskigebiets Engelberg-Brunni sind es nur 1,5 Kilometer, die Talstation des größeren Gebiets Engelberg-Titlis ist etwas weiter entfernt (3 km), aber der Skibus hält vor der Tür. Ein Skikeller mit abschließbaren Fächern, Trocknungsmöglichkeiten und eine Station zur Skipräparation sind vorhanden.**

▶ Wasserfallstrasse 108, 6390 Engelberg, Tel. +41 (0)41 6371949,
   GPS 46.81005, 8.422483, ganzjährig geöffnet
■ pincamp.de/zs3600

Auf dem Camping Eienwäldli sind die Freunde des Wintercampings unter sich.

GRINDELWALD

Gewusst, wann ...

Lauberhornrennen
Mitte Januar jubeln Zehntausende Zuschauer den besten Skifahrern der Welt zu, während sie das legendäre Lauberhorn hinabjagen. Die längste Abfahrt des Weltcups existiert bereits seit 1930. Heute würde man wohl kein Rennen mehr mit solchen Sprüngen und so engen Passagen konzipieren.
▶ www.lauberhorn.ch

Mit der Gondel von Grindelwald nach First auf über 2000 Meter fahren und dann mehr als zwei Stunden durch den Schnee rauf auf das Faulhorn wandern. Das ist nicht etwa eine Skitour, sondern der Weg, den so mancher auf sich nimmt, um eine Rodelpiste zu fahren, die sich als die längste der Welt rühmt. Ob der Aufwand für die nur im ersten Teil außergewöhnlich schöne Strecke gerechtfertigt ist, sei dahingestellt. Klar ist: Die Schneeregion Grindelwald bietet im Schatten der berühmten Eigernordwand nicht nur Panoramablicke und eine Vielzahl anspruchsvoller Skipisten, sondern hier wird auch das anderswo belächelte Rodeln wertgeschätzt. Und wenn das Wort »magisch« in Zusammenhang mit dem aus »Harry Potter« bekannten Namen »Grindelwald« etwas überstrapaziert ist: Auf einem einsamen Forstweg, unter sich knirschender Schnee, im Rücken Eiger, Jungfrau und Mönch – da könnte es doch angebracht sein.

Das von Chalets geprägte Grindelwald ist ein Schweizer Bergdorf, das im Sommer wie im Winter vom Tourismus lebt. Für Camper ist besonders toll, dass es gleich zwei Campingplätze in direkter Liftnähe gibt. Morgens aufstehen, rüber zum Lift, rein in die Winterzauberwelt!

◂ Das Sphinx-Observatorium auf dem Jungfraujoch mit dem großen Aletschgletscher hoch über Grindelwald

Grindelwald-Wengen	
▸ **Pistenlänge:**	103 km
▸ **Lifte:**	22
▸ **Höhe:**	1034–2320 m
▸ **Schneesicher:**	❄❄❄❄❄
▸ **Familien:**	❄❄❄❄❄
▸ **Highlight:**	Lauberhornabfahrt

SKIGEBIET GRINDELWALD-WENGEN

Über den Kleinen Scheidegg führt dieses Gebiet bis auf die andere Seite des Lauberhorns nach Wengen. Mit mehr als 100 Pistenkilometern hat dieses Gebiet natürlich für jeden Könnergrad etwas in der Hinterhand, und auch für die Kleinen wird im Kinderparadies Männlichen gesorgt, aber insgesamt überwiegen die anspruchsvollen Abfahrten. Davon ist die Lauberhornabfahrt die bekannteste. Die Weltcupstrecke wird nach dem Rennen Mitte Januar in minimal entschärfter Variante für jedermann geöffnet. Im Snowpark ist hingegen die nicht weniger herausfordernde 130 Meter lange Halfpipe der Star.

JUNGFRAUJOCH

Wer nach ganz oben will, fährt vom Eigergletscher, dem höchsten Punkt des Skigebiets Grindelwald-Wengen, hinauf zum Jungfraujoch auf 3454 Meter. Mit der Jungfraubahn geht es durch die Eigernordwand bis zur höchsten Eisenbahnstation Europas, dem Top of Europe.

Das Panorama ist unvergleichlich: Vom ikonischen Gipfel schaut man auf ein Meer von Alpengipfeln, bis rüber in den Schwarzwald und runter auf den Aletschgletscher, den längsten Gletscher der Alpen. Die teure Auffahrt wird günstiger, wenn ein Skipass vorhanden ist.

Das Lauberhornrennen in Wengen im Berner Oberland wird jährlich ausgetragen.

Der Campingplatz Eigernordwand ist eher einfach, besticht jedoch durch seine atemberaubende Lage.

CAMPINGPLÄTZE

Camping Eigernordwand ★★★★★

🔴 15 Die privilegierte Lage dieses Platzes am Fuß der Eigernordwand und in Gehweite der wichtigsten Bergbahnen ist ideal für sportlich ambitionierte Gäste. Auf dem schlicht eingerichteten Platz sucht man sich selbst einen Platz auf der etwas abfallenden Wiese. Holzkeile sind vorhanden. Abends gibt es Drinks in der Platzbar oder vor dem TV im Aufenthaltsraum.

❄ **Busbahnhof und Zahnradbahn sind in der Nähe, die Gondelstation für das Gebiet Grindelwald-Wengen ist keine zehn Minuten Fußweg entfernt, Skipisten, Rodelwege und Langlaufloipen führen fast bis auf den Platz, und die Camper stehen mitten in der fantastischen Bergwelt.**

▶ 3818 Grindelwald, Tel. +41 (0)33 8531242, GPS 46.621866, 8.016666,
   01.01.–24.04., 28.05.–09.10. geöffnet

■ pincamp.de/be4700

Camping Gletscherdorf ★★★★★

🔴 16 Klingt wie beim Immobilienmakler: Alle wichtigen Infrastrukturpunkte sind vom Campingplatz fußläufig, die Aussicht ist grandios und der Dorfkern schnell erreicht. Der wunderschöne Platz liegt neben dem von Bäumen gesäumten Bach Schwarze Lütschine. Die Basics (Skitrockenraum, warme Sanitäranlagen, Wäschetrockner etc.) sind schlicht, aber vorhanden und gut gepflegt. Nicht alle Gäste kommen gut mit den Betreibern aus, aber das ist wohl Typsache. Kurzaufenthalter werden nur nach Anfrage genommen.

❄ **Die Talstation des Skigebiets Grindelwald-First ist rund einen Kilometer Fußweg entfernt, und die Talabfahrt führt bei viel Schnee fast auf den Platz. Die Loipe und der Winterwanderweg, die durch das Tal führen, passieren den Platz.**

▶ Locherbodenstrasse 29, 3818 Grindelwald, Tel. +41 (0)33 8531429,
   GPS 46.621133, 8.045783, 01.01.–20.10., 01.11.–31.12. geöffnet

■ pincamp.de/be4750

SKIGEBIET GRINDELWALD-FIRST

Am Hausberg von Grindelwald fühlen sich besonders die weniger Fortgeschrittenen wohl. Blaue und rote Pisten laden zu Übungsschwüngen und gemütlichen Abfahrten ein. Besonders auf der Tempo-30-Skipiste wird darauf geachtet, dass niemand zu schnell von hinten angerast kommt. Aber auch Freerider kommen hier auf ihre Kosten: Zwei verschiedene Snowparks bieten Rails und Kicker (mit bis zu 25 m Höhe), und eine Skicrossstrecke fordert mit ihren Wellen und Kurven vier Skifahrer gleichzeitig zum Showdown. Wer Lust auf Adrenalin ohne Skier hat, steigt auf die Stahlseilrutsche First Flieger. In einem Gurt hängend, sausen Mutige das 800 Meter lange Stahlseil von First nach Schreckfeld hinunter.

SCHLITTELN

Ursprünglich ein Transportmittel für den Heu- und Holztransport wird heute die Tradition des Rodelns, bzw. »Schlittelns«, wie die Schweizer sagen, vor allem von rotwangigen Kindern gepflegt. Die Strecke »Big Pintenfritz« im Skigebiet Grindelwald-First wird als längste Abfahrt der Welt vermarktet. Sie muss allerdings nicht unbedingt erste Wahl sein, da sich die vielen Fahrer einen erheblichen Teil der Abfahrt mit den Bussen teilen, die sie wieder hochbringen. Viel spannender ist zum Beispiel der abends beleuchtete »Eiger Run« unterhalb der berühmten Nordwand. Oder die versteckten Schlittelwege auf der sonnigen Bussalp.
▶ www.grindelwald.swiss/de/winter/sehen-und-erleben/aktivitaeten/schlitteln

SPORTZENTRUM GRINDELWALD

Nicht nur bei schlechtem Wetter kann man hervorragend ganze Tage im Sportzentrum Grindelwald verbringen. Entweder tiefenentspannt in einer der Saunen, plantschend im Hallenbad, mit den Kids auf der Rutschbahn oder aktiv bei einem der anderen Sportangebote. Eine kleine Boulderhalle und ein Indoorseilpark beschäftigen die Kletterbegeisterten und eine Schlittschuh- und Curlinghalle die Eisliebhaber.
▶ www.sportzentrum-grindelwald.ch

ESSEN & TRINKEN

Onkel Tom's Pizzeria und Weinlokal
Ein kleiner familiärer Betrieb, der ausgefallene Pizzen mit Feigen, Schafsalami und Alpenkräutern sowie erlesene Weine serviert. Man versteht sich explizit nicht als klassische Pizzeria. Die wenigen Plätze sind beliebt, und so braucht man ein wenig Glück, um einen Tisch zu bekommen.
▶ Dorfstrasse 194, 3818 Grindelwald, Tel. +41 (0)33 8535239, www.onkel-toms.ch

Alte Post
Vielleicht nicht die erste Adresse für Vegetarier, da die Alternativen zu Filetsteak oder dem Kalbsgeschnetzelten Zürcher Art nur Beilagen sind. Das Ambiente ist heimelig und erinnert ein wenig an das Wohnzimmer traditionsbewusster Großeltern.
▶ Dorfstrasse 173, 3818 Grindelwald, Tel. +41 (0)33 8534243, www.grindelwald-altepost.ch

Die Rodelstrecke vom Faulhorn führt über die Bussalp bis nach Grindelwald Oberäll.

Der Cliff Walk, eine Aussichtsplattform auf dem First hoch über Grindelwald, ermöglicht einen atemberaubenden Blick auf die Alpen.

INTERLAKEN

9 Mit der Autobahn, den Haltestellen der Postbusse und gleich zwei Fernzugbahnhöfen ist Interlaken ein Verkehrsknotenpunkt, ein Basiscamp für Ausflüge. Das Jungfrauenjoch, das Wahrzeichen der Schweizer Alpen, ist in Reichweite, und die Alphänge der Umgebung laden Sommer wie Winter zum Wandern ein. Die Touristen kommen, um mit den Bergbahnen zu den Aussichtspunkten zu gondeln, Fallschirm zu springen, Paragliding-Kurse zu besuchen und Ski oder Snowboard zu fahren. Der kleine Ferienort Beatenberg und die großen Wintersportorte Grindelwald, Wengen und Lauterbrunnen sind nicht weit.

Interlaken wird keinen Architekturpreis für romantische Bergdörfer gewinnen. Schaut man jedoch von oben, vom Hausberg Harder Kulm, nach unten, so sieht man, wie wunderschön Interlaken in der Schwemmebene zwischen Thunersee und Brienzersee liegt. Nur gut fünf Kilometer trennen die beiden tiefblauen Seen, die von der Aare verbunden werden. Die Besucher spazieren von See zu See, und die Wege sind meist schneefrei, denn Interlaken liegt auf nur knapp 600 Metern. Sie kaufen in den Souvenirshops ein, trinken ihren Cappuccino in der Sonne und planen den nächsten Ausflug.

Gewusst, wann ...

Sternenschlitteln am Niederhorn

Jeden Freitag- und Samstagabend bringt die Niederhornbahn Rodelfans zum Nachtschlitteln auf den Berg. Gewärmt von einem Fondue oder einem Glühwein geht es den Hang hinunter. Oben funkeln die Sterne und unten die Lichter Interlakens.
▶ www.niederhorn.ch

◀ Das Drehrestaurant Piz Gloria auf dem Schilthorn bietet seinen Gästen einen 360-Grad-Blick auf Eiger, Mönch und Jungfrau im Berner Oberland.

SKIREGION MÜRREN-SCHILTHORN

Das höchste Skigebiet des Berner Oberlands ist Teil der Jungfrau-Skiregion. Bis auf fast 3000 Meter auf dem Schilthorngipfel führen die modernen Liftanlagen, und vom Gipfel hat man eine fantastische Aussicht auf das Dreigestirn Eiger, Mönch und Jungfrau. Kein Wunder, dass Filmschaffende diesen Blick entdeckt haben. Im sich drehenden Panoramarestaurant Piz Gloria wurde George Lazenby 1969 als Geheimagent James Bond 007 im Kinostreifen »Im Geheimdienst Ihrer Majestät« in Szene gesetzt, bevor er dem Oberschurken Blofeld in einem Bobschlitten entkam. Die Rodelpartie auf Leben und Tod kann man heute auf dem Bobrun nachmachen und dafür eine extra Wander- und Schlittelkarte lösen. Für Ski- und Snowboardfahrer geht es vom Gipfel extrem steil bergab auf der Schilthornabfahrt, der steilsten Piste der Jungfrau-Region.

Von Interlaken schafft man es mit öffentlichen Verkehrsmitteln in unter einer Stunde in die Skiregion. Wem die 50 Pistenkilometer von Mürren-Schilthorn nicht reichen, fährt entweder weiter bis Wengen und betritt von dort das Gebiet Grindelwald-Wengen oder nimmt direkt die Verbindung nach Grindelwald. Wer einige Nächte zum Skifahren oben in den Bergen bleiben möchte, findet sowohl in Grindelwald als auch in Lauterbrunnen Campingplätze, die auch im Winter betrieben werden.

BEATENBERG

Auf der Nordseite Interlakens liegt Beatenberg mit dem Niederhorn, von wo aus man hinab auf die Seen und das gegenüberliegende Gipfelpanorama schaut. Mit einem Bügellift und zwei Kinderliften haben geübte Skifahrer und Snowboarder das Abfahrtsgelände schnell erkundet. Kinder fahren reduziert bzw. kostenlos. Und an dem wirklich atemberaubenden Panorama sieht sich niemand so schnell satt. Das lässt sich auch hervorragend bei einer Wanderung genießen, zum Beispiel auf dem Winterwanderweg von der Bergstation in Richtung Burgfeld. Unterwegs warten immer wieder Rodelgelegenheiten.
▶ www.niederhorn.ch

ESSEN & TRINKEN

Korean BBQ Restaurant Aare
Dank der großen Zahl von Touristen aus aller Welt kann man in Interlaken hervorragend international essen. Im BBQ Restaurant an der Aare gibt es ausgezeichnetes Grillgut und einen herzlichen Empfang durch den koreanischen Gastgeber.
▶ Strandbadstrasse 15, 3800 Interlaken, Tel. +41 (0)33 8228888, www.restaurantaare.ch

Restaurant Pizzeria Landhaus
Auf dem Gelände des Campingplatzes Manor Farm 1 speist man in bester Lage mit Blick auf den See. Es gibt Riesencrevetten, Wildbratwurst oder einfach Pizza Parma.
▶ Seestrasse 281, 3800 Unterseen, Tel. +41 (0)33 8228081, www.landhaus-interlaken.ch

Mürren-Schilthorn

▶ **Pistenlänge:**	51 km
▶ **Lifte:**	16
▶ **Höhe:**	796–2970 m
▶ **Schneesicher:**	❄❄❄❄
▶ **Familien:**	❄❄❄❄
▶ **Highlight:**	Aussicht auf Eiger, Mönch und Jungfrau

KAJAKTOUREN AUF DEM BRIENZERSEE

Eiskaltes, glasklares Wasser unter einem, steile Berge rundherum und eine dampfende Tasse Tee in der Hand. Dieses Erlebnis versprechen die geführten Kajaktouren auf dem Brienzersee. Getragen werden dabei ein Trockenanzug und eine dicke Mütze, sodass niemand frieren muss. Selbst ganze Seekajakkurse werden im Winter abgehalten.
▶ www.hightide.ch

SCHIFFFAHRT THUNERSEE UND BRIENZERSEE

Erscheint die Fahrt mit einem Kajak zu wacklig? Auf beiden Seen Interlakens verkehren auch Passagierschiffe, die größer und stabiler sind. Auf dem Brienzersee fährt man mit ihnen zu den imposanten Giessbachfällen oder zum romantischen Weihnachtsmarkt in Brienz. Unterwegs muss natürlich niemand auf einen dampfenden Tee verzichten, denn der wird bequem im Boardrestaurant serviert. Bei einer Fahrt über den Thunersee sollte dringend ein Halt bei einem der fünf Schlösser eingelegt sowie das historische Zentrum Thuns besichtigt werden.
▶ www.bls.ch/de/freizeit-und-ferien/schiff

SOLBAD BEATUS

Die Natursole dieses Bads stammt aus mehreren Hundert Metern Tiefe und wird mit frischem Quellwasser vermischt. Selbst das Sporthallenbad besitzt angenehme 29 °C Wassertemperatur. Nach einem ausführlichen Saunagang in der Finnischen Außensauna atmet man dreimal tief durch und steigt in das Tauchbecken namens Thuner See.
▶ Seestrasse 300, 3658 Merligen-Thunersee, www.beatus.ch/de/wellness-spa

Pause beim Snowboarden: Blick vom Schilthorngipfel auf das Mönchmassiv

Panoramablick ins Emmental mit dem Brienzer See im Nebelmeer, Niesen, und Hohgant

CAMPINGPLÄTZE

Camping Manor Farm 1 ★★★★

17 Durch den Seezugang wird der Campingplatz direkter Ausgangspunkt, um den Thuner See zu erkunden. Entweder mit der Fähre, die ganz in der Nähe hält und die kostenlosen Transfer nach Interlaken anbietet, oder zu Fuß den Uferweg entlang durch das Naturschutzgebiet Weissenau. Gut, dass direkt in der Nähe zwei Restaurants residieren. Das Gelände ist von Mietunterkünften und Privathäusern geprägt, und die Sanitäranlagen sind ein wenig in die Jahre gekommen.

❄ **Um Ausflüge in die Wintersportgebiete zu unternehmen, muss man entweder den eigenen Camper in Bewegung setzen (Beatenberg und Mürren-Schilthorn ca. 16 km) oder mit dem Bus oder zu Fuß (30 min) ins Zentrum von Interlaken und hier in den Skibus steigen. Rund um den Platz finden sich schöne Wege für Winterspaziergänge. Skitrockenraum ist vorhanden.**

▸ Seestrasse 203, 3800 Interlaken, Tel. +41 (0)33 8222264, GPS 46.68108, 7.81513, ganzjährig geöffnet

■ pincamp.de/be3500

Camping Alpenblick (Unterseen) ★★★

18 Nur der kleine Lombach trennt Camping Alpenblick von der Manor Farm. Um zum See zu gelangen, muss die Seestraße überquert werden, ansonsten ist die Lage genauso fantastisch. Die Fähre hält in der Nähe und bietet kostenlosen Transfer nach Interlaken. Die Sanitäranlagen sind neu und warm. Die Betreiber bemühen sich um Nachhaltigkeit – wo es geht wird auf Plastik verzichtet, Recyclingmaterial verwendet und Artenvielfalt gefördert. Im Restaurant Blockhouse serviert man Fondue und Raclette sowie vegane Gerichte. Im Platzshop werden viele ökologische Produkte aus der Region angeboten.

❄ **Die Gegend rund um den Campingplatz eignet sich hervorragend für Spaziergänge entlang des Sees. Für Ausflüge in die Wintersportorte siehe Camping Manor Farm 1.**

▸ Seestrasse 130, 3800 Unterseen, Tel. +41 (0)33 8227757, GPS 46.67966, 7.81768, ganzjährig geöffnet

■ pincamp.de/be3510

SION IM RHONETAL

Gewusst, wann ...

Xtreme Verbier
Wenn im Rhonetal die ersten Blumen blühen, findet Ende März oben in Verbier die Freeride World Tour ihren Saisonabschluss. Freeride-Skifahrer und -Snowboarder springen mit Salti über lebensbedrohliche Felsen hinweg und den Bec des Rosses hinunter.
▶ www.freerideworldtour.com

10 Wo die Sionne in die Rhone fließt, siedeln seit der Steinzeit Menschen. Umringt von den hohen Bergketten der Walliser Alpen sind die klimatischen Bedingungen mit heißen Sommern und kalten, aber trockenen Wintern nicht nur für den Weinanbau hervorragend. Anfang April kann man oft bereits im T-Shirt neben der Rhone sitzen, sein Glas Fendant und die Sonnenstrahlen auf der Nase genießen, während oben im Les 4 Vallées die Skisaison noch im vollen Gange ist. Die meisten Besucher des größten Skigebiets der Schweiz logieren in einem der Walliser Dörfer in den Bergen, dabei sind die Pisten, zumindest mit dem eigenen Fahrzeug, auch aus dem Tal gut zu erreichen. Und in Sion (Sitten) atmet man Geschichte: Das mittelalterliche Stadtbild wird von der Wallfahrtskirche Notre-Dame-de-Valère aus dem 12. Jahrhundert und der Ruine des ehemaligen Schlosses Tourbillon aus dem 13. Jahrhundert dominiert. In der Altstadt steht die Kathedrale Notre-Dame-du-Glarier, und selbst das Rathaus ist ein Renaissancebau. Leider hat nicht nur das Klima die Menschen in Sion siedeln lassen, sondern auch die Lage an der wichtigen Verkehrsroute entlang der Rhone – heute stellt sich das in Form der A9 dar. Zum Glück wird sie oft in Tunnels versteckt, und ihre Geräusche verteilen sich im Tal wie ein sanftes Meeresrauschen.

◂ Die gigantische Wintersportregion rund um Verbier garantiert Freizeitvergnügen für die ganz Familie.

LES 4 VALLÉES

Wie der Name schon verrät, besteht dieses Mega-Skigebiet aus vier Seitentälern des Rhonetals. Es ist ein Zusammenschluss ursprünglich getrennter Gebiete und bringt so 410 Pistenkilometer auf die Waage – damit ist es das größte Skigebiet der Schweiz und das drittgrößte Europas. Hier gibt es nichts, was es nicht gibt. Vom Gletscher Mont Fort mit seiner auf 3300 Metern mit einem Gefälle von 77 Prozent startenden Piste über die Freeride-Hänge am Bec de Rosses bis zum anfängerfreundlichen Gebiet von Siviez. Mittendrin liegt am Hang über Sion das Walliser Bergdorf Veysonnaz und lädt zur gemütlichen Einkehr ein.

Schneeschuhgeher finden rund um Verbier herrliche Trails, Waldwege und eine Märchenlandschaft mit tollen Ausblicken. Zwischen Savoleyres und La Tzoumaz rodelt man auf einer Länge von zehn Kilometern in die Tiefe. Und auch wenn Les 4 Vallées schon aufgrund der steilen Talstruktur nicht der optimale Langlaufort ist, sind die Langlaufloipen, die es gibt, schöne und zum Teil recht anspruchsvolle Routen.

ALAÏA BAY

Einen Tag Snowboard fahren, am nächsten surfen? Nein, das Rhonetal ist nicht Kalifornien oder die Sierra Nevada. Aber Alaïa Bay direkt neben dem TCS Camping Sion liefert Wellen unabhängig von Wind und Wetter. Zwischen 300 und 1000 Wellen pro Stunde produziert der Wavegarden für Rider aller Niveaus und Altersklassen. Nur Zuschauen ist auch erlaubt: Auf der Terrasse des Restaurants Twin Fin werden Burger, Bowls, Pizza und Drinks serviert.

▸ Domaine des îles, Route d'Aproz 65, 1950 Sion, www.alaiabay.ch

BAINS D'OVRONNAZ

Der kleine Ferien- und Kurort Ovronnaz im französischsprachigen Teil des Wallis ist überschaubar und

ESSEN & TRINKEN

New Paladin
Hier werden auch die Burgerbrötchen selbst gebacken. In dem gemütlichen Imbiss sitzt man behaglich und schaut auf einen hinter einer Glasscheibe liegenden Pferdestall. Pizza, Burger, Pommes: Alles ist handgemacht und wird mit Liebe serviert.
▸ Promenade des Pêcheurs 52, 1950 Sion, Tel. +41 (0)78 6070700, newpaladin.business.site

La Tonnella
Unterhalb der Burganlage gelegenes italienisches Restaurant, das schnell und unkompliziert Pizza, Pasta und andere italienische Klassiker serviert. Zu den Spezialitäten zählt das Risotto Caprese mit Pistazien.
▸ Place du Midi 29, 1950 Sion, Tel. +41 (0)27 3223001

hat doch von allem etwas. Die Schneeschuh- und Winterwanderwege, die Langlaufloipen und das Skigebiet Téléovronnaz locken Besucher an. Nichts davon ist sonderlich groß, und auf den sonnenbe-

Les 4 Vallées	
▸ Pistenlänge:	410 km
▸ Lifte:	76
▸ Höhe:	1200–3300 m
▸ Schneesicher:	❄ ❄ ❄ ❄
▸ Familien:	❄ ❄ ❄ ❄ ❄
▸ Highlight:	Top-Allrounder für die ganze Familie

Der Campingplatz Relais La Sarvaz bietet Unterhaltung für Groß und Klein.

CAMPINGPLÄTZE

TCS Camping Sion ★★★★★

19 Wie im gesamten Rhonetal wird man auch auf diesem schön gelegenen Platz leider nicht von der Autobahn verschont, und je nach Tageszeit können Störungen durch den nahen Flugplatz auftreten, der aber nicht allzu frequentiert ist. Im zugehörigen Restaurant Le Pic Vert wird regionale und europäische Küche angeboten. Der nächste Supermarkt ist ca. zwei Kilometer entfernt.

❄ **Ausflüge macht man von hier entweder mit dem eigenen Fahrzeug (Talstation 4 Vallées in Nendaz 15 km) oder fährt nach Sion mit dem Bus (Station vor der Tür) und steigt um in den Skibus. Der Surfspot Alaïa Bay liegt direkt nebenan und hat auch im Winter geöffnet.**

▶ Chemin du Camping 6, 1950 Sion, Tel. +41 (0)27 3464347, GPS 46.2115, 7.312683,
01.01.–23.10., 09.12.–31.12. geöffnet

■ pincamp.de/vs4700

Relais La Sarvaz ★★★★★

20 Der gemütliche Platz liegt in Saxon, rund 20 Kilometer westlich von Sion. Auch hier ist die durch das Tal führende Autobahn hörbar. Der Platz ist mit Aufenthaltsbereich mit Billard und Flipper und einem Spielzimmer für Familien attraktiv. Skitrockenraum und warme Sanitäranlagen sind gut gepflegt. Das Restaurant serviert Wildgerichte und lokale Spezialitäten. Der Pool ist im Winter geschlossen, aber drei Kilometer entfernt befindet sich das Hôtel des Bains de Saillon mit Sauna- und Hammamdorf.

❄ **Mit dem Bus (Haltestelle vor der Tür) sind es in 20 Minuten in den Ort Ovronnaz mit Thermalbad und kleinem Skigebiet. In das Skigebiet Les 4 Vallées (Talstaion in La Tzoumaz) sind es 20 Kilometer (mit dem eigenen Fahrzeug oder mit dem Bus und einem Umstieg).**

▶ Route de Fully 100, 1913 Saillon, Tel. +41 (0)27 7441389, GPS 46.15994, 7.167291,
01.01.–09.01., 18.03.–31.12. geöffnet

■ pincamp.de/vs4900

schienenen Pisten von Téléovronnaz werden eher Familien und Anfänger ihre Freude haben. Doch die meisten Besucher kommen ohnehin für die Thermalbäder, zum Beispiel das Bains d'Ovronnaz. Gäste ziehen in zwei Außen- und einem Hallenbecken vor der prächtigen Bergkulisse ihre Runden. Die Beckentemperaturen betragen bis zu 36 °C, und die im Wasser enthaltenen Mineralstoffe sollen zur Entspannung beitragen.

▸ Route des Bains 93, 1911 Ovronnaz,
   www.bains-ovronnaz.ch

LEUKERBAD THERME

Ein weiterer schöner Ausflug in die Walliser Berge führt nach Leukerbad. Von Sion aus dauert die Fahrt mit öffentlichen Verkehrsmitteln rund eine Stunde. Auch Leukerbad ist ein kleiner Wintersport-Allrounder. Das alpine Skigebiet Torrent ist mit 50 Pistenkilometern nicht klein, reicht bis auf 1500 Meter Höhe und hat eine größere Vielfalt von Pisten, die bei ausreichendem Schnee hinab bis in das Dorf Leukerbad führen. Auf der anderen Seite des Orts bringt die Gemmibahn Besucher zum Gemmipass, einem Übergang zwischen Walliser und Berner Oberland. Rund um den Daubensee nutzen Langläufer die präparierten Loipen und Rodler die Schlittelstrecke. Doch ähnlich wie Ovronnaz ist Leukerbad vor allem für sein heißes Thermalwasser bekannt. Fast vier Millionen Liter von rund 50 °C warmem Wasser kommen in Leukerbad täglich aus dem Berg. Für die richtige Badetemperatur muss es abkühlen und nicht energieaufwendig beheizt werden. In der großen Badelandschaft der städtischen Therme lässt sich dieser Wasserreichtum in diversen Becken erleben. Zum Beispiel im Plauschbad, wo man sich auf die Sprudeldüsen legt und mit den Nachbarn ins Gespräch kommt.

▸ Rathausstrasse 32, 3954 Leukerbad,
   www.leukerbad.ch/therme

Das Surfwellenbad Alaïa Bay in Sion ist spektakulär – Surfen in den Schweizer Alpen.

Deutschland

Wintercamping in Bayern – naturnaher Urlaub zwischen Bergkulisse, Wiesen und Seen

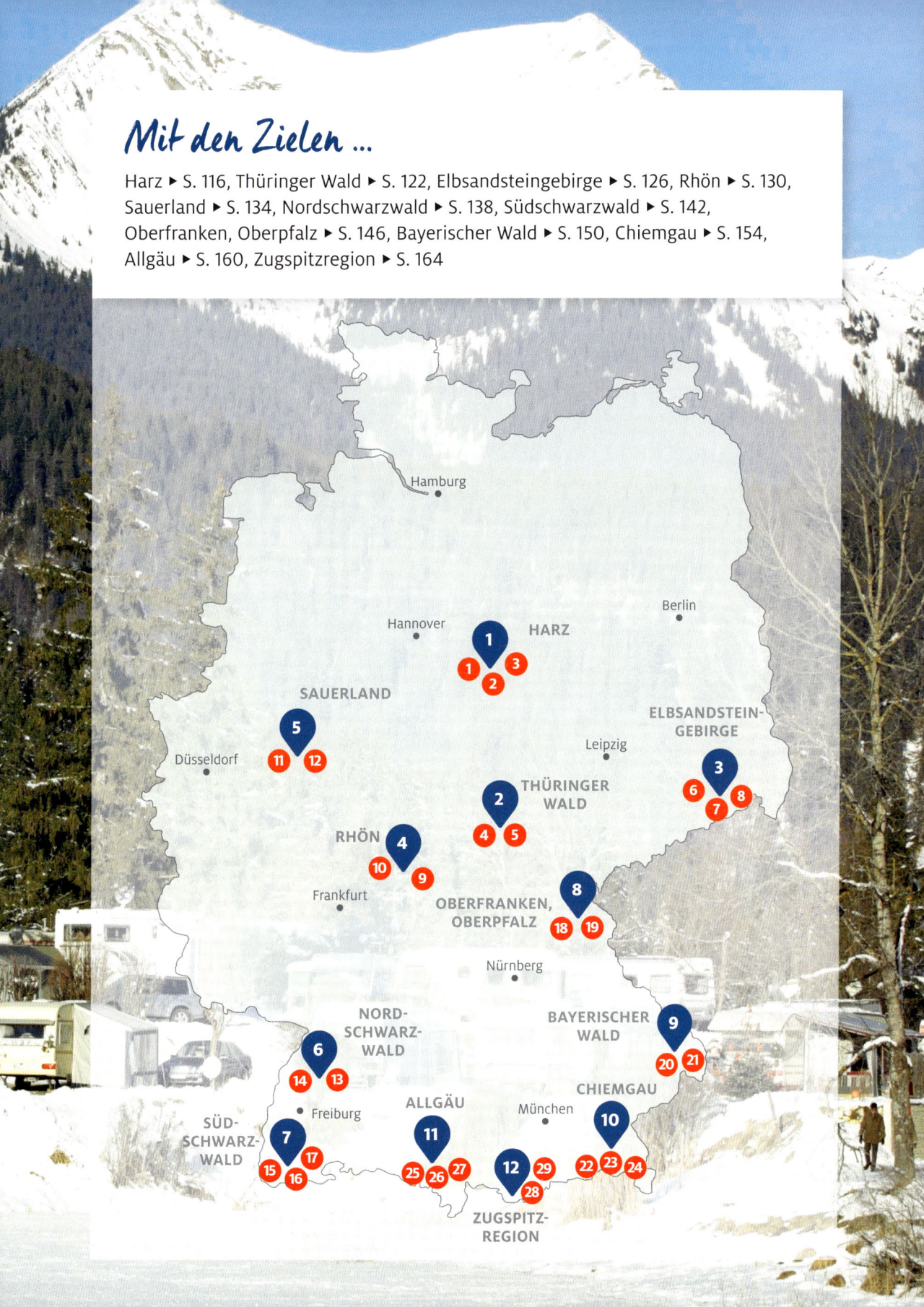

HARZ

Gewusst, wann ...

Oberharzer Schlittenhunde Adventure

Auf der Bockswieser Höhe rasen jährlich rund 60 Gespanne mit 400 Hunden durch die Landschaft. Die Deutsche Meisterschaft sowie das Rennen um den »Großen Harzpokal« locken Siberian Huskies, Samojeden und Alaskan Malamuten nach Zellerfeld.
▶ www.oberharz.de/winter/veranstaltungen-im-winter

1 Haben die letzten Nächte den Winter gebracht? Fallen die Temperaturen endlich gen null? Dann schnell den Camper gepackt und auf in das Winterwunderland Harz! Das höchste Gebirge Norddeutschlands ist selbst von der Ostseeküste schnell erreicht, und während in den Niederungen vielleicht noch der Nebel hängt, reckt der Brocken bereits sein schneebedecktes Haupt gen Himmel. Die vielbesungene Mystik des Harzes ist im Winter noch greifbarer als zu anderen Jahreszeiten. Verzaubert und geheimnisvoll glitzern die Eiskristalle auf den Fichten, und stille Waldwege und Loipen erwarten die Wanderer.

Die Hänge hingegen werden gespurt, die Lifte angeschoben und die Kufen der Skier und Schlitten gewachst. Am Wurmberg warten Abfahrtspisten von leicht bis schwer, die Rodelbahn ist die längste beschneite Rodelbahn Deutschlands, und Freestyle-Pisten, Flutlichtbeleuchtung und Hütten für den Einkehrschwung gibt es hier sowieso.

Wer nicht beim ersten Wintereinbruch in den Urlaub fahren kann, dem zeigt die touristisch infrastrukturstarke Region ihre Alternativen: gut ausgebaute Panoramarouten für Spaziergänger und Nordicwalker, dampfende Thermen und Touren mit der Harzer Schmalspurbahn. Warum in die Ferne schweifen, wenn der Harz liegt so nah?

◄ Der Harz ist gerade im Winter eine zauberhafte Märchenlandschaft – auch wenn angeblich Geister und Dämonen auf den Gipfeln und in den Tälern hausen.

WURMBERG

Aus Braunlage bringt die Wurmbergseilbahn Skifahrer, Winterwanderer und Schlittenpiloten auf den höchsten Berg Niedersachsens. Auf immerhin 1,5 Kilometer Länge kommt die wunderschöne Panoramaabfahrt, bei der man einen Blick auf den halben Harz hat, und die längste Piste, die große Wurmbergabfahrt, auf 2,6 Kilometer. Wenn ausreichend Schnee gefallen ist, macht das Skigebiet auch Fortgeschrittenen Freude, während Anfänger in einem besonderen Übungsbereich ihre ersten Schwünge üben.

Für Winterwanderungen gibt es einsamere Harzer Erhebungen als den Wurmberg, aber dafür gelangt hier jedermann bequem mit der Kabinenbahn auf den Gipfel. Und die Aussicht ist fantastisch! Der Brocken ist zum Greifen nah, und bei klarem Wetter reicht die Sicht weit über den Harz hinaus. Während im Bereich der Bergstation einem bereits kleine Spazierwege das Panorama ermöglichen, erfordert die Ersteigung von der Talstation aus rund 5 Kilometer

Wurmberg – Braunlage

- ▶ **Pistenlänge:** 12 km
- ▶ **Lifte:** 6
- ▶ **Höhe:** 550–971 m
- ▶ **Schneesicher:** ❄ ❄ ❄ ❄ ❄
- ▶ **Familien:** ❄ ❄ ❄ ❄ ❄
- ▶ **Highlight:** Rodeln inkl. Lift, Beschneiung und Wellenbahn

Die Wurmbergseilbahn bringt die Skifahrer mit Blick auf den Ort Braunlage zum Gipfel.

HARZ 117

CAMPINGPLÄTZE

Camping Braunlage ★★★★★

1 Der einfache Platz am Rand des Nationalparks Harz besteht aus am Hang durch Steintreppen verbundene Terrassen sowie aus einer ebenen Wiese mit einem Teich. Teile der Sanitäranlagen sind Familienduschen und ein Babybad. Zum Frühstück wird ein Brötchenservice angeboten, und abends bietet die Waldgaststätte am Campingplatz heimische Küche. Und für die Extraportion Romantik wartet eine Feuerschale! Wintercamper, was willst du mehr?

❄ **Vom waldigen Campingplatz gibt es einen direkten Einstieg in das Langlaufloipennetz, und auch schöne Wege für ausgedehnte Winterspaziergänge befinden sich in unmittelbarer Umgebung. Für Skifahrer und Rodler wichtig: Der Parkplatz der Wurmberg-Talstation ist weniger als drei Kilometer entfernt.**

▶ Am Campingplatz 1, 38700 Braunlage, Tel. +49 (0)5520 9996931, GPS 51.713149, 10.5977, 01.01.–31.10., 06.12.–31.12. geöffnet

■ pincamp.de/ns9680

KNAUS Campingpark Walkenried ★★★★★

2 Der Platz ist ein guter Ausgangspunkt für touristische Erkundungen im Südharz: Walkenried beherbergt ein berühmtes Zisterzienserkloster und liegt direkt am »Grünen Band« – dem Wanderweg entlang der ehemaligen innerdeutschen Grenze, der auch im Winter reizvoll ist. Das Restaurant KIWI am Platz serviert von der Grillplatte bis zum Zanderfilet leckere kroatische und internationale Küche. In kleinen Mobilheimen werden auch Nichtcamper aufgenommen.

❄ **Auch wenn die Skigebiete nicht in Fußdistanz sind, kommen in den Wintermonaten die Schneebegeisterten hierher: Vom Skitrockenraum über die Sauna bis zum eigenen Hallenbad bleibt hier kaum ein Wunsch unerfüllt. Spätestens mit der Candle-Light-Sauna ist das Wohlfühlpaket komplett, und Wintercamping wird zum Wellnessaufenthalt.**

▶ Ellricher Straße 7, 37445 Walkenried, Tel. +49 (0)5525 778, GPS 51.589516, 10.624549, 01.01.–06.11., 22.12.–31.12. geöffnet

■ pincamp.de/ns9850

Harz Mountain Camp am Schierker Stern ★★★★★

3 Willkommen auf dem höchstgelegene Campingplatz des Harzes! Am Rande des Nationalparks Hochharz hat man stellenweise einen wunderbar weiten Blick ins Tal. Man wird freundlich empfangen und mit ein wenig Glück direkt mit Tipps zu Wanderungen versorgt, die man unmittelbar vom Platz aus starten kann, denn von hier sieht man bereits Brocken, Königsberg und Winterberg. Zwei skandinavische Hütten sind die Alternative, falls der eigene Camper streikt.

❄ **Liegt Schnee, so sind die Schierker Loipen sowie aufregende Rodelwege in unmittelbarer Nähe. Zum Skilift Wurmberg sind es rund acht Kilometer. An kalten Tagen freut man sich besonders, wenn abends noch die Finnische Fasssauna angeheizt wird oder in der Feuerstelle ein Lagerfeuer entzündet wird.**

▶ Hagenstraße, 38879 Schierke, Tel. +49 (0)3945 558817, GPS 51.757083, 10.683833, 01.01.–06.11., 19.12.–31.12. geöffnet

■ pincamp.de/sh2300

Der Campingplatz am Schierker Stern ist ein hervorragender Ausgangspunkt für Wanderungen.

Fußmarsch. Hinab findet man ab der Mittelstation eine spannende Rodelstrecke, die sogar beschneit werden kann. Es können Schlitten ausgeliehen werden. Langläufer finden rund um Braunlage und an der Flanke des Wurmbergs eine Reihe von Loipen, darunter die abends beleuchtete Skatingloipe an der Wetterwarte, die anspruchsvolle Wettkampfloipe und die einsame Skiwander-Hasselkopf-Loipe.

BROCKEN

Der König unter den Harzer Bergen sollte am besten erwandert werden. Der Klassiker unter den Aufstiegsrouten startet in Ilseburg. Entlang des Flusses Ilse auf dem Heinrich-Heine-Wanderweg (je nach Kälte besser die Straße nehmen), vorbei an den Ilsefällen, an der Hermannsklippe und der Bismarckklippe bis zum Gipfel. Es sind rund 11 Kilometer, für Auf- und Abstieg sollten also ausreichend Fitness, Zeit und Vesper eingepackt werden. Oben angekommen, bitte nicht enttäuscht sein: Auch die Brockenbahn bringt Besucher auf den Gipfel! Ist auch schön, aber nicht wirklich dasselbe.

Rund um den Brocken gibt es auch eine Reihe von Loipen und langlauftauglichen Wegen. Ab Schierke werden sieben Loipen mit etwa 30 Kilometern Länge gespurt, einige davon mit ordentlichen Höhenunterschieden, was schön, aber auch anstrengend und herausfordernd sein kann. Der übliche Ausgangspunkt ist das Parkhaus »Am Winterbergtor«. Ein Großteil der Strecken befindet sich im Nationalpark, weshalb die Wege nicht verlassen werden dürfen.

THERME KRISTALL »HEISSER BROCKEN«

An einer Massagedüse im 34 °C warmen Thermalsolewasser stehen und über die waldigen Hänge des Glockenbergs blicken. Die Aussicht wird nur noch schöner, wenn man gerade aus der Sauna

ESSEN & TRINKEN

51° Nord – Steakhouse & Bar

Ein Gruß aus der Küche? Selbst gebackenes Zwiebelbrot mit Aioli und Oliven stehen schon auf dem Tisch, kaum hat der Gast sich gesetzt. So wird die Zeit, bis man die Speisekarte studiert hat, bereits zum Vergnügen. Und danach Beef Tatar mit Gewürzgurken und Kapern oder doch lieber das All-you-can-eat-Burgerbuffet? Leckeres Essen, große Portionen und freundliches Personal bilden hier die Trias des Erfolgs.

▶ Bahnhofstraße 9, 38700 Braunlage, Tel. +49 (0)171 8473873, www.51nord-braunlage.de

Günter und Marion Schöne Gaststätte Ambiente

Im inhabergeführten Restaurant wird nicht nur mit dem Namen für die Qualität gebürgt. Mediterrane Gerichte mit heimischem Einschlag, Eigenkreationen und eine wechselnde Karte in familiär herzlicher Atmosphäre, in der die Chefin oft selbst bedient.

▶ Rathausstraße 4, 38644 Goslar, Tel. +49 (0)5325 2715

Der Klosterhof

Das japanische Restaurant ist mit Sicherheit kein Sushiladen von der Stange. In deutscher Landgasthofumgebung serviert die Familie Nitz nicht nur japanisches Essen, sondern auch japanische Kultur. Chizuko Nitz, geboren in Kobe und Wolfgang Nitz, emeritierter Historiker und gebürtiger Berliner, bringen Japan nach Walkenried.

▶ Pfarrplatz 8, 37445 Walkenried, Tel. +49 (0)5525 8234951, www.klosterhof-walkenried.de

kommt und ausdampft. Oder im »Hexen-Zuber« liegt, einem Solebecken mit 12-prozentigen Salzgehalt. Schweben, wie von Hexenhänden getragen! Gebadet wird wahlweise mit oder ohne Textilien. Es können Massagen gebucht werden, und vor der Tür bieten 15 Stellplätze Wohnmobilen Platz, Wasser und Elektrizität.

▶ Karl-Reinecke-Weg 35, 38707 Altenau, www.kristalltherme-altenau.de

SALZTAL PARADIES ERLEBNISBAD

Der Ferienpark Landal Salztal Paradies lockt mit einem eigenen Erlebnisbad, das auch Nichtübernachtungsgästen offen steht. Jung und Alt tummeln sich hier in Wildwasserkanal und Wellenbecken oder erholen sich in einer der fünf Saunen. Wem das nicht genug Sport ist, der geht nebenan in die Eislaufhalle.

▶ Talstraße 28, 37441 Bad Sachsa, www.salztal-paradies.de

HARZER SCHMALSPURBAHN

»Töff, Töff!« – mit der Harzer Schmalspurbahn geht es hoch hinaus. Die gute alte Dampflokomotive schraubt sich schnaufend vom Bahnhof Drei Annen Hohne auf den Brocken, umrundet den Gipfel anderthalb Mal, und hinter den Scheiben zieht der Nationalpark Harz vorbei. Vor gar nicht allzu langer Zeit war das Rauchen und Pfeifen Alltag an allen Bahnhöfen Europas, heute sind die Dampflokomotiven rollende Museen. So schnell können Technologien verschwinden. Für das nicht ganz günstige Beförderungsentgelt gibt es eine kleine Zeitreise und tolle Ausblicke obendrauf. Darüber hinaus werden diverse Sonderzüge angeboten, so zum Beispiel der Sonderzug zum Neujahrsbrunch.

▶ www.hsb-wr.de

WILDTIERFÜTTERUNG IM HARZ

Besonders im Winter schauen die Tiere aus dem angrenzenden Wildgehege gerne bei der Waldgaststätte Marienteichbaude vorbei. Denn hier wird gefüttert. Unter den Tieren sind kapitale Hirsche, Wildschweine, Füchse, und auch der Waschbär lässt sich blicken. Doch Vorsicht: Wild füttern oder Wild futtern? Das Ausflugslokal wird vom Inhaber einer

Eine Fahrt mit der Harzer Schmalspurbahn hinauf auf den Brocken ist ein ganz besonderes Ferienerlebnis.

Landschlachterei geführt, weshalb einige der Tiere vielleicht besser nicht zu vertrauensselig werden. In der Waldgaststätte steht auch Harzer Wildgulasch auf der Karte.
▸ Marienteichbaude 1, 38667 Bad Harzburg, Tel. +49 (0)5322 5549544, www.marienteichbaude.de

19-LACHTER-STOLLEN

Ein Leben ohne Bergbau ist für uns alle nicht vorstellbar. Die Rohstoffe für all die schönen Dinge, die uns umgeben, werden irgendwo auf der Welt von Menschenhand aus der Erde geschaufelt, gepumpt oder gesprengt. Wie das im 17. Jahrhundert vor sich ging, das lässt sich im 19-Lachter-Stollen in Wildemann erfahren. Ein halber Kilometer des Wasserlösungsstollens der höher gelegenen Silberbergwerke ist wieder begehbar gemacht worden. Und so bekommen Besucher einen Eindruck von den gigantischen Tunnelsystemen des Bergbaus, die sich auch durch unsere heimischen Berge ziehen.
▸ Im Sonnenglanz 18, 38709 Wildemann, www.19-lachter-stollen.de

IBERGER TROPFSTEINHÖHLE

Ein echter Schlechtwettertipp: Tief im Kalk eines einstigen Korallenriffs haben die Steine der Iberger Tropfsteinhöhlen das letzte Mal vor einigen Millionen Jahren schlechtes Wetter gesehen. Dafür kennt sich die Höhle gut mit Besuchern aus: Seit 1874 steht sie für Touristen offen. Heute enthält sie eine Ausstellung, die Erdgeschichte, Geologie und Mineralogie des Ibergs vermittelt. Neben dem normalen Besuch können vertiefende geologische Führungen und Wanderungen in das Berginnere gebucht werden.
▸ An der Tropfsteinhöhle 1, 37539 Bad Grund, www.hoehlen-erlebnis-zentrum.de

THÜRINGER WALD

Gewusst, wann ...

Rennsteig-Ski-Lauf
Ende Januar 2023 ist Oberhof Austragungsort der Weltmeisterschaften im Biathlon und Rennrodeln, und auch in allen anderen Jahren treten Spitzensportler bei den Oberhofer Großevents an. Doch wer selbst einmal die Wettkampfstrecken der legendären LOTTO Thüringen Arena testen möchte, kommt am besten Anfang Februar zum traditionellen Rennsteig-Ski-Lauf für jedermann.
▶ www.rennsteig-skilauf.de

2 Oberhof ist nicht das Ziel der fanatischen Abfahrtsskifahrer. Aber wer dann doch in den Sessellift steigt, dessen Beine baumeln geradewegs über die Rennschlitten- und Bobbahn, und wer Glück hat, sieht Legenden des Bobsports durch den Eiskanal rasen. Auf der Rodel-, Bob- und Skeletonbahn werden von Deutscher- bis Weltmeisterschaft regelmäßig einige der wichtigsten Rennen der Wintersportwelt ausgetragen. Überhaupt weiß Oberhof, wie man Wintersportevents inszeniert: Der Weltcup der Skispringer macht hier genauso Station wie der der Biathleten. Dann säumen Tausende Zuschauer die Zieleinfahrten, schwenken Fahnen und feiern ihre Favoriten. Doch der Profisport ist kein abgeriegeltes System, bei dem unsereins nur das Zuschauen bleibt. Neugierige können selbst im Gästebob die rasante Abfahrt testen oder in der Skisporthalle Langlauf- und Biathlon-Skills erlernen. Durch das Dach über der Anlage ist Schneesicherheit garantiert!

Und für wen der Rummel nichts ist, der verschwindet auf dem Rennsteig in den großen Wäldern. Thüringen ist Wander- und Langlaufland! Fast 1400 Kilometer verbundene Langlaufstrecken durchziehen das Bundesland. Der Rennsteig, der vielleicht bekannteste deutsche Fernwanderweg, wird bei ausreichend Schnee nahezu auf der gesamten Länge gespurt.

◂ Der Schneekopf ist die zweithöchste Erhebung im Thüringer Wald. Bei guter Schneelage sind Skifahren und Rodeln möglich.

OBERHOF

Biathlon, Rodeln, Bob, Langlauf – um eines der wichtigsten deutschen Wintersportzentren zu werden, braucht man kein Abfahrtspisteneldorado, aber so ganz ohne geht es auch nicht. Der Fallbachlift transportiert Skifahrer und Snowboarder nach oben, damit sie den 800 Meter langen Abhang nach unten düsen können. Im Funpark werden Sprünge geübt, im separaten Bereich darf gerodelt werden, und für die Kleinen gibt es einen Zauberteppich.

Doch sinnvollerweise kommt man natürlich zum Langlaufen nach Oberhof. Für die längste der Oberhofer Loipen, die 50 Kilometer lange große Rennsteigrunde, sollte man besser einen ganzen Tag einplanen, denn es sollte unterwegs auch mal Zeit für eine Pause sein, und die Aussicht ist auch nicht zu verachten.

Ein wenig abgekürzt, aber nicht minder schön, ist die anspruchsvolle Loipe Wachsenrasen. Ganzjährig langlaufen und sogar Biathlon praktizieren kann man in der Trainingshalle der Profis, der beschneiten LOTTO Skisport-HALLE. Und wer den Rennsteig mit der Skisport-HALLE kombinieren will, meldet sich am besten zum Rennsteig-Ski-Lauf an. Bei diesem Traditionsrennen für jedermann befinden sich Start und Ziel in der LOTTO Thüringen ARENA. Einmal jubeln wie die Profis!

SCHNEEKOPF

Der Gipfel des Schneekopfs liegt 978 Meter über dem Meeresspiegel. Steigen Sie dann noch auf den 23 Meter hohen Aussichtsturm, haben Sie den Tausender geknackt und stehen auf dem höchsten Punkt Thüringens. Sie sind über zwei Meter groß? Dann sind ihre Haarspitzen schon auf 1003 Meter. Auch wenn Ihnen diese Zahlen nichts bedeuten, lohnt ein Ausflug. Entweder bequem mit dem Fahrzeug zum Parkplatz Schneekopf. Oder anspruchsvoll auf dem Wildererpfad (grünes »W« auf weißem Grund), ein circa vier Stunden dauernder Rundwanderweg vom Museumsparkplatz in Gehlberg. Den zum Teil steilen Weg besser nicht bei Schnee und Glätte begehen. Aber dann sind vielleicht als Alternative die drei kleinen Skilifte am Schneekopf geöffnet, oder die Waldwege werden zur Rodelstrecke umgewidmet.

ESSEN & TRINKEN

Beim Waldschrat

Wildschweinbratwurst aus eigener Herstellung, Rinderroulade und die obligatorische Thüringer Wurst: Hier wird Hausmannskost in uriger Umgebung zelebriert. Reservierung wird empfohlen.

▸ Theo-Neubauer-Straße 17a, 98559 Oberhof, Tel. +49 (0)172 9012 400, www.waldschrat.chayns.net

Gasthaus & Hotel Zur Linde

In Finsterbergen ist die Auswahl an Restaurants beschränkt, und so führt der Weg in das Gasthaus Zur Linde. Man wird mit schmackhafter Küche zu fairen Preisen belohnt. Eine Portion Wildgulasch mit Rotkohl und Klößen?

▸ Rennsteigstraße 30, 99894 Friedrichroda, Tel. +49 (0)3623 30 65 92, www.zur-linde-hotel.de

Oberhof	
▸ **Pistenlänge:**	0,8 km
▸ **Lifte:**	2
▸ **Höhe:**	720–840 m
▸ **Schneesicher:**	❄ ❄
▸ **Familien:**	❄ ❄ ❄
▸ **Highlight:**	Langlauf und Biathlon

Auf dem kleinen Rennsteig-Caravaning Valentinsteich geht es familiär zu.

CAMPINGPLÄTZE

Oberhof Camping Lütschesee ★★★ ★ ★

4 Der Platz liegt etwas außerhalb von Oberhof in einem weiten Tal am Lütschestausee. Umgeben von Wald, haben sich einige Bäume zwischen die Camper geschlichen, und so liegt man im Bett und ist von Natur umgeben. Die Sanitäranlage und der Skitrockenraum sind sauber und warm. Nette Mietbungalows sind eine Alternative zum Camper. Ankommen, tief ein- und ausatmen, entspannen.

❄ **Zu den Skipisten und Langlaufloipen von Oberhof sind es rund fünf Kilometer mit dem Auto oder Bus (Bushaltestelle weiter entfernt). Schöne Wanderwege liegen in direkter Umgebung. Die Zufahrt zum Platz ist steil, man sollte daher Schneeketten im Gepäck haben.**

▶ Am Stausee 9, 99330 Frankenhain, Tel. +49 (0)3620 576518,
  GPS 50.733466, 10.756783, ganzjährig geöffnet
■ pincamp.de/th3600

Rennsteig-Caravaning Valentinsteich ★★★ ★ ★

5 Der kleine am Rand von Finsterbergen gelegene Platz punktet mit Natur und frischer Luft. Letzteres sogar staatlich verbrieft, da Finsterbergen das Prädikat »heilklimatischer Kurort« trägt. Der Fußweg ins Dorf ist rund einen Kilometer lang. Zurück auf dem Platz, verschnauft man im Hot-Pot, der Badewanne unter freiem Himmel, in der Sauna oder im Aufenthaltsraum mit TV und Kachelofen.

❄ **Zu den Loipen und Liftanlagen in Oberhof braucht man eine gute halbe Stunde mit dem Auto und 1,5 Stunden mit öffentlichen Verkehrsmitteln. Am Wanderparkplatz Finsterbergen in der Nähe des Campingplatzes beginnt auch eine schöne Loipe, über die man schnell auf dem Rennsteig ist. Ein Skitrockenraum ist vorhanden.**

▶ Friedrichrodaer Weg 3a, 99894 Finsterbergen, Tel. +49 (0)3623 310775, GPS 50.84085, 10.582,
  01.01.–02.03., 08.04.–31.12. geöffnet
■ pincamp.de/th3300

RENNSTEIG

»Gut Runst!«, nutzen manchen Wanderer hier den Gruß, mit dem ursprünglich eine Kompletterwanderung des Rennsteigs ausgedrückt wurde. Im Winter empfiehlt sich die große »Runst« nicht gerade, da die insgesamt 169 Kilometer doch ein wenig lang werden können. Zumal bei Schneefall das Zurücklegen größerer Distanzen anstrengend und schwer planbar wird: Wie tief ist der Schnee, wie sehr sinke ich ein?

Die Breite des Wegs, die im Sommer manche als unromantisch empfinden, ist im Winter recht praktisch, da so der Rennsteig Wanderweg und Langlaufstrecke zugleich sein kann. Bis zu 142 Kilometer werden bei bestem Wetter als Loipe gespurt. Damit verwandelt sich der Rennsteig in den längsten Fernskiwanderweg Mitteleuropas. Östlich von Oberhof hat man die besten Chancen, dass auch tatsächlich Schnee liegt. Allerdings steigen dann hier auch die meisten Langläufer auf die Ski. Dabei sollte jeder daran denken, der Rennsteig ist für alle da – Skifahrer nehmen auf Wanderer Rücksicht, und Wanderer treten nicht in die Spur! Gut Runst!

H2OBERHOF WELLNESS & ERLEBNISBAD

Die ruhige Hand für das Schießen beim Biathlon bekommt man nur mit ausreichend Entspannung. Das H2Oberhof mit seiner Kamin- und seiner Reisigsauna könnte dazu entscheidend beitragen. Auch nicht schießberechtigte Kids kommen auf ihre Kosten – sie gehen ins Kinderland oder auf die große Rutsche.
▶ Dr.-Curt-Weidhaas-Straße 2, 98559 Oberhof, www.h2oberhof.de

Besonders im Winter sind Spa-Anwendungen besonders angenehm und entspannend.

ELBSANDSTEIN-GEBIRGE

Gewusst, wann ...

Historisch-Romantischer Weihnachtsmarkt auf der Festung Königstein

Während der Adventswochenenden versammeln sich in dieser alten Bergfestung über der Elbe Schausteller und Kunsthandwerker für den historischen Weihnachtsmarkt.
In den Abendstunden kann es sehr voll werden.
▶ www.festung-koenigstein.de

③ Wie Puderzucker liegt der Schnee auf den steilen Zinnen des Elbsandsteingebirges. Still stehen Affensteine und Herkulessäulen. Nur vereinzelte Wanderer finden den Weg zu diesen Naturschönheiten. Im Winter ist die Sächsische Schweiz, dieser Hotspot und Touristenmagnet der deutschen Gebirgslandschaften, ein einsamer Rückzugsort für Connaisseure. Selbst die berühmte Bastei ist zumindest unter der Woche oft wie leer gefegt. Es gilt natürlich, Vorsicht walten zu lassen und nur solche Wege zu beschreiten, bei denen Auf- und Abstieg trotz Schnee und Glätte sicher zu bewältigen sind. Aber dann eröffnen sich Ausblicke, die man nie wieder vergisst – zum Beispiel vom Gohrisch auf die Festung Königstein. Vielleicht ist ja gerade eines der Adventswochenenden, und durch die Wallgänge der Festung schieben sich die Besucher des Weihnachtsmarkts, während man selbst noch in der stillen Kälte verharrt und eine letzte Wanderetappe vor sich weiß, bis man den Trubel Königsteins erreicht und dankbar einen wärmenden Glühwein entgegennimmt.

Fans des Brettersports besuchen den nördlichen Teil des Elbsandsteingebirges, zum Beispiel Hinterhermsdorf. Aus dem möglicherweise schönsten Dorf Sachsens führt eine grenzübergreifende Loipenrunde rüber nach Tschechien.

◄ Die bizarren Felsformationen im Elbsandsteingebirge strahlen auch im Winter eine besondere Faszination aus.

WINTERWANDERUNGEN DURCH DIE SÄCHSISCHE SCHWEIZ

Von den etwa 1200 Kilometer Wanderwegen sind im tiefen Winter nicht alle empfehlenswert. Wanderer sollten sich in jedem Fall Routen entsprechend der eigenen Fitness und Mobilität aussuchen. Überfrorene Treppen oder verschneite steile Anstiege können gänzlich unbegehbar werden. Der Tourismusverband Sächsische Schweiz verzeichnet online und in seiner Winterwanderkarte rund 30 spezielle Winterwanderwege, die in drei Kategorien gegliedert werden: Blaue Touren sind eben und werden meist geräumt, rote Touren haben leichte Steigungen und sind bei Tiefschnee schwierig, und schwarze Touren sind aufgrund von Steilanstiegen und Stufen mit besonderer Vorsicht zu genießen. Gutes Schuhwerk hilft, beim Aktivzentrum Bad Spandau können sogar Eisgrödel, eine Art kleine Steigeisen, die unter die Schuhe geschnallt werden, ausgeliehen werden. Von Bad Schandau führt mit der Drei-Steine-Route eine schöne, circa zehn Kilometer lange Wanderung nach Königstein. Unterwegs liegen die drei Tafelberge Kleinhennersdorfer Stein, Papststein und Gohrisch. Von ihnen hat man phänomenale Rundblicke über die Winterlandschaft. Zur Vereinfachung der Strecke werden mit einem kleinen Umweg die Aufstiege zum Papststein und Gohrisch vermieden.

▸ www.saechsische-schweiz.de/urlaubsthemen/winter/winter-wanderung.html

BRETTERSPORT IM NORDEN DES ELBSANDSTEINGEBIRGES

In der nördlichen Sächsischen Schweiz können rund um die kleinen Wintersportorte Sebnitz, Rugiswalde und Hinterhermsdorf die Bretter unter die Füße geschnallt werden. Die drei Tellerlifte bei Sebnitz erschließen rund anderthalb Pistenkilometer, auf denen die ersten Schwünge geübt werden können, und der Rugiswalder Skihang wird im Winter künstlich beschneit, sodass auch bei aus-

ESSEN & TRINKEN

Gambrinus

In der ehemaligen Gambrinus-Brauerei wird zwar leider kein Gambrinus mehr ausgeschenkt, dafür werden aber leckere Pizzen, Schnitzel und Kräuterhähnchen zubereitet.

▸ Marktplatz 12, 01814 Bad Schandau, Tel. +49 (0)35022 90053, www.gambrinus-bad-schandau.de

Waldschänke Altes Raupennest

Am Skilift von Altenberg serviert die Waldschänke allen hungrigen Skifahrern und Wanderern dampfende Hausmannskost. Der spontane Einkehrschwung kann scheitern, da um Reservierung gebeten wird.

▸ Raupennestweg 5, 01773 Altenberg, Tel. +49 (0)35056 32303, www.altesraupennest.de

bleibendem Schneefall gefahren wird. Sowohl bei Sebnitz als auch Rugiswalde gibt es einige Loipen, und im sanften Hügelland des interessanten Dorfs Hinterhermsdorf (schon allein einen Ausflug wert!) startet eine rund 15 Kilometer lange Loipe, die bis

Sebnitz	
▸ Pistenlänge:	2 km
▸ Lifte:	3
▸ Höhe:	370–480 m
▸ Schneesicher:	❄
▸ Familien:	❄ ❄ ❄
▸ Highlight:	Schöne Wanderwege & Loipen

CAMPINGPLÄTZE

Panorama-Camping Bergoase ★★★★★

6 Morgens im eigenen Camper aufwachen und auf die Affensteine schauen. Von diesem teils terrassierten Platz haben fast alle Stellplätze Panoramablick auf Hügel und Wälder der Sächsischen Schweiz. In der rustikalen Campingküche blubbert der Kaffee auf dem Holzofen, und wenn das Hüttenlager nicht belegt ist, sitzen die Camper abends vor dem Kamin im Gemeinschaftsraum. Last, but not least: Im Wellnessbereich wird gegen eine kleine Gebühr die Sauna angeheizt, und es werden Massagen angeboten.

❄ **Für Wanderungen in das Kirnitzschtal und zu den umliegenden Felsgruppierungen ist das der ideale Ausgangspunkt. Aber auch die Therme in Bad Schandau und der kleine Ort Sebnitz samt Liften und Loipen werden in unter 30 Minuten mit dem Bus erreicht (ca. 10 km).**

▶ Obere Straße 19, 01855 Mittelndorf, Tel. +49 (0)176 22906538,
   GPS 50.935008, 14.211433, ganzjährig geöffnet
■ pincamp.de/sn3640

Caravan Camping Sächsische Schweiz ★★★★★

7 Der kleine und kinderfreundliche Platz liegt sehr ruhig auf einem Hochplateau auf der Westseite der Elbe. Die Duschen sind geräumig und gemütlich, und es gibt ein spezielles Kinderbadezimmer. Täglich werden am Morgen frische Brötchen gebacken, und in der Gaststätte werden (im Winter eingeschränkt) Kuchen und Warmes serviert.

❄ **Schöne Winterwanderungen in das Naturschutzgebiet Pfaffenstein oder in das Bielatal können direkt vom Platz begonnen werden, und auch zur Festung Königstein sind es nur rund fünf Kilomter. Zu den Liften und Loipen von Sebnitz sind es knapp 20 Kilomter (mit dem eigenen Fahrzeug). Nach einer langen Wanderung in der Kälte kann die Finnische Sauna angestellt werden.**

▶ Dorfplatz 181d, 01824 Gohrisch, Tel. +49 (0)35021 59107,
   GPS 50.914499, 14.10755, ganzjährig geöffnet
■ pincamp.de/sn3570

Camping Galgenteich ★★★★★

8 Dieser kinderfreundliche Campingplatz wird von einem aufmerksamen jungen Pärchen betrieben. Er liegt in Altenberg, das bereits zum Erzgebirgeteil des Landkreises Sächsische Schweiz-Osterzgebirge gehört, und zu Einkaufsmöglichkeiten und Restaurants ist es nur ein kleiner Spaziergang.

❄ **Durch eine direkte Loipenanbindung und die Nähe zum fußläufig erreichbaren Skilift von Altenberg (800 m Höhe) sind Fans des Brettersports hier bei Schneefall gut aufgehoben. Ein Skitrockenraum ist auf dem Platz vorhanden. Auch zum Winterwandern finden sich in der Umgebung von Altenberg vielfältige und schöne Routen. Adrenalinjunkies steigen in der Rennschlitten- und Bobbahn von Altenberg in den Gästebob.**

▶ Galgenteich 3, 01773 Altenberg, Tel. +49 (0)35056 31995,
   GPS 50.766666, 13.7462, ganzjährig geöffnet
■ pincamp.de/sn3300

Der Spielzeugort Seiffen, zur Weihnachtszeit ein beliebtes Ausflugsziel

hinüber auf die Tschechische Seite in die Böhmische Schweiz führt.

SEIFFEN

Ein schöner Winterausflug in das nahe gelegene Erzgebirge führt nach Seiffen. Besonders während des Weihnachtsmarkts entwickelt der Holzschnitzerort winterlichen Charme. In der Region gibt es sowohl auf deutscher als auch auf tschechischer Seite einige Abfahrtspisten und Loipen. Im nahe gelegenen Altenberg kann die Bobbahn besichtigt werden. Wer über Nacht bleiben will, findet mit dem Ferienpark Seiffen einen Campingplatz der Extraklasse samt Sauna, Tischtennis und Billard.

TOSKANA THERME BAD SCHANDAU

Im Liquid Sound Becken schweben die Schwimmer mit sanftem Sound in der Sole, und im Sportbecken ziehen Sportler ihre Bahnen. Manche der Besucher empfinden die Becken als ein wenig zu kalt – es ist eben doch nicht die Toskana, sondern das sächsische Bad Schandau. Zum Glück sind mit dem Eintritt in die Saunawelt frierende Besucher passé, denn hier sitzt man in der Panoramasauna mit Blick auf die Elbe garantiert im Warmen.

▶ Rudolf-Sendig-Straße 8A, 01814 Bad Schandau, www.toskanaworld.net

FORSTHAUS BIELATAL

Wer seine Sauna nicht gerne teilt, fährt in das Bielatal und reserviert vorab im Forsthaus Bielatal die Finnische Blockhaussauna. Nach einer langen Wanderung durch das zerklüftete Bielatal, das mit seinen steilen Felstürmen zu den beliebtesten Kletterrevieren des Elbsandsteingebirges zählt, kann man die Füße hochlegen und bei einem Fichtennadelaufguss ordentlich schwitzen.

▶ Forsthof 1, 01824 Rosenthal-Bielatal, www.forsthaus-bielatal.de

RHÖN

Gewusst, wann ...

Fosenocht
An allen vier Donnerstagen vor Aschermittwoch feiern die Böschemer Altweiberfasching. In der Fastnachtsgasse von Bischofsheim startet der Maskenzug, und anschließend gehen alle gemeinsam in die Kneipen und Vereinsheime. Haaalex!
▸ www.bischofsheim.info/fastnacht.html

Ein gemütlicher Wanderweg führt erst durch die Fachwerkhäuser Bischofsheims, vorbei an den Pisten und Liftanlagen des Kreuzbergs, und dann durch den Wald hoch auf den Kreuzberg. Doch hier wartet statt eines klassischen Gipfels eine plane Fläche: typisch für die Hohe Rhön, deren Gipfelplateaus aus abgeschliffenen Vulkanen besteht. Was sich jedoch findet, sind drei imposante Golgatha-Gipfelkreuze. Zu deren Füßen stehend, reicht der Blick weit, weit in die Ferne, bis rüber zum Thüringer Wald und rein in die fränkische und hessische Rhön. Denn die nur wenige Kilometer auseinanderliegenden Vulkane der Hohen Röhn erstrecken sich über gleich drei Bundesländer: Bayern, Hessen und Thüringen. Die Golgatha-Gipfelkreuze sind die 12. Station eines Kreuzwegs am Kreuzberg, der auch der Heilige Berg der Franken genannt wird. Den Stationen rückwärts folgend, landet man beim Franziskanerkloster Kreuzberg. Das bereitet deftiges Essen zu und schenkt selbst gebrautes Bier aus. Prosit! Vielleicht verschieben wir lieber das Skifahren auf morgen und nehmen den Kreuzberg hinab den Schlitten.

Eine schöne Alternative zu den fränkischen Skigebieten Kreuzberg und Arnsberg ist die hessische Wasserkuppe. Über deren Plateau jagen Snowkiter mit ihrer Kombination aus Lenkdrachen und Snowboard, und am Hang ist mit der Ski- und Rodelarena ein kleines, aber gut ausgebautes Wintersportgebiet gebaut worden.

DEUTSCHLAND

◂ Von den Golgathakreuzen auf dem Kreuzberg reicht der Blick weit über die fränkische und hessische Rhön.

KREUZBERG

Ein Eldorado für Alpinski wird die Rhön mit ihren fünf Skigebieten wohl nicht mehr werden, aber bei guten Schneeverhältnissen sind die Skilifte am Arnsberg, Kreuzberg, Simmelsberg, Zuckerfeld und der Wasserkuppe mehr als ausreichend, um einige Pistenkilometer abzuspulen oder das Fahren zu erlernen. Das größte Gebiet findet sich mit drei Schleppliften und zehn Pistenkilometern am Kreuzberg, wo mit der schwarz markierten Wieslich-Abfahrt durchaus auch Fortgeschrittene gefordert werden. Rodler stürzen sich auf den Hang unterhalb des Berggasthofs Roth, und Winterwanderer sollten auf jeden Fall einen Abstecher zu den Golgatha-Gipfelkreuzen und dem Kloster des Franziskanerordens machen.

WASSERKUPPE

Einst war die gesamte Rhön von dichtem Buchenwald bedeckt, der nach und nach im Zuge der frühen Industrialisierung abgeholzt wurde. Zurückgeblieben sind große Hochflächen mit einzelnen ausladenden Buchen und weiten Aussichten. Schon früh wurden einige der flachen Bergkuppen als Freizeitareale erschlossen. Die Aufwinde der Wasserkuppe, dem höchsten Berg Hessens, haben bereits vor mehr als 100 Jahren die ersten Segelflieger für ihre Flugversuche entdeckt. Die Windbedingungen sind noch immer genauso gut wie damals, und so haben sich neben den Segelfliegern die Gleitschirmflieger und im Winter die Snowkiter eingefunden. Da Drachenflieger und Paraglider Tandemflüge anbieten und Snowkiter ihr Wissen in einer Schule weitergeben, sind auch Anfänger willkommen! Alternativ kann man natürlich auch nur zuschauen, wie die Wagemutigen sich in die Luft erheben, und selbst eine ruhige Runde in der Langlaufloipe ziehen, die Skipisten und die Rodelstrecke nutzen oder einfach nur einen Cappuccino im Café Peterchens Mondfahrt schlürfen.

ESSEN & TRINKEN

Brotzeitstube

Das Haus der Brotzeitstube wurde kurz nach dem Dreißigjährigen Krieg erbaut. Im urigen Restaurant wird das mit Speckzwiebeln und Käse überbackene Rhöner Bergschnitzel im handbetriebenen Speiseaufzug an den Tisch transportiert. Lecker und geschichtsträchtig!

▸ Marktplatz 24, 97653 Bischofsheim in der Rhön, Tel. +49 (0)9772 932463, www.brotzeitstube.net

Lisas Welt

Gasthaus, Café und Pension liegen gegenüber des Rhön Camping-Parks, und in gemütlicher Atmosphäre werden Brotzeiten und Balkangerichte vom Grill serviert. Wer etwas Besonderes will, der sollte die knusprige Lammkeule vorbestellen.

▸ Tanner Str. 18, 36115 Ehrenberg (Rhön), Tel. +49 (0)6683 250, www.lisas-welt.net

WILDPARK GERSFELD

In einem der natürlichsten Wildparks Europas leben Steinwild, Rotwild, Tarpanpferde, Wisente, Meerschweinchen und andere Tiere fast wie in freier Wildbahn. Im Winter bieten Büsche und Bäume ohne

Kreuzberg	
▸ Pistenlänge:	10 km
▸ Lifte:	3
▸ Höhe:	595–918 m
▸ Schneesicher:	❄
▸ Familien:	❄ ❄
▸ Highlight:	Winterwandern

Snowkiten auf der Wasserkuppe zählt zu den besonderen Wintervergnügen in der Rhön.

CAMPINGPLÄTZE

Rhön Camping-Park ★★★ ★ ★

9 An der Wasserkuppe haben rund 30 Bäche ihre Quelle, die zum Teil am Campingplatz vorbeifließen. Von Wald, Feldern und Wasser umgeben, besitzt dieser Campingplatz eine herrliche Naturatmosphäre, die höchstens von der nahe gelegenen Straße ein wenig getrübt werden kann. Für die abendlichen und regnerischen Stunden gibt es einen Aufenthaltsraum, ein Kinderspielzimmer, einen Billardtisch, und gegen eine kleine Gebühr wird sogar die Sauna angestellt.

❄ **Zu den Wintersportmöglichkeiten auf der Wasserkuppe bringt die Sportler entweder eine schöne Wanderung oder der Bus im nahen Wüstensachsen. Ein Skitrockenraum ist vorhanden.**

▸ An der Ulster 1, 36115 Wüstensachsen, Tel. +49 (0)6683 1268,
   GPS 50.50645, 10.0115, ganzjährig geöffnet

■ pincamp.de/hs5630

Campingplatz Kreuzberg Rhön ★★ ★ ★ ★

10 Der Platz liegt sehr schön und ruhig direkt am Waldrand am Fuße des Kreuzbergs. Die nächsten Einkaufsmöglichkeiten und Restaurants in Wildflecken sind gut drei Kilometer entfernt (Bushaltestelle in der Nähe). Im Trockenraum kann nasse Kleidung aufgehängt werden, die Sanitäranlagen sind zwar in die Jahre gekommen, aber sauber und im Aufenthaltsraum wird abends gemütlich entspannt.

❄ **Auf den Kreuzberg ist es weniger als eine Stunde Fußweg, und so sind Ausflüge zum Kloster, zu den Skiliften oder zum Rodelhang Programm. Auch die schöne Rundloipe B17 (rund um den Kreuzberg) ist schnell erreicht. Überhaupt ist der Platz ein toller Ausgangspunkt für Wanderungen. Bis zur Wasserkuppe sind es gut 20 Kilometer (mit dem eigenen Fahrzeug).**

▸ Schulstr. 7, 97772 Oberwildflecken, Tel. +49 (0)9745 2294,
   GPS 50.37895, 9.952049, ganzjährig geöffnet

■ pincamp.de/nb1100

Laub weniger Deckung, sodass viele Tiere auch ohne Schaufütterung sichtbar sind. Wer nach Gersfeld mit den öffentlichen Verkehrsmitteln gereist ist, läuft vom Gersfelder Marktplatz etwa eine halbe Stunde.
▶ 36129 Gersfeld (Rhön), www.wildpark-gersfeld.de

LOIPENPARK AM ROTEN MOOR

Auf 800 Metern werden im Loipenpark fünf Rundkurse mit unterschiedlichen Längen und Schwierigkeitsgraden präpariert. Die Strecken über die großen Ebenen bis zur Wasserkuppe sind so beliebt, dass am Wochenende bei gutem Wetter besser früh der knackige Morgenschnee genutzt wird. Üblicher Startpunkt ist das NABU-Haus am Roten Moor, wo auch Ausrüstung verliehen wird. Fußgänger sollen nicht auf den Loipen, insbesondere den Skatespuren, wandern, daher werden in den Höhenlagen einige leichte Winterwanderwege präpariert.
▶ Moorlinden, 36129 Gersfeld (Rhön), www.loipenpark.de

FREIZEITBAD ULSTERWELLE

Vom Rhön Camping-Park nur zehn Minuten mit dem Fahrzeug entfernt, liegt das Freizeitbad Ulsterwelle optimal, um nach einem langen Wandertag alle Viere von sich zu strecken und im Warmen zu entspannen. Das kleine gepflegte Bad verfügt über ein Innenbecken, ein Ganzjahresaußenbecken (unter null Grad geschlossen), eine Rutsche und natürlich drei Saunen. Kräuter-, Soft- und Blockhaussauna reichen vollkommen aus, um den Schweiß zu treiben und die Muskeln zu durchbluten. Im Winter wird am letzten Freitag im Monat die große Saunanacht mit Peelingsalz und Eisaufgüssen zelebriert.
▶ Heideweg 17, 36115 Hilders, www.ulsterwelle.de

KISSSALIS THERME

Wem das Freizeitbad Ulsterwelle zu klein ist, der macht einen Ausflug zur KissSalis Therme. Das ist zwar von der Wasserkuppe eine knappe Stunde Fahrt entfernt, aber dafür wartet im Kurort Bad Kissingen nicht nur gesundes Thermalwasser, sondern eine Thermenlandschaft mit zehn Becken und diversen Whirlpools sowie eine Saunalandschaft mit neun verschiedenen Saunen und Dampfbädern. Wer im Anschluss zu erschöpft für die Rückfahrt ist, bleibt einfach auf dem Stellplatz neben der Therme. Und vielleicht ist ja am nächsten Morgen noch Zeit für eine erneute Runde durch das Solebecken oder einen Abstecher in die Erdsauna.
▶ Heiligenfelder Allee 16, 97688 Bad Kissingen, www.kisssalis.de

Langläufer finden im Loipenpark am Roten Moor gut präparierte Loipen.

SAUERLAND

Gewusst, wann ...

FIS-Skisprung-Weltcup
Einmal pro Jahr kommt die Skisprungelite der Welt ins Sauerland und tritt auf der Mühlenkopfschanze gegeneinander an. Der Schanzenrekord liegt bei Furcht einflößenden 153 Metern und die 34 000 Zuschauerplätze sind schnell ausverkauft. Findet in der Regel im Januar oder Februar statt.
▶ www.weltcup-willingen.de

»Hömma, mach den Camper fit, et is kalt in Winterberg!« Für die Bewohner des Ruhrgebiets ist das Sauerland beliebtes Ausflugsziel, und obwohl auch Rhein- und Niederländer die kurze Anreise schätzen, verlieren sich die Massen schnell in den Wäldern des Mittelgebirges. Mit Winterberg und Willingen gibt es zwei Skigebiete, in denen sich auch Fortgeschrittene wohlfühlen. Dazu kommen noch eine Reihe kleinerer Liftanlagen, die gut sind, um die ersten Talschwünge zu üben und den Rodelschlitten auf den Berg zu hieven. Auch wenn das Wort »Berg« aus Sicht der Alpen der nicht ganz treffende Begriff sein mag, reichen bereits kältere Temperaturen, damit der Wintersportspaß losgeht, denn das Skiliftkarussell Winterberg besitzt in den deutschen Mittelgebirgen die größte Beschneiungsanlage. Abseits der Abfahrts- und Rodelpisten bieten der Rothaarsteig sowie seine Nebenwege und Loipen ein verzweigtes Netz, über das man das Sauerland erkunden kann. Zu Fuß, auf Langlaufbrettern oder vielleicht sogar mit Schneeschuhen? Und wer am Ende des Tags noch nicht müde ist, macht einen Ausflug in eines der romantischen Fachwerkdörfer, um mit einem Glühwein in der Hand durch die Gassen zu schlendern.

◂ Die Pisten im Skigebiet von Willingen werden beschneit und sind damit in der Skisaison durchgängig befahrbar.

Winterberg	
▸ **Pistenlänge:**	27 km
▸ **Lifte:**	26
▸ **Höhe:**	630–820 m
▸ **Schneesicher:**	❄ ❄ ❄ ❄ ❄
▸ **Familien:**	❄ ❄ ❄ ❄
▸ **Highlight:**	Rodeln inkl. Lift, Beschneiung und Flutlicht

SKILIFTKARUSSELL WINTERBERG

Im größten Gebiet des Sauerlands stehen 26 Lifte, von denen immerhin 13 bequeme und anfängerfreundliche Sessellifte sind. Überhaupt ist das Gebiet hervorragend geeignet, um das Ski- oder Snowboardfahren zu lernen. Die Mehrheit der 27 Pistenkilometer sind blaue Abfahrten, vier Transportbänder befördern Kinder, die noch zu klein sind, um selbstständig Lift zu fahren, und ausgebildete Skilehrer schauen kleinen und großen Anfängern unterstützend über die Schulter. Fast alle Pisten sind mit Schneekanonen ausgestattet, und jeden Dienstag und Freitag erleuchtet nach Einbruch der Dunkelheit Flutlicht die Hänge. Zwischen den dunklen Tannen zu fahren, ist besonders aufregend, bevor es dann in eine der Hütten geht.

Wie in allen Wintersportgebieten des Sauerlands gibt es auch am Winterberg schöne Rodelhänge aller Neigungsgrade. Wer keinen eigenen Schlitten mitbringt, kann einen ausleihen.

WILLINGEN

Das Skigebiet im hessischen Teil des Sauerlands wartet mit einigen längeren Abfahrten auf. Erst geht es in dem modernen, beheizten Sessellift auf den Gipfel und dann gut zwei Kilometer nach unten.

Die flachen Pistenabschnitte am Winterberg sind bei Skianfängern und Rodlern gleichermaßen beliebt.

CAMPINGPLÄTZE

Campingpark Hochsauerland ★★★★ ★

11 Das wie ein Garten gestaltete, terrassierte Gelände liegt an einem Nordwesthang am Rand von Winterberg. Besser gelegen für Wintersport im Sauerland geht kaum. Nur die Naturromantik hängt ein wenig vom Standplatz ab, da ein Teil des Platzes in das nahe gelegene Industriegebiet ragt.

❄ **Direkt am Platz ist eine Sesselliftanlage, sodass die Camper aus dem Wagen in den Lift fallen und sich mitten im Skigebiet befinden. Verpflegung gibt es in den eigenen vier Wänden oder am Kamin in der Skihütte. Mit der Skischule am Platz sind das optimale Startvoraussetzungen für den Einstieg in die Bretterwelt. Gleiches gilt für die Langläufer und Wanderer: Da der Fernwanderweg Rothaarsteig entlang des großen Areals verläuft, haben auch sie es nicht weit.**

▶ Remmeswiese 10, 59955 Winterberg, Tel. +49 (0)2981 3249, GPS 51.1983, 8.52361, ganzjährig geöffnet
■ pincamp.de/rw4550

Camping und Ferienpark Brilon ★★★★ ★

12 Von den großzügig geschnittenen Stellplätzen auf dem terrassierten Gelände schaut man in die Ferne und sieht die Sonne über Sauerlands Bergen untergehen. Vor allem bei unternehmungslustigen Best Agern steht dieser gediegene, ruhige Campingpark mit wunderbarem Blick auf die Höhenzüge des Sauerlands hoch im Kurs. Der einfache naturnahe Platz mit kleinen Sanitäranlagen ist eine gute Wahl für alle, die viel unterwegs sind und sich zum Sonnenuntergang in ihrem Camper einfinden, um dem Uhu zu lauschen.

❄ **Der kleine Poppenberg und ein Schlepplift sind in wenigen Minuten fußläufig erreichbar, und auch der Einstieg in das Wander- und Loipennetz im Briloner Wald ist nicht weit. Nach Willingen sind es 16 Kilometer und nach Winterberg rund 30 Kilometer (beides mit dem Fahrzeug).**

▶ Hoppecker Str. 75, 59929 Brilon, Tel. +49 (0)2961 977423,
GPS 51.379166, 8.58525, 01.01.–24.10., 25.12.–31.12. geöffnet
■ pincamp.de/rw4420

---

13 der 17 Pistenkilometer werden beschneit, und so hat man auch hier trotz der niedrigen Lage unter 1000 Höhenmetern rund drei Monate Saison. Der eine oder andere Fahrer freut sich besonders auf das Après-Ski, das in Willingen groß geschrieben wird. Zum Beispiel beim Kulthüttenwirt Siggi in der Ettelsberg-Hütte.

LANGLAUF

Je nach Schneelage und Rechenart kommt man im Sauerland auf ein Loipennetz von fast 500 Kilometern. Sicher ist, dass sich durch die Wiesen, Wälder und Hochebenen eine Menge schöner Wege ziehen. Nördlich von Winterberg ist zum Beispiel die klassisch gespurte und zehn Kilometer lange Kuhlenbergloipe 1 eine gute Wahl, um entlang des Ruhrtals den Bremberg zu erleben. Und bei Willingen empfiehlt sich ein Ausflug auf die Hochheide, die im Spätsommer ein farbenprächtiges Blütenmeer und Winter ein wunderschönes Langlaufrevier ist. Ein ganz besonderes Highlight des Langlaufens im Sauerland (und übrigens auch des Winterwanderns!) ist der Rothaarsteig. Der wunderschöne Fernwanderweg zwischen Brilon und Dillenburg wird in verschiedenen Abschnitten gespurt und führt über Gipfel und Aussichtspunkte vom Kahlen Asten bis zum Rhein-Weser-Turm. Ein echtes Abenteuer ist die oft durch ungespurten Schnee füh-

rende Mehrtagestour, mit der man die gesamten 156 Kilometer des Rothaarsteigs zurücklegt. Fans des Biathlons haben die Möglichkeit, in der Rothaar Arena in Schmallenberg-Westfeld die Laserschießanlage selbst auszuprobieren und an einem der Biathlon-Kurse teilzunehmen.
▸ Die regionalen Loipenvereine und Skiklubs freuen sich, wenn freiwillig für die Loipennutzung der Region unter www.wintersport-arena.de ein 5 € kostendes Tagesticket erworben wird.

VELTINS-EISARENA

In der Eisarena als eine der ältesten Kunsteisbahnen der Welt werden werden seit den Siebzigern Rennen im Rodeln, Skeleton und Bob ausgetragen: diverse Europa- und Weltmeisterschaften sowie die Wok-WM von Pro7. Bei Führungen kann hinter die Tore geschaut, alles über Neigung und Kühlung gelernt und beim Training zugeschaut werden. Aber wirklich erleben wird man eine Bobbahn natürlich nur im Geschwindigkeitsrausch. Und so steigen die Mutigen in den Taxibob, um gemeinsam mit zwei anderen Gästen und einem erfahrenen Piloten mit Tempo 120 km/h den Eiskanal hinabzurasen.
▸ Kappe 3, 59955 Winterberg, www.veltins-eisarena.de, www.olympic-bob-race.de

AQUA MUNDO – ERLEBNISBAD CENTER PARCS

Willkommen in der Wassererlebniswelt, in der die Rutschen nicht nur Kids begeistern. Für die Dunkelheit der Black-Hole-Rutsche braucht es ähnlich viel Mut wie für den Eiskanal der Bobbahn. Eine Gegenstromanlage und eine Abenteuerinsel für kleinere Kinder halten auch die Rutschmuffel bei Laune. Wer Ruhe sucht, ist im Saunabereich genau richtig. Mit Türkischem Dampfbad, Blockhaussauna und Salzgrotte gibt es hier eine nette Auswahl an Schwitzmöglichkeiten. Da dieser Bereich vom Schwimmbad getrennt ist, geht es hier leiser zu, und der Eintrittspreis ist ebenfalls niedriger. Das ein wenig in die Jahre gekommene Erlebnisbad ist vor allem mit Kindern eine gute Schlechtwetteralternative.
▸ www.tagesausflugcenterparcs.de/hochsauerlandSonnenallee 1, 59964 Medebach

ESSEN & TRINKEN

Tommy's Restaurant & Bierstube im Kolpinghaus Brilon
Sauerländer Erbseneintopf mit Mettwurst wird hier genauso liebevoll zubereitet wie Hirschsauerbraten und Rumpsteak. Wenn es voll wird, können längere Wartezeiten entstehen, also besser nicht in Eile sein.
▸ Derkere Str. 3, 59929 Brilon, Tel. +49 (0)2961 9879997, www.tommysrestaurant.de

Benny's Kartoffelkiste
In dem rustikal-gemütlichen Restaurant dreht sich alles um Kartoffeln. Gratin, Pommes und Reibekuchen kommen mit Burger und Schnitzel.
▸ Am Waltenberg 45, 59955 Winterberg, Tel. +49 (0)2981 928359, www.bennys-kartoffelkiste.de

Bei Brilon ist ein Stück des Rothaarsteigs für die Langläufer gespurt.

NORDSCHWARZWALD

Gewusst, wann ...

Fire & Ice Palais Thermal
Eisige Luft, eisige Tauchbecken, heißes Feuer, heiße Saunen: Kurz vor Weihnachten veranstaltet das Palais Thermal in Bad Wildbad eine lange Nacht der kontrastierenden Elemente.
▶ www.palais-thermal.de/wellness-events

6 Dichte Wälder, mystische Hochmoore, stille Wiesen. Du träumst von der Wildnis Skandinaviens? Nur eine Stunde von Stuttgart entfernt, taucht man ein in den Schwarzwald. Und atmet durch. Denn, wenn Orte wie der höchste Berg des Nordschwarzwalds, die Hornisgrinde, im Sommer mit Städtern überfüllt sind, hat man sie im Winter an manchen Tagen fast für sich allein. Das gilt auch für viele der Loipen, die über die hoch gelegenen Wiesenflächen oder über schmale Waldwege führen.

In Zeiten, in denen selbst in den Alpen bisweilen der Schnee ausbleibt, lohnen sich Reiseziele, die auch abseits des Wintersports faszinieren. Und es gibt so viel mehr als Kuckucksuhren, Kirschtorten und Fachwerkhäuser! Bad Wildbad beispielsweise lädt zum Spaziergang auf dem Märchenweg, kitzelt die Nerven mit 300 Meter tiefen Ausblicken von der WildLine-Hängebrücke und entspannt im Anschluss in einer der wohligwarmen Thermen.

◂ Der Aussichtsturm Treetop Walk bei Bad Wildbad bietet eine fantastische Rundumsicht auf die weiten Waldgebiete der Nordschwarzwalds.

SKIFERNWANDERWEG NORDSCHWARZWALD

Die meisten Loipen der Region werden durch den Skifernwanderweg Nordschwarzwald untereinander verbunden. Mögliche Einstiegspunkte in die rund 80 Kilometer lange Strecke (je nach gewählter Wegführung) liegen entlang der Schwarzwaldhochstraße und – in der direkten Umgebung der hier gelisteten Campingplätze – in Bad Wildbad. Selbstverständlich lassen sich Teilstücke des Skifernwanderwegs auch als Tagestouren befahren. Rund um Bad Wildbad verbindet der Skifernwanderweg Nordschwarzwald beispielsweise die fast 30 Kilometer lange Wildbad-Spur, die Bergwald-Spur und die Strecke am Aichelberg. Die meisten Kilometer werden idyllisch auf Waldwegen zurückgelegt, die durch die fehlende Breite oft als eine Klassikspur angelegt sind.

WINTER AUF DEM SOMMERBERG

Am nördlichen Rand des Schwarzwaldes gibt es mehrere kleinere Liftanlagen, von denen die größten in Kaltenbronn und Enzklösterle stehen. Die Anlage in Bad Wildbad hingegen besitzt einen besonderen winterlichen Charme. Trotz des irreführenden Namens »Sommerberg«. Der örtliche Skiverein hat vor langer Zeit beschlossen, er hätte gerne eigene Pisten vor der Tür, und betreibt seitdem zwei Skilifte. Alle packen mit an, reichen Bügel, warten die Anlagen, planieren die Pisten und bieten zünftige Hüttenvesper am Kachelofen der eigenen Hütte an. Das ist wirklich das Gegenmodell zum großen Skizirkus.

KALTENBRONNER MOOR

Es gibt unzählige wunderschöne Wege durch den nördlichen Schwarzwald, die mit Wander- und Schneeschuhen auch im tiefsten Winter zur Erkundung einladen. Allein rund um Bad Wildbad befinden sich fast 20 Kilometer ausgeschilderte Schneeschuhtrails. Eine besonders vielfältige Gegend ist das Kaltenbronner Moor, wo es auch Ski-, Rodel- und Langlaufgelegenheiten gibt.

Sportliche Wanderer starten in Sprollenhaus und laufen eine 14 Kilometer lange Runde, vorbei am einsamen Wildsee. Wer mit Familie unterwegs ist,

Bad Wildbad-Sommerberg

- ▸ **Pistenlänge:** 1 km
- ▸ **Lifte:** 2
- ▸ **Höhe:** 680 bis 780 m
- ▸ **Schneesicher:** ❄
- ▸ **Familien:** ❄ ❄ ❄
- ▸ **Highlight:** Familiäre Atmosphäre

ESSEN & TRINKEN

Wildbader Hof
Im urigen Gewölbekeller gibt es gutbürgerliche schwäbische Küche gehobener Qualität. Das bedeutet für Nichtschwaben: hausgemachte Maultaschen, Suppeneintopf mit Rindfleisch oder Zwiebelrostbraten.
▸ König-Karl-Straße 43, 75323 Bad Wildbad, Tel. +49 (0)7081 2476, www.wildbaderhof.de

Hotel zur alten Mühle
Das Restaurant dieses Viersternehotels in Quellgrund serviert leckere Fischspezialitäten, wobei zumindest Jakobsmuscheln und Zanderfilet wohl nicht aus dem lokalen Angelsee stammen. Trotzdem lecker.
▸ Im Gänzbrunnen 1, 75305 Neuenbürg, Tel. +49 (0)7082 92400, www.zordel.de

Mit den Langlaufskiern inmitten der Natur ist ein besonderes Wintervergnügen.

CAMPINGPLÄTZE

Family-Resort Kleinenzhof ★★★★⯪

⑬ Die Betreiber dieses Premiumcampingplatzes in der Nähe Bad Wildbads bieten ihren Gästen viel: Im kleinen Indoorpool toben alle im beheizten Wasser, im Freizeithaus stehen die Jugendlichen am Kicker oder spielen in der Turnhalle und die Kleinen mit Lego im Kinderbereich. Für Erwachsene sind die kleine Sauna oder die Brennerei interessanter. Im Platzrestaurant werden Forellen aus dem eigenen Teich angeboten. Nur die nahe gelegene Bundesstraße könnte ein wenig stören.

❄ **Der Skifernwanderweg Nordschwarzwald sowie schöne Wege für Wanderungen und Schneetouren befinden sich in direkter Umgebung des Platzes. Die Lifte des Sommerbergs sind gut fünf Kilometer zu Fuß bzw. 13 Kilometer mit dem Fahrzeug entfernt.**

▶ Kleinenzhof 1, 75323 Bad Wildbad, Tel. +49 (0)7081 3435, GPS 48.73775, 8.576283, ganzjährig geöffnet
■ pincamp.de/wb4700

Höhen-Camping Langenbrand ★★★⯪★

⑭ Dieser ruhige kleine Campingplatz liegt direkt am Waldrand. Im nahe gelegenen Schömberg gibt es Einkaufsmöglichkeiten und direkt nebenan eine einfache Take-Away-Pizzeria. Im oberen Stockwerk des sauberen Sanitärhauses (inkl. Skitrockenraum) präsentiert ein Aufenthaltsbereich mit Kinderspielecke, Tischtennisraum und Solarium Alternativen für Schlechtwetterstunden.

❄ **Zum Skilift Eulenloch sind es knapp zwei Kilometer zu Fuß. Hier locken bei viel Schnee eine kleine Piste, ein Rodelhang und eine kultige Skihütte. Die Umgebung des Campingplatzes lädt zu Wanderungen ein und im Erholungsgebiet Hengstberg auch zum Langlaufen – sogar mit kleinem Biathlonzentrum. Zum Sommerberg in Bad Wildbad sind es gut zehn Kilometer.**

▶ Schömbergerstr. 32, 75328 Langenbrand, Tel. +49 (0)7084 6131,
   GPS 48.798733, 8.635583, ganzjährig geöffnet
■ pincamp.de/wb4250

steuert besser direkt den Parkplatz am Kaltenbronner Moor an, geht erst eine Runde rodeln und genießt dann auf einem der dortigen Waldwege die winterliche Natur.

INFOZENTRUM KALTENBRONN

Der kleine Ort Kaltenbronn ist eigentlich eher ein Weiler rund um ein Forsthaus, ein ehemaliges Jagdschloss und das Naturpark-Infozentrum. Im Infozentrum erfährt man gegen eine kleine Eintrittsgebühr viel über die Entstehung des Kaltenbronner Hochmoors und die Tier- und Pflanzenwelt der umgebenden Wälder. Für Kinder ist vieles interaktiv aufbereitet. Mit ein wenig Glück erwischt man ein Seminar zur Tierspurensuche im Schnee.

▶ Kaltenbronner Str. 600, 76593 Kaltenbronn, www.infozentrum-kaltenbronn.de

PALAIS THERMAL

Bad Wildbad trägt seinen Namen nicht von ungefähr. Die ersten Badehäuser existierten hier schon vor mehr als 500 Jahren. In dieser Tradition stehen hier auch heute zwei Bäder, die die Thermalwässer Bad Wildbads zu nutzen wissen. Während die Vital Therme mehr auf Gesundheit und Fitness setzt, wird im Palais Thermal stilvoll relaxt. Das Gebäude stammt aus der Zeit des Jugendstils. Zusätzlich wurde sich ordentlich in der maurischen Architektur bedient, und so vermitteln farbige Fenster und Malereien eine vornehm orientalische Atmosphäre. In der verwinkelten Bade- und Saunalandschaft mit vielen kleinen Becken kann mit oder ohne Badebekleidung gebadet werden.

▶ Kernerstraße 5, 75323 Bad Wildbad, www.palais-thermal.de

Das ehrwürdige Palais Thermal in Bad Wildbad entführt die Besucher in die Welt des Orients.

SÜDSCHWARZWALD

Gewusst, wann ...

Romantischer Weihnachtsmarkt Ravennaschlucht

In der Ravennaschlucht im Höllental findet jährlich der Romantische Weihnachtsmarkt statt. Traditionelles Handwerk und christliche Musik unter dem Ravennaviadukt – wie das wohl der Teufel findet?
▶ www.hochschwarzwald.de/erleben/veranstaltungen/weihnachtsmarkt-ravennaschlucht

7 Oben vom Feldberg schaut man auf Eiger, Mönch und Jungfrau, und sogar den Mont Blanc kann man bei klarem Wetter sehen. Während dieser Blick in die Alpenwelt entführt, lassen auch manche der Schwarzwälder Wintersportangebote vergessen, dass man noch immer in einem deutschen Mittelgebirge steht. Am Feldberg können auch fortgeschrittene Abfahrtsskifahrer ohne Langeweile problemlos ganze Tage verbringen. Kein Wunder, dass auch der Ski- und Snowboardcross-Weltcup hier Station macht. Rodler finden ohnehin einige Strecken, die den Piloten Können und Mut abverlangen. Und dann sind da ja noch Wald und Waldwege, für die der Schwarzwald eigentlich berühmt ist. Sie werden bei ausreichendem Schnee in traumhaft schöne Loipen und Winterwanderwege verwandelt.

Für Schlechtwettertage gibt es ebenfalls einiges zu tun. Wie wäre es mit einem Besuch bei der Badischen Staatsbrauerei Rothaus, im Schwarzwälder Skimuseum oder im Badeparadies Schwarzwald, einem der größten Bäder Deutschlands? Die Hochschwarzwald-Card bringt Touristen, die bei einem der beteiligten Betriebe übernachten, nicht nur kostenlos mit öffentlichen Verkehrsmitteln hin, sondern erspart oder ermäßigt auch den Eintritt. Wintercamping all-inclusive.

◂ Die barocken Kirchtürme sind das Wahrzeichen des Kur- und Wallfahrtsorts St. Märgen, hinter dem sich der Feldberg erhebt.

FELDBERG

Das Zentrum des Schwarzwälder Skisports bereitet auch anspruchsvollen Alpenfahrern Freude. Vom höchsten Berg der deutschen Mittelgebirge führen rund 60 Kilometer gespurte Pisten herab, von denen gut ein Drittel künstlich beschneit werden kann. Von sanften Wiesenhängen über spielerische Fun-Slopes bis zur anspruchsvollen FIS-Strecke ist hier alles dabei. Mittlerweile gibt es auch eine Handvoll Sessellifte, was die Auffahrt gerade als Kind oder Anfänger erleichtert.

Auch für Winterwanderer und Langläufer ist die Region am und rund um den Feldberg ein Traum. Unter anderem führt hier der Fernskiwanderweg vorbei, der bei guter Schneelage 100 Kilometer von Schonach über Hinterzarten, Feldberg bis zum Belchen führt. Zu den schönsten und schneesichersten Loipen am Feldberg gehört die Herzogenhorn-Loipe. Die Rundloipe liegt auf etwa 1300 Metern Höhe zwischen Grafenmatten und Herzogenhorn.

Rodler finden hier die längste Abfahrt des Schwarzwalds, die jedoch erst einmal verdient sein will. Zu Fuß geht es vom Parkplatz Rotenbacher Rank oberhalb der Todtnauer Hütte auf den Gipfel des Feldbergs. Für die ungesicherte Strecke empfiehlt sich ein Lenkschlitten, und mit kleineren Kindern weicht man besser auf eine der vielen anderen Abfahrten des Schwarzwalds aus. Zum Beispiel hinter dem Haus der Natur in Feldberg-Ort, wo auch der Feldberg-Panoramaweg beginnt, der ebenfalls zur Todtnauer Hütte führt. Oder direkt am Todtnauberg auf der Südseite des Feldbergs, wo eine Sesselbahn zum Startpunkt der rund drei Kilometer langen Strecke führt.

MUGGENBRUNN

Im südlichen Schwarzwald gibt es eine Reihe von kleineren Liftanlagen und Skisportzentren. Eines dieser Areale ist das familienfreundliche Gebiet Muggenbrunn direkt neben dem Campingplatz

ESSEN & TRINKEN

Restaurant Kurhaus Schluchsee
Während man noch auf den Schwarzwälder Schluchsee schaut, entführt einen die Familie Muratidis nach Griechenland und serviert gebackene Calamari mit Tsatsiki zur Vorspeise und saftig gegrilltes Lammfilet als Hauptgang.
▸ Eschenweg, 79859 Schluchsee,
  Tel. +49 (0)7656 9888755,
  www.restaurant-kurhaus-schluchsee.de

BergZeit Restaurant Pizzeria
Hier füllen die Wintersportler des Feldbergs nach einem langen Tag im Schnee ihre Kalorienspeicher wieder auf. Dafür eignen sich natürlich Pastagerichte besonders gut, aber auch eine Pizza Diavolo gefolgt von einer Himbeer-Sahne-Schnitte soll schon Wunder bewirkt haben.
▸ Passhöhe 13, 79868 Feldberg
  (Schwarzwald),
  www.bergzeit-feldberg.de

Hochschwarzwald. Mit der als schwarz markierten FIS-Strecke werden hier auch Fortgeschrittene herausgefordert und dürfen ihr Können beweisen.

Feldberg

▸ Pistenlänge:	60 km
▸ Lifte:	38
▸ Höhe:	850–1493 m
▸ Schneesicher:	❄ ❄
▸ Familien:	❄ ❄ ❄ ❄
▸ Highlight:	Alpiner Skifahrgenuss im Schwarzwald

CAMPINGPLÄTZE

Camping Hochschwarzwald ★★★★☆

15 Oberhalb des Luftkurorts Muggenbrunn liegt der Platz zwischen den Schwarzwaldgipfeln Belchen, Schauinsland und Feldberg. Für Tage im Schnee ist man im Camping Hochschwarzwald auf über 1000 Metern richtig aufgehoben. Die Sanitäranlagen sind sauber, die Duschen heiß, ein Trockenraum ist vorhanden, und der Schnee auf den Wegen wird geräumt. Kein Luxus, aber ein rundum gelungener Wintercampingort. Einkaufsmöglichkeiten und Restaurants sind rar in der Gegend.

❄ **Direkt am Rand des Platzes führt ein Schlepplift in das kleine Skigebiet Muggenbrunn, ein Förderband transportiert die Schlitten den Hügel hinauf, eine Loipe verläuft fast über den Platz, das Loipennetz am Notschrei ist in unmittelbarer Nähe, und mit dem Bus ist es nur eine halbe Stunde Fahrzeit zu den Liften des Feldbergs.**

▶ Oberhäuserstr. 6, 79674 Muggenbrunn, Tel. +49 (0)7671 1288,
GPS 47.865749, 7.916333, ganzjährig geöffnet

■ pincamp.de/wb1650

Camping Münstertal ★★★★★

16 Nur eine halbe Stunde von Freiburg entfernt, ist dieser hübsch in die Landschaft des Hochschwarzwalds eingebettete 5-Sterne-Platz so beliebt, dass zu jeder Jahreszeit eine Reservierung empfehlenswert ist. Auch wenn im Winter nicht alle Freizeitangebote nutzbar sein mögen, bleiben noch immer ein Hallenschwimmbecken, Finnische Sauna, Biosauna, Dampfbad, Abenteuerspielplatz und vieles mehr. Im Restaurant wird badische Küche zubereitet.

❄ **Das kleine Wintersportgebiet Münstertal-Wieden mit einigen Pisten und einer größeren Zahl Loipen kann mit einem Bus gut erreicht werden. Zu den weitläufigeren Gebieten am Notschrei (30 km) und am Feldberg (40 km) empfiehlt sich das eigene Fahrzeug. Ein Skitrockenraum ist vorhanden.**

▶ Dietzelbachstr. 6, 79244 Münstertal, Tel. +49 (0)7636 7080,
GPS 47.860166, 7.763833, ganzjährig geöffnet

■ pincamp.de/wb1850

Camping Kreuzhof ★★★★☆

17 Camping Kreuzhof ist der nächste herausragende Platz, um Wellness und Wintersport zu kombinieren. Das warme Hallenbad, die Sauna und das Dampfbad bieten bei jedem Wetter Tiefenentspannung, und wer will, kann sich sogar noch eine Massage oder Lymphdrainage gönnen. Das idyllische Wiesengelände liegt bei einem Bauernhof und verfügt über eine platzeigene Brauerei.

❄ **Der Platz liegt beim Wintersportort Lenzkirch, und in der Umgebung werden bei ausreichendem Schnee drei kleine Skilifte geöffnet. In der Umgebung wird eine Vielzahl an Loipen präpariert (mit Anschluss an den Fernskiwanderweg) und eine wunderschöne Rodelbahn bis runter zum Titisee gewalzt. Zum Skigebiet Feldberg sind es gut 20 Minuten mit dem eigenen Fahrzeug. Ein Trockenraum ist vorhanden.**

▶ Bonndorfer Str. 63, 79853 Lenzkirch, Tel. +49 (0)7653 1450,
GPS 47.86129, 8.224104, ganzjährig geöffnet

■ pincamp.de/wb2700

Der Campingplatz Hochschwarzwald liegt günstig am Rand des Skigebiets Muggenbrunn.

Vom Sonnenhang gibt es einen Panoramablick, und der Zauberteppich transportiert Anfänger sowie Rodler in die Höhe. Da Muggenbrunn Teil des Liftverbunds Feldberg ist, gilt hier der Feldberg-Skipass.

NORDIC CENTER AM NOTSCHREI

Das Trainings- und Wettkampfzentrum ist Stützpunkt für den Leistungssport im Bereich Nordisch/Biathlon und Austragungsort für nationale und internationale Wettkämpfe. Aber auch Breitensportler können Unterricht nehmen oder einfach ihre Runden ziehen. Der Verein Notschrei-Loipe pflegt und präpariert die Loipen und Winterwanderwege, von denen einige fast täglich gespurt werden und damit immer in einem Topzustand sind. Im Loipenhaus sind Toiletten und Duschen vorhanden, das Servicecenter verleiht und wartet Ausrüstung, und im gemütlichen Bauerncafé gibt es Stärkungen. Hier fühlen sich sowohl Anfänger als auch als Spitzensportler wohl.
▶ www.nordic-center-notschrei.de

BADEPARADIES SCHWARZWALD

Das 2010 eröffnete Freizeit- und Erlebnisbad will ein Bad der Superlativen sein: 23 Wasserrutschen, Freefall im X-treme Level, Monster Halfpipe, Galaxy Racer, Palmenoase, Quellen der Gesundheit – im Badeparadies gibt es nichts, das es nicht gibt. Und auch die textilfreie Saunawelt (ab 16 Jahren) fährt mit zwölf Themensaunen – von der Feuersauna bis zum Karibiktraum – das große Geschirr auf. Natürlich braucht es das alles nicht, um ordentlich zu schwitzen. Aber da es nun einmal da ist – warum nicht? Gerade mit Kindern kann man hier hervorragend einen ganzen Tag verbringen, und immer lässt sich etwas Neues entdecken. Mit der Hochschwarzwald-Card ist der Eintritt vergünstigt.

Wer es eine Nummer beschaulicher mag, geht in eines der kleineren Bäder, zum Beispiel in das schöne Radon Revital Bad in Menzenschwand.
▶ Am Badeparadies 1, 79822 Titisee-Neustadt, www.badeparadies-schwarzwald.de

OBERFRANKEN, OBERPFALZ

Gewusst, wann ...

Ochsenkopf-Winterwandertage
Regelmäßig veranstaltet der Fichtelgebirgsverein verschiedene geführte Wanderveranstaltungen. Darunter ist sogar der Deutsche Winterwandertag.
▶ www.winterwandertag-ochsenkopf.de

8 Von Fichtelberg über Bischofsgrün und Warmensteinach einmal rund um den Ochsenkopf: Dieser zertifizierte Winterwanderweg führt abseits der Pisten durch verschneite Wälder, und doch haben die Wandersleute zwischendrin die Möglichkeit, die Seilbahn zu nehmen und ihre Wanderung abzukürzen. Denn wer schon mal 19 Kilometer durch den Schnee gestapft ist, weiß, wie anstrengend das werden kann. Noch herausfordernder ist nur die Wanderung mit Schneeschuhen abseits der Wege, aber vielleicht auch umso schöner. Schneeschuhwanderungen bringen auch Wanderer, die noch nicht auf dem Mt. Everest standen, in die unberührten Winterlandschaften.

Zum Füße hochlegen und die Aussicht genießen braucht es noch weniger Fitness. Oben auf dem 1024 Meter hohen Ochsenkopf wurde schon im 19. Jahrhundert ein hölzerner Aussichtspunkt gebaut, der vor 100 Jahren in den aus Stein gebauten Asenturm samt Gaststätte umgewandelt wurde. Hinauf führt bequem der Sessellift. Oder man wählt den richtigen Campingplatz, dann bekommt man die großartigen Panoramen direkt aus dem Camper oder der platzeigenen Panoramasauna zu sehen!

◂ Mit der Sesselbahn geht es gemütlich auf den Ochsenkopf hinauf und gut präparierte beschneiten Pistenführen wieder hinab.

ABFAHRTEN AM OCHSENKOPF

Rund um den zweithöchsten Berg des Fichtelgebirges finden sich verschiedene kleine Wintersportgebiete. Am Ochsenkopf selber sind zwei Sesselbahnen und zwei Übungslifte installiert, die rund fünf Pistenkilometer erschließen. Zum Teil wird hier beschneit, sodass auch bei wenig Schneefall ein Pistenbesuch lohnt.

Mit der Verbundliftkarte Ochsenkopf können auch die zehn weiteren Schlepplifte in der Region erkundet werden. Am Geiersberglift gibt es einen kleinen Snowboardpark. Mit kleinen Kindern bietet sich das Familienland Mehlmeisel an mit seinem Zauberteppich an, der Kind und Schlitten mühelos den Hügel hinaufzieht.

▸ www.erlebnis-ochsenkopf.de

Ochsenkopf

- **Pistenlänge:** 10 km
- **Lifte:** 16
- **Höhe:** 630–1024 m
- **Schneesicher:** ❄
- **Familien:** ❄ ❄ ❄ ❄
- **Highlight:** 100 km Langlaufloipen

LANGLAUF RUND UM DEN OCHSENKOPF

Auf knapp 1000 Metern Höhe laden fast 100 Loipenkilometer rund um Bischofsgrün, Fichtelberg, Mehlmeisel und Warmensteinach zum Langlaufen ein. Einige der Parkplätze der Region sind kostenpflichtig, aber davon abgesehen ist die Loipennutzung kostenfrei. Die 15 Kilometer lange Ringloipe führt

Gut markierte Wanderwege führen durch die verschneiten Wälder am Ochsenkopf.

CAMPINGPLÄTZE

Camping Fichtelsee ★★★☆☆

18 Der teils terrassierte Platz am Rand der Gemeinde FIchtelberg ist schön in der Natur gelegen, sehr sauber, und die zum Teil sehr großzügigen Stellplätze haben einen gekiesten Vorplatz, sodass die Schuhe sauber und trocken bleiben. In einer Reihe von Restaurants im näheren Umkreis wird gute fränkische Küche serviert.

❄ **Nur wenige Bäume trennen den Platz vom Fichtelsee, sodass bei Kälte Schlittschuhläufer schon vor dem Kaffee eine Runde auf dem Eis drehen können. Zum Ski- und Schlittenfahren stehen die Liftanlagen am nahen Ochsenberg sowie verschiedene Langlaufloipen zur Verfügung. Bei genügend Schnee wird auf dem Platz eine Schneeburg gebaut, an der man sich abends für einen Glühwein trifft. Ein Trockenraum für Wintersportequipment ist vorhanden.**

▸ Fichtelseestr. 30, 95686 Fichtelberg, Tel. +49 (0)9272 801, GPS 50.016449, 11.855283, 01.01.–31.10., 17.12.–31.12. geöffnet

▪ pincamp.de/nb8400

Campingplatz Großbüchlberg ★★★★☆

19 Auf diesem familiär geführten Campingplatz kann man es sich so richtig gut gehen lassen. Gelegen auf der Spitze des Großbüchlbergs (der eher ein Hügel ist), bietet der Platz ein Rundumwohlfühlpaket: Erst ein Saunagang, dann im beheizten Pool liegen, in die Ferne über die Hügel schauen und zum Abschluss mit einem guten Buch auf der Liege im Panoramaruheraum sachte eindösen. In der zum Platz gehörenden Petersklause wird leckeres Camperessen gekocht. In den nächsten Ort samt Einkaufsmöglichkeiten sind es gut drei Kilometer.

❄ **Im Winter wird bei ausreichend Schnee auf dem Großbüchlberg fleißig gerodelt, rundherum sind Langläufer in den Loipen unterwegs, und in der Gegend um den Ort Mitterteich (ca. 3 km) finden sich wunderschöne Wanderwege.**

▸ Großbüchlberg 32, 95666 Mitterteich, Tel. +49 (0)9633 400673, GPS 49.972066, 12.225366, ganzjährig geöffnet

▪ pincamp.de/nb8600

---

ohne viele Anstiege einmal rund um den Ochsenkopf. Anstrengender wird es, wenn man sich auf die stärker mit Steigungen versehenen Loipen oberhalb von Mehlmeisel begibt. Dafür kann man sich hier mit der Einkehr im Bayreuther Haus belohnen.

GEFÜHRTE SCHNEESCHUHTOUREN

Die Mitglieder des Fichtelgebirgsvereins, ein mit 16 000 Mitgliedern großer Heimatverein, engagieren sich in nachhaltiger Naturschutzarbeit und wollen die Schönheit Nordbayerns auch den Gästen näherbringen. Als Ortsgruppe Bischofsgrün organisieren Ehrenamtliche geführte Schneeschuhwanderungen. Gemeinsam geht es auf den Ochsenkopf und zum Klausenturm.

▸ www.fgv-bischofsgruen.de/wandern-2/schneeschuhwandern

WASSER- UND SAUNAWELT IM SIEBENQUELL

Ist es in den Bergen nicht kalt genug? Dann kann man in der Wasser- und Saunawelt im Siebenquell in der Schneekammer bibbern. (Und anschließend neben den 95 °C heißen Amboss in die Schmiede-

sauna flüchten oder in die Bäckerei-, Brauerei- oder Bergwerkssauna. Oder an die Poolbar.) Mit zahlreichen Palmen und Liegen kommt im Innenbadbereich trubeliges Strandfeeling auf, während die gepflegte Saunalandschaft zur Ruhe kommen lässt. Die Wasser- und Saunawelt im Siebenquell liegt in der Nähe des Campings am Weißenstädter See.
Thermenallee 1, 95163 Weißenstadt
▶ www.siebenquell.com/therme

LOHENGRIN THERME BAYREUTH

Eine ebenfalls schöne Therme ein wenig weiter weg ist die Lohengrin Therme Bayreuth. In der Nachbarschaft der berühmten Parkanlage Eremitage gelegen, richtet sich das Angebot vor allem an erwachsene gesundheitsbewusste Badegäste. Wer hierhin einen Ausflug mit Übernachtung machen möchte, kann deren Stellplatzangebot mitsamt Trinkwasser und Abwasserentsorgung nutzen. Keine Angst, man muss kein Richard-Wagner-Fan sein, um sich in der Lohengrin Therme wohlzufühlen.
▶ Kurpromenade 5, 95448 Bayreuth,
 Tel. +49 (0)921 792400, www.lohengrin-therme.de

ESSEN & TRINKEN

Wirtshaus zur Bleaml Alm
In der gemütlichen Hütte am Skilift Neubau sollten nicht nur Skifahrer zum Après-Ski einkehren. Im gemütlichen Gastraum mit Kamin gibt es kreativ und mit Liebe zubereitetes Wirtshausessen.
▶ Heinz-Brunner-Weg 1, 95686 Fichtelberg,
 Tel. +49 (0)9272 9655460,
 www.bleaml-alm.de

Wok Ecke
Im netten Ort Fichtelberg findet man nicht nur bayerisches Essen – in der Wok-Ecke wird leckeres Sushi serviert, das mehr als eine gute Alternative zu Schnitzel und Haxen ist.
▶ Poststraße 3, 95686 Fichtelberg,
 Tel. +49 (0)9272 9659910

Der Campingplatz am Großbüchelberg ist ein guter Ausgangspunkt für Langläufer, Rodler und Wanderer.

BAYERISCHER WALD

Gewusst, wann ...

Weihnachtsmarkt Waldwipfelweg
Im Dezember verwandelt ein kleiner Weihnachtsmarkt den Wald des Wipfelpfads in Sankt Englmar in ein Meer aus glitzernden Lichtern.
▶ Maibrunn 9a,
94379 St. Englmar,
www.waldwipfelweg.de

»A dreiviertel Jahr Winter und a viertel Jahr kalt, des is des Wetter im Bayerischen Wald!« Ein Ausspruch aus anderen Zeiten, in denen der erste Schnee schon im Oktober fiel. Heute muss man länger ausharren, bis Arber und Lusen von einer Schneedecke verhüllt werden. Aber wenn nicht gerade der warme Atem des Alpenföhns seinen Weg bis auf die Gipfel findet, kann man in den Wintermonaten auch heute noch die Reise auf »das grüne Dach Europas« antreten und findet einigermaßen verlässlich sein Winterwunderland.

Zusammen mit dem tschechischen Teil bildet der Bayerische Wald die größte Waldlandschaft Mitteleuropas, und durch dieses gigantische Gebiet ziehen sich unendliche Forstwege, die zu Fuß oder auf Skiern erkundet werden wollen. Das geht sowohl sportlich als auch bequem: Auf den Großen Arber führt eine für geübte Wanderer herausfordernde Tageswanderung, aber auch die Umlaufbahn, die diejenigen hinaufbringt, die die leichte Rundwanderung auf dem Gipfelplateau unternehmen möchten. Schneeschuhwanderungen durch den verschneiten Wald sind ebenso herrlich wie die Pisten oder die Skatingloipen. Und wenn das Wetter doch nicht mitspielt, bleibt noch immer ein Waldgebiet, das nicht nur groß, sondern zu jeder Jahreszeit ein echtes Naturerlebnis ist.

◄ Luchse in den Gehegen des Nationalparks Bayerischer Wald zu entdecken, ist ein ganz besonderes Wintererlebnis.

Großer Arber	
▶ Pistenlänge:	10 km
▶ Lifte:	11
▶ Höhe:	1050–1450 m
▶ Schneesicher:	❄ ❄
▶ Familien:	❄ ❄ ❄ ❄
▶ Highlight:	Langlaufen im Arberland

GROSSER ARBER

Auch wenn es nur rund zehn Pistenkilometer umfasst, ist das größte Skigebiet des Bayerischen Walds durchaus vielfältig. Die meisten Pisten sind breit genug zum ausführlichen Carven, die Weltcupstrecke ist eine steile schwarze Abfahrt, und für Anfänger gibt es ohnehin genug Platz für die ersten Schwünge. Der Große Arber ist vor allem bei Familien beliebt, da mit Familiensesselbahn mit automatischem Kinderschließbügel, Förderbändern und Skischulen die Infrastruktur speziell auf kleine Gäste ausgerichtet wurde. Auch die Rodelabfahrt hat einen so einfachen Verlauf, dass sie fast von jedem Alter befahren werden kann. Für Touren- und Schneeschuhgeher ist im Skigebiet in den Abendstunden eine spezielle Strecke zum Aufsteigen und Abfahren freigegeben.

SANKT ENGLMAR

Rund um den Ort Sankt Englmar werden zwölf Liftanlagen inklusive einem speziellen Rodellift mit ebenso vielen Abfahrten gezählt. Sie teilen sich in vier verschiedene Skigebiete auf, die nicht untereinander verbunden sind. Einige der Abfahrten öffnen nur bei besonders viel Schnee, andere haben Beschneiungsanlagen. Es lohnt also, vorab einen Blick auf Schneeberichte und Pistenöffnungspläne zu werfen.

Für Nordic-Sportler präparieren die Gemeinden Sankt Englmar, Schwarzach und Achslach ein Loipennetzwerk mit bis zu 70 Kilometern Länge. Vom kostenpflichtigen Kletterwaldparkplatz (mit

Sankt Englmar zählt zu den bekanntesten Wintersportorten im Bayerischen Wald.

CAMPINGPLÄTZE

Camping Resort Bodenmais ★★★★★

20 Wintercamping der Extraklasse: Nach der Finnischen Panoramasauna lässt man sich mit einem wohligen Seufzer in den Pool gleiten. Kinder haben eine eigene Spielscheune. Die großen Stellplätzen sind leicht schräg gebaut (Keile nicht vergessen), was aber dazu führt, dass man überall trockenen Fußes hingelangt. Brötchen zum Frühstück und Essen im Restaurant sind bio und daher nicht günstig, aber lecker. Ein Trockenraum ist vorhanden.

❄ **In das Langlaufmekka rund den Bretterschachten (7 km) sowie zu den Liftanlagen am Großen Arber fährt ein kostenloser Bus. Direkt vom Platz starten schöne Wanderungen zum Beispiel zu den Rieslochwasserfällen oder rauf auf den Silberberg, wo nicht nur Rodelstrecken zu finden sind, sondern auch einfache Pisten mit Sessellift und Zauberteppich.**

▶ Regener Straße 45, 94249 Bodenmais, Tel. +49 (0)9924 9432080,
GPS 49.060025, 13.104345, 01.01.–23.12., 26.12.–31.12. geöffnet
■ pincamp.de/nb9375

Naturcampingplatz Perlbach ★★⯪★★

21 Direkt am Rand des dichten Walds wird hier von freundlichen Betreibern ein einfacher Naturcampingplatz ohne allzu viel Schnickschnack geboten. Die Sanitäranlagen sind warm und sauber, Kleidung kann im Trockner getrocknet werden, und zumeist wird sogar eine kleine Sauna eingeheizt. Ein Aufenthaltsraum ist vorhanden, und im nahen Rattenberg gibt es ein Restaurant und Einkaufsmöglichkeiten.

❄ **Die Liftanlagen und Loipen rund um Sankt Englmar sind ca. 15 Kilometer entfernt (mit dem eigenen Fahrzeug). Eine Vielzahl schöner Winterwanderwege beginnen direkt am Platz. Zum Beispiel lohnt der Weg zu den bizarren Felsformationen der Teufelsmühle bei Oberstein.**

▶ Unterholzen 7, 94371 Rattenberg, Tel. +49 (0)9963 701, GPS 49.079283, 12.74935, ganzjährig geöffnet
■ pincamp.de/nb9300

Umkleideraum) in Sankt Englmar kann man in die durch dichten Wald führende Hirschensteinloipe einsteigen. Drei Rundkurse werden als Teil der Hirschensteinloipe für Klassisch und Skating präpariert, von der der längste mit 15 Kilometern komplett um den Hirschenstein herumführt.

AKTIVZENTRUM BODENMAIS AM BRETTERSCHACHTEN

Unterhalb des Großen Arbers erstrecken sich auf 1000 Metern Höhe mehr als 100 Kilometer gespurte Loipen. Aufgrund der Höhenlage ist die Schneewahrscheinlichkeit hoch, und so schwingen sich die Langläufer hier für deutsche Verhältnisse schon früh im Jahr auf die Bretter. Langsames Dahingleiten lässt sich hier genauso finden wie schweißtreibende Anstiege, sanfte Abfahrten und tolle Ausblicke. Besonders beliebt ist die 30 Kilometer lange Höhenloipe, die am Bretterschachten startet. Die Gebühren an den Parkplätzen sind zum Teil hoch, aber die Region lässt sich auch gut mit dem Bus ansteuern.

WANDERUNG KLEINER ARBER – GROSSER ARBER – RIESLOCHFÄLLE

Oberhalb von Bodenmais beginnt auf dem Wanderparkplatz der Rieslochfälle ein fantastischer Rundweg, der auf die Gipfel von Kleinem und Großem Arber und zu den Wasserkaskaden der Rieslochschlucht führt. Mit 15 Kilometern und 900 Höhenmetern ist die Runde allerdings auch bei warmer Witterung sportlich. Es handelt sich nicht um einen präparierten Winterwanderweg, und bei Schnee und Eis können Spikes, Grödel oder sogar Schneeschuhe sinnvoll sein. Der Weg ist mit einer grünen 2 für den Aufstieg und einer grünen 3 für den Abstieg markiert. Alternativ kann man auch nur zu den eingefrorenen Rieslochfällen spazieren.

▸ Rieslochweg 64, 94249 Bodenmais,
www.bergwelten.com/t/w/26774

WALDWIPFELPFAD IN SANKT ENGLMAR

Lust auf Vogelperspektive? Aus dem Waldwipfelpfad gewinnt man eine neue Perspektive auf schneebedeckte Wälder, die Höhen des Bayerischen Walds und das Donautal. Man kann den Pfad gut mit einer Wanderung zur interessanten Leonhardikapelle aus dem 15. Jahrhundert verbinden.

▸ Maibrunn 9a, 94379 St. Englmar,
www.waldwipfelweg.de

ESSEN & TRINKEN

Restaurant Zucchero

In freundlicher Atmosphäre werden hier so leckere Fischgerichte, Tapas und große Pizzen serviert, dass man gerne wiederkommt. Mediterrane Küche mit einem kleinen bayerischen Einschlag.

▸ Kötztinger Str. 22, 94249 Bodenmais,
Tel. +49 (0)9924 905048,
www.cafe-bar-zucchero.de

Gasthaus Bayerwald

Im Gasthaus wird bayerische Wirtshauskultur zelebriert. Herzlich, gemütlich, und auf den Tellern stapeln sich Ripperl und Haxen.

▸ Brauhausstraße 1, 94379 St. Englmar,
Tel. +49 (0)9965 256,
www.gasthaus-bayerwald.de

Langlaufen, rodeln und wandern – in Sankt Englmar findet jeder sein Wintervergnügen.

CHIEMGAU

Gewusst, wann ...

IBU-Biathlon-Weltcup Ruhpolding

42 Weltcups, vier Weltmeisterschaften – Ruhpolding ist deutsche Biathlongeschichte. In der ersten Januarhälfte pilgern für den jährlichen Weltcup Tausende Zuschauer hierher.
▶ www.biathlon-ruhpolding.de

10 Wenn die Fähre in Bernau ablegt und in den kalten Chiemsee sticht, glitzert Schnee auf den bewaldeten Bergen des Chiemgaus. Wo im Sommer sich Massen drängen, steht man nun alleine an Deck. Erste Station der Fahrt ist die Herreninsel, auf der Märchenkönig Ludwig II. sein eigenes Versailles gebaut hat. Eine schöne Wanderung führt in knapp neun Kilometern rund um die Insel, und so erwandert man das Schloss, den königlichen Buchenwald, amerikanische Baumriesen und das Hirschgehege. Die nächste Fährstation ist die Fraueninsel. Sollte Dezember sein, wird hier vielleicht gerade der märchenhafte Christkindlmarkt veranstaltet. An zwei Adventswochenenden werden rund um das Kloster Handwerk gezeigt und verkauft, Getränke ausgeschenkt und Feuer entzündet.

Seit den Zeiten, in der im Chiemgau Schlösser und Klöster errichtet wurden, hat sich die Region viel von ihrer Schönheit bewahrt. Zum Glück muss man heute zur Eroberung der verwunschenen Wälder und der fantastischen Ausblicke nicht mehr mühsame Gewaltmärsche zurücklegen oder auf einen Pferderücken steigen, sondern kann Seilbahn oder Langlaufski nutzen.

◄ Auch im Winter ist eine Schifffahrt über den Chiemsee zur Fraueninsel möglich und ein Spaziergang auf der Insel ein Vergnügen.

WINKLMOOSALM-STEINPLATTE

Das grenzübergreifende Skigebiet liegt auf den breiten Hängen des Bergs Steinplatte und der Winklmoosalm, und so gibt es nicht nur Sonne satt und breite Hänge zum Carven, sondern auch hoch gelegene Loipen. Im klassischen Stil geht es beispielsweise in der Grenzlandloipe fünf Kilometer rund um die Winklmoosalm. Unterwegs locken Aussichten, Waldstücke, Abfahrten und Einkehrmöglichkeiten. Winterwanderer folgen den Langlaufrouten oder steigen auf einem der präparierten Wanderwege hoch zur Aussichtsplattform auf der Steinplatte. Huh! Unter den Füßen befindet sich Glas, und der Blick stürzt in die Tiefe.

Ski- und Snowboardfahrer finden fast 50 Pistenkilometer, von denen die allermeisten mit Gondeln oder Sesselliften angefahren werden. Fast alle Strecken sind mit rot oder blau markiert, aber auf der österreichischen Seite gibt es unterhalb des Steinplattengipfels auch eine anspruchsvolle schwarze Abfahrt. Mit dem Snowpark Steinplatte, einem der längsten Snowparks Österreichs, werden auch fortgeschrittene Trickfahrer glücklich.

LANGLAUF IN RUHPOLDING

Es ist kein Zufall, dass in Ruhpolding mit der Chiemgau Arena eine der wichtigsten Wintersportarenen der Welt entstanden ist. Mit stattlichen 130 Loipenkilometern werden rund um Ruhpolding Langläufer jedweder Couleur bedient. Anfänger steigen zum Beispiel in die Fritz-Fischer-Loipe, die durch das Naturschutzgebiet rund um die Chiemgau Arena führt, oder in die 3-Seen-Loipe entlang von Förchen-, Löden- und Mittersee. Fortgeschrittene nehmen die Froschsee-Loipe, die sie über einen kurzen, aber harten Anstieg zum Froschsee bringt. Oder sie steigen gleich in die perfekt präparierten Loipen in der Arena und laufen dort mit Gleichgesinnten ihre Runden. Diese wird dreimal die Woche nachmittags für jedermann

ESSEN & TRINKEN

Zirmbergalm
Nach den Rennen gehen die Biathleten und ihre Fans hier Schweinebraten und Kaiserschmarren schmausen. Das gemütlich-urige Holzchalet liegt neben der Chiemgau Arena.
▶ Biathlonzentrum 2, 83324 Ruhpolding,
  Tel. +49 (0)8663 4169446,
  www.zirmbergalm.de

Alpengasthof Unterwössen
Frische Haxen vom Grill und Wiener Schnitzel aus der Pfanne – die bayerisch deftige Küche ist nicht eben vegetarierfreundlich, aber sehr lecker. Der Gasthof liegt neben dem Wohnmobil- und Caravanpark Litzelau.
▶ Litzelau 2, 83246 Unterwössen,
  Tel. +49 (0)152 06783647,
  www.alpengasthofunterwoessen.de

zum Langlaufen geöffnet, und obendrein werden regelmäßig Schießstandtouren und andere Führungen angeboten.
▶ Biathlonzentrum 1, 83324 Ruhpolding,
  www.chiemgau-arena.de

Steinplatte / Winklmoosalm

▶ Pistenlänge:	42 km
▶ Lifte:	14
▶ Höhe:	750–1869 m
▶ Schneesicher:	❄ ❄ ❄
▶ Familien:	❄ ❄ ❄ ❄
▶ Highlight:	Grenzüberschreitend Langlaufen

CAMPINGPLÄTZE

Camping Ortnerhof ★★★★☆

22 Seit fast 70 Jahren wird dieser Platz am Ortsrand von Ruhpolding mit viel Herz als Familienunternehmen betrieben. Die Sanitäranlagen sind renoviert, im Skitrockenraum kann die Ausrüstung getrocknet werden, und in der Spielscheune sind die Kids auch bei schlechtem Wetter beschäftigt. Dank Lärmschutzwall ist es trotz Bundesstraße sehr ruhig. Campinggäste erhalten die Chiemgaukarte und damit zahlreiche Ermäßigungen in der Umgebung.

❄ **Camping Ortnerhof ist in Ruhpolding die erste Adresse für alle Biathlonfans. Während des Weltcups gelten besondere Buchungsbestimmungen. Der Skibus hält vor der Tür, Loipen beginnen in unmittelbarer Nähe, und die nahe Bergbahn bringt Gäste für tolle Alpenblicke, Schneespaziergänge und Skitouren auf den 1670 Meter hohen Rauschberg.**

▶ Ort 5, 83324 Ruhpolding, Tel. +49 (0)8663 1764,
GPS 47.742533, 12.663583, ganzjährig geöffnet

▪ pincamp.de/sb9400

Camping Wagnerhof ★★★★☆

23 Der Platz liegt ruhig und naturnah am Fuß des Hochfelln zwischen den bewaldeten Berghängen und dem Ort Bergen. In der Nähe fließt der Bergener Bach. Die großen Parzellen bieten den Besuchern Ruhe und Privatsphäre. Bei schlechtem Wetter lädt der Aufenthaltsraum mit einem Kiosk zum Verweilen ein, und im ca. 500 Meter entfernten Bergen gibt es weitere Einkaufsmöglichkeiten und Restaurants. Ein schlichter Platz, der alle Erwartungen erfüllt.

❄ **Per pedes kann auch die Seilbahn zum Hochfelln erreicht werden. Dort gibt es wunderschöne Pisten mit Chiemseeblick, denn auch der Chiemsee ist nicht weit entfernt (rund 10 km). Am Schwimmbadparkplatz Bergen startet eine sonnige Loipe durch das Naturschutzgebiet Bergener Moos. Nach Ruhpolding sind es rund 15 Kilometer (mit dem eigenen Fahrzeug).**

▶ Campingstr. 11, 83346 Bergen, Tel. +49 (0)8662 8557,
GPS 47.811149, 12.589133, 01.01.–15.11., 15.12.–31.12. geöffnet

▪ pincamp.de/sb9350

Wohnmobil- und Caravanpark Litzelau ★★★☆☆

24 Das von bewaldeten Berghängen umgebene Wiesengelände liegt am kleinen Wössener Bach. Nach einem langen Sporttag relaxen die Muskeln in einer kleinen Sauna, dem Whirlpool oder unter der Dusche in dem großen Sanitärgebäude. Der Magen wird nebenan im Alpengasthof Unterwössen mit bayerischer Küche gefüllt. Die Stellplätze können für manches Mobil ein wenig klein sein, aber dafür ist die Natur mit Bäumen, Bach und Bergen herrlich.

❄ **Der Wohnmobil- und Caravanpark Litzelau ist ein guter Ausgangspunkt für Wanderungen und Rodelpartien in den Chiemgauer Alpen und für Ausflüge nach Reit im Winkl und zur Steinplatte-Winklmoosalm zum Langlaufen und Abfahrtsskifahren (zur Talstation in Seegatterl 13 km mit dem eigenen Fahrzeug).**

▶ Litzelau 4, 83246 Oberwössen, Tel. +49 (0)8640 8704,
GPS 47.71795, 12.479166, ganzjährig geöffnet

▪ pincamp.de/sb9150

Der Unternberg ist ein 1425 Meter hoher Berg südlich von Ruhpolding im Chiemgau.

HOCHFELLN

Von der Aussichtsterrasse des Chiemgaus schaut man auf die Alpenkette samt Watzmann und Rothorn und runter zum Chiemsee und zum Waginger See. Die meisten Besucher kommen wegen der Ausblicke oder der Wandergelegenheiten, aber auch Skifahrer finden einige Pisten und Lifte. Unterhalb des Gipfels können sich Fortgeschrittene an zwei steile Abfahrten wagen, während Anfänger bei der Mittelstation an sanften Steigungen üben.
▶ www.hochfelln-seilbahnen.de

HEMMERSUPPENALM

Hoch zur Alm führt entweder ein längerer Marsch oder einer der Busse aus Reit im Winkl. Die gewalzten breiten Premiumwinterwanderwege sind ohne Grödel problemlos machbar, und so kann man auch mit begrenzter Fitness die Alm erkunden. Langläufer können ihre Bretter mitnehmen, denn auch Loipen (von den Wanderwegen getrennt) werden hier gespurt. Wer es abenteuerlich mag, kann sogar bis zur Winklmoosalm fahren (ungespurt). Nach einer Stärkung in der Hindenburghütte steigen Mutige auf den Schlitten und rodeln vier Kilometer den steilen Waldweg hinunter zum Parkplatz Blindau. Schlitten können in der Hütte ausgeliehen werden, die Rodelstrecke ist nicht für kleinere Kinder geeignet.
▶ www.hindenburghuette.de

VITA ALPINA

Das kleine Erlebnis- und Wellnessbad bietet mit Wellenbad und Rutsche Badespaß für die Familie, eine fantastische Aussicht im Soleaußenbecken und Tiefenentspannung in der Saunalandschaft. Für Letzteres muss separat Eintritt bezahlt werden – das empfiehlt sich durchaus, da das Erlebnisbad an einigen Stellen etwas kühl sein kann.
▶ Brander Str. 1, 83324 Ruhpolding,
  www.vita-alpina.de

Schneeketten gehören bei der Fahrt ins Winter-Camping auf jeden Fall dazu.

ALLGÄU

Gewusst, wann ...

Vierschanzentournee Oberstdorf
Der Auftakt der Vierschanzentournee findet jährlich Ende Dezember statt. Seit über 70 Jahren ist die große Schattenbergschanze in Oberstdorf Teil dieses prestigeträchtigen Skisprungwettbewerbs.
▸ www.vierschanzentournee.com

🔵 11 Die Voralpenlandschaft des Allgäus bietet von allem ein bisschen – steile Felsgipfel, flache Wiesenhänge, Bergseen, Schluchten, Wälder, Dörfer aus Holzhäusern, Ruinen und Schlösser. Und nicht nur das millionenfach fotografierte Neuschwanstein zeigt sich nach Schneefall von seiner allerschönsten Seite, sondern auch das Panorama des Nebelhorns oder die vereiste Breitachklamm bieten spektakuläre (Foto-)Motive. Und wem an diesen Ikonen des Allgäus zu viel Trubel ist, der findet schnell auf die abseits gelegenen Wege. Ob rund um Oberstdorf oder hoch über dem Alpsee – Stille und Einsamkeit muss man hier nicht lang suchen.

Genauso wenig wie Adrenalin. Dafür schwingt man sich auf die Bretter oder auf den Rodelschlitten. Die Skiregion Oberstdorf-Kleinwalsertal zieht sich bis ins österreichische Vorarlberg und kommt auf über 130 alpine Pistenkilometer mit 48 Bahnen und Lifte. Vom Nebelhorn herunter führt eine Abfahrt mit imposanten Ausblicken, die bis ins Tal nach Oberstdorf führt, und das Zweiländergebiet Fellhorn-Kanzelwand punktet mit schneesicheren Pisten jeden Schwierigkeitsgrads.

◀ Weit reicht der Blick über den zugefrorenen Forggensee durch die klirrend kalte Winterluft in die Allgäuer Alpen.

Fellhorn / Kanzelwand

▶ Pistenlänge:	36 km
▶ Lifte:	14
▶ Höhe:	920–1950 m
▶ Schneesicher:	❄❄❄❄
▶ Familien:	❄❄❄❄
▶ Highlight:	2 beschneite Talabfahrten

FELLHORN / KANZELWAND

Mit der Fellhornbahn geht es von Oberstdorf hoch in das Skigebiet, das am höchsten Punkt fast auf 2000 Meter führt. Man sollte besser den Ausweis mit sich führen, denn ruckzuck fährt man über die Grenze nach Österreich. Im größten und abwechslungsreichsten Skigebiet der Region warten rund 35 Pistenkilometer, eine Geschwindigkeitsmessstrecke, Freestyle-Abhänge und ein aufwendig gestalteter Snowpark, der auch für Profis Herausforderungen bietet.

NEBELHORN

Raus aus der Gipfelbahn und durch einen Tunnel zum Nordwandsteig: Nun eröffnet sich das ganze Panorama vor einem. Der komplette Gipfelbereich kann auf einer in der Wand befestigten Stahlkonstruktion umrundet werden. Nach unten liegen 600 Meter Steilwand, nach vorne das atemberaubende 400-Gipfel-Panorama. Für alpine Skifahrer gibt es rund 13 Pistenkilometer mitsamt der längsten beschneiten Talabfahrt Deutschlands, für Winterwanderer stille präparierte Wanderwege. Die Aussicht ist für alle immer inklusive. Weiter unten am Berg nahe der Station Seealpe bietet der NFC Wintererlebnispark (Snowtubing, Snowbikes) sowie eine Rodelstrecke Action abseits der Ski- und Snowboardpisten.

BAD OBERJOCH / HINDELANG

Mit mehr als 30 Pistenkilometern bietet dieses verhältnismäßig unbekannte Gebiet auch Fortgeschrittenen eine ganz Menge Abwechslung. Doch vor allem mit Kindern ist Bad Oberjoch eine gute Wahl. Im über 20 000 Quadratmeter großen Kinderland lernen die Kleinsten mit Zauberteppichen, Wellenbahnen und Figurenparks. Die Lifte sind weitestgehend geschlossene Kabinen, sodass niemand frieren muss. Wenn eine Abwechslung zum Brettersport gesucht wird, warten rasante Rodelbahnen, die mit dem Lift oder zu Fuß angesteuert werden können. Festes Schuhwerk und eine Skibrille werden auch zum Rodeln empfohlen! Mit der Bad Hindelang PLUS Gästekarte sind die Lifte im Skigebiet Oberjoch gratis.

ESSEN & TRINKEN

Pizzeria Primavera

Die Pizzeria Primavera ist nicht nur im Frühling eine gute Wahl! Heiße Pizza Tonno und Gnocchi Sorrentina schmecken gerade im kalten Winter gut. Nur 1,5 Kilometer vom Rubi-Camp entfernt. Take-Away ist möglich.

▶ Bahnhofplatz 6, 87561 Oberstdorf,
Tel. +49 (0)8322 7587,
www.primavera-oberstdorf.de

Wirtshaus Kematsried

Im ehemaligen Kuhstall der Alpe Kematsried wird in uriger Atmosphäre mit Käserahmsuppe, Kässpatzen und Hirschbraten das Allgäu auf den Tisch gezaubert.

▶ Ornachstraße 31, 87541 Bad Hindelang,
Tel. +49(0)8324 9734979,
www.wirtshaus-kematsried.de

CAMPINGPLÄTZE

Rubi-Camp ★★★★★

25 Mit mehr als zwei Millionen Gästeübernachtungen pro Jahr ist Oberstdorf einer der großen deutschen Touristenmagneten. Und obwohl man in nur 20 Minuten zu Fuß im Zentrum von Oberstdorf ist, liegt Rubi-Camp mitten in der Natur zwischen der Trettach und steilen Wiesenhängen, und aus der Fasssauna schaut man auf die schneebedeckten Berge. Nur für Durchreisende ist der Platz nicht unbedingt zu empfehlen, eine Stellplatzreservierung ist erst ab sieben Übernachtungen möglich.

❄ **Ein kostenloser Bus hält vor der Tür und bringt die Skifahrer in wenigen Minuten zur Talstation der Nebelhornbahn im Zentrum von Oberstdorf, und auch zur Fellhornbahn sind es nur ca. zehn Kilometer. Loipen beginnen in direkter Umgebung. Ein Trockenraum ist vorhanden.**

▶ Rubinger Str. 34, 87561 Oberstdorf, Tel. +49 (0)8322 959202,
GPS 47.423716, 10.278616, 01.01.–06.11., 17.12.–31.12. geöffnet

■ pincamp.de/sb4060

Camping Grüntensee ★★★★★

26 Der familienfreundliche Platz verfügt über moderne Sanitäranlagen und eine kleine Sauna, sodass man ernsthaft über Winterbaden im hübschen Grüntensee nachdenken könnte. Es gibt einen Kinder- und Jugendraum, einige Fitnessgeräte, und im Restaurant wird leckeres italienisches Essen zubereitet. Wer den eigenen Camper lieber zu Hause lässt, mietet eines der Schlaffässer oder, noch besser, eines der estländischen Holziglus.

❄ **Zum Lift des kleinen Skigebiets am Buron (drei blaue und eine schwarze Abfahrt) sind es nur fünf Minuten zu Fuß. Den Einstieg zu einer 40-km-Loipe finden Langläufer direkt am Campingplatz. Rund um den See führt ein schöner Winterspazierweg, und zu anderen Skiliften wie z. B. Hindelang-Oberjoch sind es weniger als 15 Kilometer. Ein Trockenraum ist vorhanden.**

▶ Grüntenseestr. 41, 87497 Wertach, Tel. +49 (0)8365 375,
GPS 47.6103, 10.446183, ganzjährig geöffnet

■ pincamp.de/sb4400

Camping Hopfensee ★★★★★

27 Die Königliche Kristall Therme und Schloss Neuschwanstein sind nicht weit entfernt, aber eigentlich muss man den 5-Sterne-Platz nach dem Einchecken nicht verlassen. Vor atemberaubender Bergkulisse direkt am Hopfensee gelegen, wurde ein Rundumwohlfühlpaket geschaffen, das für Familien und Wellnessurlauber alles bietet. Im zweigeschossigen Spielhaus, in der Fußballhalle und im Schwimmbad toben die Kids, im Spa und den verschiedenen Saunen entspannen die Eltern.

❄ **Bei ausreichender Schneelage verfügt Camping Hopfensee über einen eigenen Skilift für Anfänger, eine Skischule, einen Rodelhang und eine Kunsteisbahn. Fast 60 Kilometer Langlaufloipen beginnen in direkter Umgebung. Ins kleine Skizentrum Pfronten (5 Schlepplifte) sind es 15 Kilometer. Ein Skitrockenraum ist vorhanden.**

▶ Fischerbichl 17, 87629 Hopfen am See, Tel. +49 (0)8362 917710,
GPS 47.601966, 10.683149, 01.01.–06.11. geöffnet

■ pincamp.de/sb4550

LANGLAUF IN OBERSTDORF

Das Langlaufherz schlägt hier höher. Und das nicht nur wegen des steilen Anstiegs zum Burgstall. Im Oberstdorfer Talkessel und den angrenzenden Tälern verteilen sich rund 75 Loipenkilometer. Der Großteil wird auch zum Skating präpariert, die meisten der Loipen sind untereinander kombinierbar, und die Busbenutzung ist kostenlos. Allein im (kostenpflichtigen) Nordic Zentrum Oberstdorf/Allgäu umfasst das WM-Loipennetz über 30 verschiedene Streckenvarianten, von denen ein Teil sogar beschneit wird. Hier trainiert man nicht nur mit den Profis, sondern auch wie die Profis.

KÖNIGLICHE KRISTALL-THERME AM KURPARK SCHWANGAU

Kronleuchter in den Fluren, die Berglandschaft im Hintergrund, leise Pianomusik – die Therme ist so schön, dass es schon wieder kitschig ist. Aber das passt wohl ganz gut zu Schloss Neuschwanstein, das man aus den Außenpools betrachten kann. Das intensivste der Solebecken hat einen Salzgehalt von 24 Prozent, und so schwebt man durch das warme Wasser wie auf Händen getragen. Insgesamt wird Wert auf Gesundheitsförderung gelegt: Becken und Saunen sind von den Lehren von Hildegard von Bingen sowie von Sebastian Kneipp inspiriert.

Die barocke Kirche St. Coloman bei Schwangau stammt aus dem 17. Jahrhundert.

ZUGSPITZREGION

Gewusst, wann ...

Neujahrsspringen – Vierschanzentournee

Während anderswo mit dem Silvesterkater gekämpft wird, geht es in Garmisch-Partenkirchen für die Skisprungelite um Ruhm und Geld. Als zweite Station der Vierschanzentournee findet das prestigeträchtige Springen an Neujahr statt.
▶ www.vierschanzentournee.com

12 Aus deutscher Perspektive wird oft vergessen, dass die Zugspitze mit ihren 2962 Metern nicht nur der höchste Gipfel Deutschlands ist, sondern dass dieser malerische Berg auch einer der unzähligen 2000er Tirols ist. Denn er ist ein Grenzberg und steht nur zum Teil in Deutschland. Und dennoch: Wenn am Fuße der Zugspitze bei Grainau der grüne Eibsee von Schnee umgeben ist und die Sonne über Zugspitzmassiv und Karwendelgebirge strahlt, dann ist das hier eines der schönsten Bergpanoramen – und zwar Deutschlands als auch Österreichs.

Wer nicht nur zum Schauen herkommt, findet im Winter so einige Möglichkeiten, auf Kufen und Brettern abwärts und vorwärts zu rutschen. Abfahrtssportler zieht es zu den schneesicheren Skipisten auf der Zugspitze oder auf die Kandahar-Abfahrt im Revier Garmisch-Classic. Langläufer suchen die Loipen rund um Garmisch-Partenkirchen oder im nahe gelegenen Mittenwald. Biathleten hingegen fahren nach Kaltenbrunn, wo man mit echten Biathlongewehren trainieren kann.

Zum Wintercampen gibt es eine ganz Handvoll guter Plätze, deren Angebote zum Teil einem gehobenen Hotel nicht nachstehen – von Privatbad bis Saunalandschaft wird hier jeder Wunsch erfüllt.

◂ Die Zugspitze mit ihrem bekannten goldenen Gipfelkreuz steht auf der Grenze zwischen Deutschland und Österreich.

Skigebiet Zugspitze	
▸ Pistenlänge:	20 km
▸ Lifte:	9
▸ Höhe:	2000–2720 m
▸ Schneesicher:	❄❄❄❄
▸ Familien:	❄❄
▸ Highlight:	Fantastisches Alpenpanorama

SKIGEBIET ZUGSPITZE

Wenn man im Gipfelrestaurant Panorama 2962 sitzt, kann man zwar nicht vergessen, dass man auf Deutschlands höchstem Berg ist. Aber dass man zum Skifahren und nicht zum Schauen gekommen ist, das kann einem schon einmal entfallen. Dabei sind einige der 20 blau und rot markierten Pistenkilometer sowie die drei Rodelstrecken durchaus die Reise wert. Gefahren wird von Mitte November bis Anfang Mai, und oft hängt im Tal der Nebel, während im Skigebiet die Sonne scheint. Eine Talabfahrt gibt es nicht, also geht es bergab in der Gondel. Dafür mit Panoramablick auf Alpspitze und Eibsee.

SKIGEBIET GARMISCH-CLASSIC

Auf drei Bergen verteilen sich 40 Kilometer Pistenstrecke, von denen drei Abfahrten ganz hinunter bis nach Garmisch-Partenkirchen führen. Auf der berühmt-berüchtigten Kandahar-Abfahrt erfordern einige brutal steile Passagen skifahrerisches Können. doch die meisten Abfahrten sind sehr familienfreundlich. Am Hausberg von Garmisch-Partenkirchen hat Skirennfahrer und Kinderbuchautor Felix Neureuther an der Entwicklung von Ixis Kinderland mitgearbeitet. Figuren aus seinen Kinderbüchern wachen über die ersten Versuche mit Zauberteppich und Anfängerlift.

Der Schneefernerkopflift auf dem Zugspitzplatt zählt zu den 20 Liften im Skigebiet Zugspitze.

Das Campingresort Zugspitze punktet neben seinem herrlichen Panorama auch mit seinem Wellnessangebot.

CAMPINGPLÄTZE

Camping Resort Zugspitze ★★★★

28 Vom Camping Resort Zugspitze sind die Einkaufs- und Freizeitmöglichkeiten von Garmisch-Partenkirchen mit dem Bus schnell erreicht. Der Wellnessbereich dieses Platzes ist mit Sauna und Terrasse eine wärmende Oase. Der Aufenthalt wird noch luxuriöser, wenn man einen der Stellplätze mit Privatbad bucht. Alles ist gepflegt, und die geschotterten Stellplätze werden bei Tauwetter schnell trocken.

❄ **Zur Alpspitzbahn in das Skigebiet Garmisch-Classic sind es rund 2,5 Kilometer, und ein Skibus hält vor der Tür. Die Zugspitzseilbahn ist ca. sechs Kilometer entfernt. Je nach Witterung können von hier sehr schöne Wanderungen in die Partnachklamm oder die Höllentalklamm begonnen werden. Ein Skitrockenraum ist vorhanden.**

▶ Griesener Straße 9, 82491 Grainau, Tel. +49 (0)8821 9439115,
 GPS 47.47787, 11.051828, ganzjährig geöffnet

■ pincamp.de/sb5290

Zugspitz Resort ★★★★★

29 Von der Terrasse des Hotels und Campingplatzes Zugspitz Resorts genießen die Gäste den Ausblick auf Deutschlands höchsten Berg. Zum 5-Sterne-Platz gehört der kostenlose Eintritt in die hoteleigene Badewelt mitsamt Panoramapool, beheiztem Außenbecken, Kinderpool, Rutschen und natürlich einem wunderschönen Saunabereich. Gleich zwei Restaurants verpflegen die Kochunlustigen.

❄ **Die Zugspitzbahn befindet sich mehr auf als neben der Anlage, und so ist man schnell im Skigebiet auf der Zugspitze. Nach Garmisch-Partenkirchen sind es 25 Kilometer. Im nahe gelegenen Ehrwald gibt es kleinere Übungslifte, eine Rodelstrecke sowie eine Reihe Loipen, die bis an den Campingplatz führen. Ein Raum zum Trocknen der Ausrüstung ist vorhanden.**

▶ Obermoos 1, 6632 Ehrwald, Tel. +43 (0)5673 2309, GPS 47.42695, 10.940983, ganzjährig geöffnet

■ pincamp.de/nt0870

ALPENWELT KARWENDEL

Wem die durchaus anspruchsvollen Loipen rund um Garmisch-Partenkirchen zu anstrengend oder zu kurz sind, kann einen Ausflug in die Alpenwelt Karwendel unternehmen. Dort ist das breite Isartal bei Mittenwald, Wallgau und Krün von einem großen Loipennetz durchzogen. Rund 30 Minuten dauert aus Garmisch die Anfahrt. Die Panoramaloipe führt zwischen Krün und Gerold entlang von zwei Seen und garantiert tolle Aussichten. Die konstantesten Bedingungen garantiert die beschneite Magdalena-Neuner-Loipe in Wallgau.

ZUGSPITZBAD GRAINAU

Der kleine Ort Grainau liegt westlich von Garmisch-Partenkirchen. Waxensteine und Zugspitze erheben sich unmittelbar hinter den Dorfhügeln. Das geruhsame Zugspitzbad Grainau bietet Indoorschwimmbecken, Wassergymnastik, Solewhirlpool, Dampfbad und eine kleine Saunalandschaft. Der Eintritt zur Sauna ist gesondert zu zahlen.
▸ Parkweg 8, 82491 Grainau,
   www.grainau.de/zugspitzbad

WILDTIERFÜTTERUNG WINTERGATTER »ALMHÜTTE«

In den Wintermonaten werden in der Region Wintergatter eingerichtet, damit das dort lebende Rotwild genügend Nahrung erhält. Die Förster der Bayerischen Staatsforsten befürworten diese Gatter, da so verhindert wird, dass durch Verbiss größere Schäden an jungen Bäumen entstehen, während Tierschützer ihre Schwierigkeit mit der Begrenzung der Wanderbewegungen haben. Für Besucher entsteht durch die Gatter die Möglichkeit, den majestätischen Tieren näherzukommen. Bis zu 200 kg schwer können die scheuen Rothirsche werden. Im Wintergatter »Almhütte« lassen sie sich bequem von einer angenehm beheizten Beobachtungskanzel betrachten. Fütterungszeiten: Donnerstag bis Sonntag von 16 bis 17 Uhr
▸ Ausschilderung ab Wanderparkplatz
   Maximilianshöhe, 82467 Garmisch-Partenkirchen,
   www.baysf.de/de/wald-erkunden/ausflugsziele-tipps.de

ESSEN & TRINKEN

Wolpertinger

Unter den vielzähligen guten bayerischen Gasthäusern von Garmisch-Partenkirchen kann man vielleicht dieses besonders hervorheben. Leckere Pilz-, Fleisch- und Kartoffelgerichte, für die man besser einen großen Hunger mitbringen sollte. Reservierung wird empfohlen.
▸ Zugspitzstrasse 27, 82467 Garmisch,
   Tel. +49 (0)8821 7276121,
   www.wolpertinger-garmisch.bayern

Holzerstubn

Ochsenbouillon, Gulasch mit Zitronenschale oder Kasknödelsuppe: exzellente regionale Küche in gemütlich-uriger Atmosphäre. Auch hier, im Zentrum von Ehrwald, empfiehlt sich die Reservierung.
▸ Müllerhofweg 8, 6632 Ehrwald,
   Österreich, Tel. +43 (0)5673 3323,
   www.holzerstubn.at

Das Naturinformationszentrum Alpenwelt steht direkt an der Bergstation der Karwendelbahn.

Italien

Die kurvenreiche Auffahrt zum Stilfser Joch in Südtirol erfolgt über 48 Straßenkehren.

Mit den Zielen ...

Vinschgau ▶ S. 170, Sterzing ▶ S. 174, Dolomiten ▶ S. 178, Aostatal ▶ S. 186

VINSCHGAU

Gewusst, wann ...

International Snowkite Open

Anfang Februar treffen auf dem zugefrorenen Reschensee lauter Kreuzungen aus Snowboardern und Drachenfliegern ein und messen sich mit Tempofahrten und Sprüngen bei den International Snowkite Open.
▶ www.snowkite-open.it

1 Die Anfahrt von Norden über den Reschenpass in den Vinschgau bedeutet die Überquerung der Wasserscheide zwischen Donau und Etsch. Folgt man dem blauen Band der Etsch lang genug, landet man am Mittelmeer. Doch zuerst staut sich der Fluss zu den zwei Seen Reschen- und Haidersee. Von der Aufstauung des Reschensees erzählt noch der denkmalgeschützte Kirchturm von Graun, dessen Spitze als mahnender Finger aus dem See hervorragt und daran erinnert, wie in den 40er-Jahren die Bevölkerung zwangsumgesiedelt wurde, um Platz für das Wasser zu machen. Im Winter umschließt ihn eine dicke Eisschicht, sodass Eisschnellläufer auf ihren ausgedehnten Ausflügen vorbeigleiten. Aus der Ferne winken die Snowkiter, die sich von ihren Schirmen über den See ziehen lassen.

Für Ski- und Snowboardfahrer bringt die Wetterscheide außergewöhnlich große Mengen Pulverschnee. Alle Skigebiete der Region sind zur Zwei Länder Skiarena zusammengefasst worden, und vor allem die südlichen Gebiete Trafoi am Ortler und Sulden freuen sich über Schneemassen, wenn die warm-feuchten Luftmassen des Mittelmeers sich an den ersten hohen Bergen abschneien. Bis auf 3200 Meter fahren die Lifte in Sulden, und so ist hier sechs Monate im Jahr Saison für Skifahrer, Freerider und Tourengänger.

◄ Die Abfahrt bei einer Skitour zählt zu den größten Wintervergnügen, besonders wenn die Kulisse – wie hier der Ortler – so imposant ist.

ZWEI LÄNDER SKIARENA

Unter dem Label der Zwei Länder Skiarena werden die Liftpässe für fünf Gebiete vertrieben, die sich von Nauders in Österreich bis ins südliche Vinschgau erstrecken. Zusammen vereinen sie mehr als 200 Pistenkilometer. Am Reschenpass in St. Valentin und fußläufig von den Campingplätzen Camping zum See und Camping Thöni liegt die Talstation des Skigebiets Schöneben-Haideralm. Mit Snowpark, schwarzen und blauen Pisten, Tiefschneemöglichkeiten und präparierten Loipen ist das Gebiet abwechslungsreich. Noch ein Stück nördlicher befindet sich das etwas größere Nauders, das sich zum Teil in Österreich befindet und über eine acht Kilometer lange Naturrodelbahn verfügt. Beide Gebiete werden klimatisch eher von den aus den Alpen kommenden Tiefdruckgebieten beeinflusst. Der südliche Teil der Zwei Länder Skiarena, Trafoi und Sulden, profitiert hingegen von den Wolken des Mittelmeers. Gerade Sulden, mitten im Herzen des Nationalparks Stilfserjoch und umgeben von 14 Dreitausendern, ist auf jeden Fall eine Reise wert.

Schöneben-Haideralm

- ▶ **Pistenlänge:** 65 km
- ▶ **Lifte:** 10
- ▶ **Höhe:** 1450–2390 m
- ▶ **Schneesicher:** ❄ ❄ ❄ ❄ ❄
- ▶ **Familien:** ❄ ❄ ❄ ❄ ❄
- ▶ **Highlight:** Kinderland mit 5 Zauberteppichen

Im Winter führen viele Spazierwege über den zugefrorenen Reschensee zum Kirchturm mitten im See.

CAMPINGPLÄTZE

Camping zum See ★★★☆☆

1 Die Camper stehen auf Rasengittersteinen, und man bewegt sich trockenen Fußes über das partiell gestufte Gelände, das an einem Bach mit Bäumen und teils noch junger Bepflanzung liegt. Zum Haidersee sind es wenige Hundert Meter. Wer keine Lust aufs Kochen hat, geht in das platzeigene Restaurant mit leckeren Pizzas und wärmenden Suppentöpfen. Geheizte und saubere Sanitäranlagen und ein ebenso warmer Skitrockenraum sind vorhanden.

❄ **Die Lage für Wintersport ist top: 300 Meter bis zum Haideralm-Lift, fast direkt am Haidersee samt Langlaufen, Wandern, Snowkiten und Schlittschuhmöglichkeiten, der Bus (um z. B. das größere Skigebiet Nauders zu erreichen) hält vor der Tür. Der Blick auf die vereiste Seefläche und das verschneite Ortlermassiv sind gratis mit dabei.**

▸ Kirchgasse 25, 39027 St. Valentin a. d. Haide, Tel. +39 0473 634576, GPS 46.764328, 10.532768, ganzjährig geöffnet

■ pincamp.de/st1030

Camping Thöni ★★★☆☆

2 Am nördlichen Ortsrand des Dorfs St. Valentin auf der Haide liegt dieser kleine Campingplatz genau zwischen Reschensee und Haidersee. Die Annehmlichkeiten samt Aufenthaltsraum, Sanitäranlagen und Skitrockenraum sind schlicht, warm und sauber. Im Aufenthaltsraum versüßen Tischtennis, Kicker und Spiele die Abende. Durch die Nähe zum Dorf (ca. 500 m) sind Restaurants nicht weit – doch direkt am Platz gibt es nichts zu essen. Die nahe Bundesstraße kann je nach Stellplatz stören.

❄ **Auch von Camping Thöni sind der Haideralm-Lift ins Skigebiet Schöneben-Haideralm (gut 500 m) und sowohl der Reschen- als auch der Haidersee in Fußdistanz. Zum Erreichen weiter entfernter Wintersportdestinationen wird der Bus genommen, der vor der Tür hält.**

▸ Landstraße 83, 39027 St. Valentin a. d. Haide, Tel. +39 0473 634020, GPS 46.769883, 10.5324, 01.01.–01.11., 22.12.–31.12. geöffnet

■ pincamp.de/st1000

Camping Residence Sägemühle ★★★★★

3 Der 5-Sterne-Platz liegt im südlichen Teil des Vinschgau und besticht mit einem Programm für die ganze Familie. Kinderbäder und Babybadewannen erleichtern die Versorgung der Kleinsten. Hallenbad und Jugendraum bieten an Schlechtwettertagen tolle Beschäftigung. Sauna und Dampfbad sind hingegen nur mittags für Kinder geöffnet, sodass in den Abendstunden entspannende Stille herrscht. Das Restaurant Al Bun Bacun lohnt mit Speisen von Hirtenmakkeroni bis T-Bone-Steak auch einen Besuch, wenn man nicht auf dem Campingplatz übernachtet.

❄ **Bei ausreichend Schnee gibt es direkt beim nahen Ort Prad einen Skiübungshang und eine Rodelbahn. In die interessanten Wintersportgebiete Sulden, Trafoi sowie zum Reschenpass fährt der Bus, der am Platz hält. Ein Skitrockenraum ist vorhanden.**

▸ Dornweg 12, 39026 Prad am Stilfserjoch, Tel. +39 0473 864410, GPS 46.6177, 10.59545, 01.01.–07.11., 20.12.–31.12. geöffnet

■ pincamp.de/st1150

WATLES

Wenn eine Alternative zum Langlaufen auf dem Reschenpass gesucht wird, dann ist das Langlauf Nordic Center Schlinig bei Watles die erste Wahl. Hier gibt es 15 Kilometer hervorragend präparierte Loipen im sonnigen Tal, Umkleidekabinen und eine nette Gastronomie. Außerdem runden die vier Pisten von Watles (Teil der Zwei Länder Skiarena), die vier Kilometer lange Rodelbahn und die Winterwanderwege das Sportangebot ab.
▶ www.watles.net

SNOWKITEN

Im Winter fällt das Thermometer auf 1500 Metern über dem Meeresspiegel schnell unter die Null-Grad-Grenze, weshalb sich auf dem Reschen- und Haidersee oft schon ab Dezember eine stabile 40 cm dicke Eisschicht bildet. Kombiniert mit dem häufig herrschenden Wind, der im Tal wie in einer Schlucht beschleunigt, hat sich hier ein Hotspot für Snowkiter etabliert. Wer schon immer Kiten lernen wollte, im Sommer aber bisher nicht dazu gekommen ist, sollte einen der Winterkurse buchen. Mit denselben Schirmen wie im Sommer lernt man Kontrolle und Steuerung, ohne ständig im Wasser zu versinken. Verschiedene Schulen treffen sich am Seestrand in Reschen, in Graun und in der Nähe der Fischerhäuser auf dem Haidersee.

SPORTWELL MALS

Erst in der Halle zwei Sätze Tennis spielen, dann im Schwimmbad bei einigen Runden abkühlen, anschließend in der Sauna wieder aufheizen und letztendlich den Tag bei einer Kegelrunde mit Pizza und Kaltgetränk ausklingen lassen. Klingt das nicht nach einem perfekten Tagesablauf? Im SportWell in Mals können auch alle Aktivitäten einzeln gebucht werden. Richtige Thermen existieren im Vinschgau nicht, aber für einen entspannenden Saunabesuch reicht auch die kleine und feine Saunawelt von Mals. Und vielleicht entscheidet man sich ja im Anschluss noch für einige Kegelkugeln in die Vollen. Gut Holz!
▶ Glurnserstraße 7, 39024 Mals im Vinschgau, www.sportwell.net

ESSEN & TRINKEN

Residence Pizzeria Katrin

Die Schönheit des Vinschgaus wurde von den Betreibern des Restaurants persönlich an die Wand gemalt. Mit viel Heimatliebe werden auch die Pizzen und Südtiroler Spezialitäten zubereitet.
▶ Landstraße 57, 39027 St. Valentin auf der Haide, Tel. +39 (0)473 634047, www.residence-katrin.it

Fuxxfood

Sollte man das hervorragende Essen des Campingplatzes Sägemühle aus irgendeinem Grund meiden wollen, bietet der nahe Ort Prad einige Alternativen. Günstig, schnell und lecker ist der Imbissstand Fuxxfood mit Pulled Pork Burgern und Currywurst.
▶ Via Pineta 35, 39026 Prato allo Stelvio, Tel. +39 320 1791791

In der Umgebung von Sulden lässt es sich herrlich Langlaufen.

STERZING

Gewusst, wann ...

Tuifltog – Nikolausumzug
In der Adventszeit zieht durch die Sterzinger Gassen eine besinnliche Stimmung. Nur am 5. Dezember wird sie lautstark vom Gefolge des St. Nikolaus unterbrochen. Während der bärtige Heilige friedlich Geschenke verteilt, sorgen seine Begleiter, zottelige Wesen der Unterwelt, für Krawall.
▶ www.weihnachtsmarkt-sterzing.com

Sterzing im oberen Eisacktal ist ein Kleinod. Holzverzierte Erker, sich wie Treppen zuspitzende Giebel, bunte Fassaden und barocke Fresken bilden etwas, das gerne »romantischer Charme« genannt wird. Können Städte romantisch sein? Als vor gut 600 Jahren von Arbeitern unter härtesten Bedingungen in den Bergen rund um Sterzing die Silbervorkommen erschlossen wurden, zog das finanzstarke Investoren an, und die Blütezeit Sterzings begann. Aus Augsburg kam die Familie Fugger, Bankiers der Päpste und eine der mächtigsten Familien des Deutschen Reichs. Die Fugger und andere Händler ließen die hübschen Bauten errichten, die bis heute das Zentrum von Sterzing bilden – das Fuggerstädtchen. Schaut man sich hier die Geschäfte an, die von italienischer Designermode bis zu Tiroler Handwerkskunst hochwertige Produkte verkaufen, so setzt sich die Blütezeit Sterzings fort. In der Adventszeit gesellen sich zahlreiche Stände mit kulinarischen Genüssen und originellen Weihnachtsdekorationen hinzu, und vom Wahrzeichen der Stadt, dem Zwölferturm, klingen die Glocken. Spätestens dann können wirklich romantische Gefühle aufkommen.

◀ Sterzing mit seiner pittoresken Altstadt, den kleinen Läden und dem Zwölferturm lädt zum ausgedehnten Bummel ein.

ROSSKOPF

Vom Zwölferturm Sterzings ist es nur ein Katzensprung in das Wander- und Skigebiet Rosskopf. Um den ganzen Berg einmal von oben bis unten zu vermessen, klemmt man sich am besten einen Schlitten unter den Hintern. Von der Bergstation auf 1860 Metern schaut man auf das Alpenpanorama bis hin zu den Zinnen der Dolomiten. Und dann geht es auf der beschneiten Rodelstrecke über 900 Höhenmeter hinab bis nach Sterzing. Freitagabends wird der 10 Kilometer lange Weg bis 24 Uhr sogar beleuchtet, was zu weniger Kindern, mehr Glühwein und mehr Bauchlandungen im Tiefschnee führt.

Mit den Skiern geht es sogar noch ein Stück weiter hoch bis auf 2200 Meter. Und auch von hier gibt es die Möglichkeit, bis ins Tal nach Sterzing auf 950 Metern abzufahren. Insgesamt kommt das Skigebiet auf rund 20 Pistenkilometer, die zum Großteil über ein südlich ausgerichtetes Plateau mit vielen Sonnenstunden führen. Neben einer schwarzen sind alle Pisten blau oder rot markiert.

RATSCHINGS-JAUFEN

In einem ähnlichen Rahmen bewegt sich auch das Wintersportgebiet Ratschings-Jaufen. 20 Minuten Busfahrt von Sterzing entfernt, ist das Gebiet etwa gleich groß wie der Rosskopf, ebenso hoch und vergleichsweise anspruchsvoll. Und auch hier befindet sich eine tolle lange Rodelbahn, die bis hinab zur Talstation führt. Vom Wunsch abgesehen, ein neues Gelände zu erkunden, lohnt der Besuch für die 16 Kilometer lange Höhenloipe Platschjoch. Sie beginnt unterhalb der Kabinenbahn-Bergstation und führt durch dichten Wald und weite Ebenen über die Jaufenpassstraße hinweg bis in die Nähe des Platschjochs. Dann macht sie eine Schleife, und man fährt den Weg zurück zur Bergstation.

Auch die Winterwanderer werden oben auf dem Berg gespurte Wege vorfinden und in der verschneiten Natur das ein oder andere Abenteuer erleben. Und vielleicht nimmt man dann ja für den Heimweg wieder hinab ins Tal nicht die Bahn, sondern doch den Rodel?

ESSEN & TRINKEN

Kolping
Mitten in der Sterzinger Innenstadt schafft es das Restaurant im Kolpinghaus, eine bodenständige Pizzeria zu sein und obendrein leckere Tiroler Spezialitäten zuzubereiten: Schlutzkrapfen oder Hirtenmaccheroni zum Beispiel.
▶ Neustadt 24, 39049 Vipiteno,
Tel. +39 (0)472 765296,
www.restaurant-kolping.it

Pizzeria Brückenwirt
Neben Sudkesseln sitzend, wird in der Pizzeria und Gasthofbrauerei in St. Leonhard im Passeiertal Pizza gegessen und Bier getrunken. Das »Höllenbräu« stammt aus der eigenen Brauerei, der einzigen Holzfassbrauerei Italiens. Fußläufig vom Camping Zögghof.
▶ Breitebnerstraße 2, 39015 St. Leonhard in Passeier, Tel. +39 (0)473 656191,
www.hoellenbraeu.com

Rosskopf	
▶ Pistenlänge:	20 km
▶ Lifte:	3
▶ Höhe:	948–2176 m
▶ Schneesicher:	❄❄❄
▶ Familien:	❄❄❄❄
▶ Highlight:	Rodeln und Wandern

Der Naturcampingplatz Lärchwiese ist optimal auf Wintercampinggäste vorbereitet.

CAMPINGPLÄTZE

Camping Zögghof ★★★⯪★

4 Die Stellplätze auf dem in Terrassen angelegten Campingplatz sind großzügig, sonnig gelegen, und die im Sommer bei Motorradfahrern beliebte Anlage ist gepflegt. Die Sanitäranlagen sind neu, warm und sauber. Pizzeria, Einkaufsmöglichkeiten und St. Leonhard sind ca. zehn Minuten Fußweg entfernt. Die Straße in Hörweite kann störend sein. Die zugehörige Bar lädt abends zur Einkehr ein.

❄ **Zum Jaufenpass und zum Skigebiet Ratschings-Jaufen sind es rund 20 Kilometer. Im Passeiertal selbst lässt es sich gut Rodeln, Wandern und Langlaufen. Für Schlechtwettertage gibt es in der Sportarena nebenan einen Tennisplatz, eine Kletterwand und eine Kegelbahn.**

▸ Mooserstraße 31a, 39015 St. Leonhard in Passeier, Tel. +39 335 1050440,
   GPS 46.816328, 11.242093, ganzjährig geöffnet

■ pincamp.de/st1540

Naturcamping Lärchwiese

5 Beim Naturcamping Lärchwiese in Vals wurde auch an Wintercamping gedacht. Alles ist warm und frostsicher, und in den Sanitäranlagen kann man sich mit einem Mietbad Extraluxus gönnen. Restaurant (u. a. Pizza) und Kiosk sichern die Versorgung am Platz. Ein Indoorspielzimmer sorgt bei den Kleinen für Beschäftigung am Abend. Einkaufsmöglichkeiten in Vals gut einen Kilometer entfernt.

❄ **Die Liftanlage des kleinen, aber feinen Skigebiets Gitschberg Jochtal ist nur ein Steinwurf entfernt. Hier finden sich nicht nur Pisten, sondern auch Loipen, Rodelbahnen und ein Eislaufplatz. Mit den Skiern direkt von der Piste ins Wohnmobil – das ist hier möglich. Ein gesichertes Skidepot mit Skischuhtrockner ist vorhanden.**

▸ Jochtalstraße 5a, 39037 Vals, Tel. +39 0472 694945, GPS 46.849966, 11.620335,
   01.01.–10.04., 13.05.–04.11. geöffnet

■ pincamp.de/st2150

LANGLAUF IM RIDNAUNTAL

Das Ridnauntal ist dünn besiedelt. In der Mitte fließt idyllisch der Ridnauner Bach, der bei Sterzing in den Eisack mündet. Am Ende des Tals steht der Schneeberg mit dem Landesmuseum Bergbau. Doch die meisten Besucher kommen hierher für Langlauf und Biathlon. Längst kein Geheimtipp mehr, reisen sogar Profimannschaften an, um auf den schneesicheren Loipen zu trainieren. Rund 25 Kilometer werden dafür präpariert, und von der einfachen Anfängerstrecke bis zur anspruchsvollen Route mit steilen Aufstiegen und schnellen Kurven ist alles dabei. Auf der Biathlonanlage wird auch für Gäste die Nutzung der Schießstände angeboten. Plötzliche Begegnungen mit Weltcupsiegerinnen im Biathlon nicht ausgeschlossen!

LANDESMUSEUM BERGBAU SÜDTIROL RIDNAUN

Fast 1000 Jahre lang haben die Menschen Erz und Silber aus den Tiefen des Schneebergs gehoben. Vor 150 Jahren wurde in einem der höchstgelegenen Bergwerke Europas eine riesige Erzaufbereitungsanlage gebaut, die zusammen mit dem sechs Kilometer durch den Berg führenden Stollen besichtigt werden kann. Stiefel und Jacke übergestreift, Stirnlampe und Helm auf den Kopf, und schon sind die Besucher gerüstet, selber mit dem Hammer in der Hand auf Schatzsuche zu gehen! Von kleiner Runde bis tagesfüllender Erkundungstour werden verschiedene Führungen angeboten, die auch mit Kindern unterhaltsam sind.

▶ Ridnauntal Maiern 48, 39040 Ratschingstal, www.bergbaumuseum.it/de/ridnaun

BALNEUM

Die Füße tapsen über den warmen Boden aus Silberquarzit in Richtung Kaminzimmer. Das Schimmern der Steine unter den Fußsohlen verrät ihre Herkunft aus den umliegenden Bergwerken. Es ist ein beliebter Stein für Wellnessanlagen: Der harte Quarzstein nimmt keine Flüssigkeiten auf, Keime und Pilze können auf ihm kaum siedeln. Nach einem kleinen Nickerchen geht es zum zweiten Saunagang und dann in das Tauchbecken im Freien. Man versinkt eine Weile mit Blicken in der umliegenden Bergwelt, dreht eine kleine Runde durch das Außenbecken, bevor es wieder ins Warme vor den Kamin geht. Ein perfekter Nachmittag im Balneum.

▶ Karl-Riedmann-Platz 5, 39049 Sterzing, www.balneum.bz.it

Skitourengeher auf dem Gipfelgrat beim Abstieg von der Ellesspitze mit Blick auf das Ridnauntal

DOLOMITEN

Gewusst, wann ...

Saslong Classic
Seit mehr als 50 Jahren finden auf der Piste Saslong in Gröden Skirennen der Weltelite statt. Sie gilt als unberechenbarste Strecke des Weltcups, und so warten Mitte Dezember bei Abfahrt und Super-G alle auf einen neuen Überraschungssieger.
▶ www.saslong.org

Bizarre Felspinne und steile Riffe stehen in den Dolomiten zwischen sanften Almen und hochliegenden Terrassen. Diese Vielfalt komponiert eine der schönsten Gebirgslandschaften Europas, ja vielleicht der ganzen Welt. Kein Wunder, dass der Bergsteiger Reinhold Messner, der so ziemlich alle Berge dieses Planeten gesehen hat, gerade hier Teile seines Messner Mountain Museums eröffnet hat.

Die Betreiber der touristischen Infrastruktur der Dolomiten haben begriffen, wie wichtig es Besuchern ist, auch im Winter der Natur in der Bergwelt möglichst nahezukommen. Und so hat gleich eine Vielzahl Campingplätze auch im Winter geöffnet. Camper können wählen zwischen dem einfachen Platz, dessen Luxus aus einer heißen Dusche und dem Bergpanorama besteht, und dem vollen Wellnessangebot inklusive Jacuzzi und Blockhaussauna. Vom Urlaub in den Dolomiten enttäuscht werden wird man in keinem Fall. Dafür ist das Wintersportangebot einfach zu umwerfend. Als Vorreiter des Trends, Skigebiete unter einem großen Namen zu vermarkten, verspricht Dolomiti Superski rund 1200 Pistenkilometer. Das wichtigste ist aber, in welcher Landschaft diese Pisten beheimatet sind: gefrorene Bergseen, dichte Wälder, malerische Dörfer und die schönsten Berge Europas.

◄ Die Sellaronda ist eine gigantische Skischaukel mit 26 Pistenkilometern und zahlreichen Skihütten rund um die Sellagruppe.

Kronplatz

- **Pistenlänge:** 119 km
- **Lifte:** 32
- **Höhe:** 935–2275 m
- **Schneesicher:** ❄❄❄❄❄
- **Familien:** ❄❄❄❄❄
- **Highlight:** Carven auf den blauen Pisten

KRONPLATZ

Der Berg Kronplatz in den nördlichen Dolomiten wirbt damit, der Skiberg Nr.1 in Südtirol zu sein. Eine gewagte Ansage bei der renommierten Konkurrenz. Fakt ist, dass der Berg in der Nähe von Bruneck sanft abfallende und fast baumlose Hänge besitzt, die viel Platz bieten für geräumige Pisten. Darunter sind lange Talabfahrten, steile schwarze Hänge und ein Snowpark. Kulturinteressierte finden hier außerdem das Messner Mountain Museum Corones und das LUMEN-Museum für Bergfotografie.

SELLARONDA

Lift hoch, Piste runter, Lift hoch, Piste runter. So arbeiten sich die Skifahrer einmal rund um das Sellamassiv, ohne eine Piste zweimal zu befahren. Mit rund 30 Pistenkilometern und diversen Liften sollte man besser morgens nicht zu spät aufbrechen, damit am Nachmittag nicht die letzten Auffahrten zurück zum Startpunkt verpasst werden. Wobei das natürlich auch davon abhängt, wie lange die Hüttenpause ausfällt und ob nicht doch ein Abstecher zum Marmoladagletscher vorgenommen

Die Sonnenuntergänge auf dem Kronplatz sind an manchen Tagen spektakulär.

Die Drei Zinnen gehören zu den größten Touristenattraktionen von Südtirol.

wird. Die Runde gegen den Uhrzeigersinn markiert ein grüner Richtungsweiser, im Uhrzeigersinn ein Hinweis in oranger Farbe. Die meisten Fahrer wählen die orange Route, sie besteht aus spannenderen Abfahrten und weniger flachen Ziehstrecken. Die Sellaronda führt durch die Skigebiete Gröden (Val Gardena) und Alta Badia, die beide zu den größten und besten Skigebieten der Dolomiten zählen. Sie kann aber zum Beispiel auch aus dem Fassatal beim Camping Miravalle gestartet werden.
▶ www.altabadia.org/de/winter/skigebiet/sellaronda-skirunde.html

DREI ZINNEN

Die Nordwände der Drei Zinnen sind vermutlich das meistfotografierte Motiv der Dolomiten. In dieser beeindruckenden Landschaft sind fünf Skiberge zu einem Gebiet verbunden worden. Die meisten der Pisten an den Bergen Helm, Stiergarten, Kreuzbergpass, Col d'la Tenda und Rotwand sind blau und rot markiert, sodass Carver und Anfänger besonders begeistert sind und man viel Zeit hat, die Landschaft zu bewundern. Aber auch die Holzrieseabfahrt, mit 72 Prozent Neigung die steilste Abfahrt Italiens, ist hier zu finden. Mit Kindern lohnt besonders ein Ausflug auf die Rotwand, zu der die Liftanlagen in der Nähe des Caravanparks Sexten führen. Hier gibt es nicht nur ein Rentierrudel und eine Riesenschneemannfamilie zu bestaunen, sondern auch fordernde Rodelstrecken zu bezwingen. Und weil Dank der Sellaronda Skirunden in den Dolomiten sehr beliebt sind, kann im Gebiet der Drei Zinnen die Skirunde Giro delle Cime gefahren werden. Zwischendurch müssen allerdings die Skier abgeschnallt und in den Bus verladen werden.

Zwischen den Gebieten Kronplatz und Drei Zinnen verkehrt ein Skizug, der in der Nähe der Campingplätze von Toblach hält.

LANGLAUFEN IN DER LOIPE DES VOLKSLANGLAUFS TOBLACH-CORTINA

Die Dolomiten setzen nicht nur beim Abfahrtsski Superlative. Auch für den Langlauf sind unter dem Label Dolomiti NordicSki neun Langlaufregionen zusammengefasst worden, und so bewirbt man mit 900 Loipenkilometern das größte Langlaufkarussell in Europa.

Besonders große Tradition besitzt die Loipe zwischen Toblach und Cortina, auf der bereits mehr als 45-mal ein beliebter Volkslanglauf ausgetragen wurde. Start für Fahrer außerhalb der Rennen ist das Langlaufzentrum Nordic Arena in Toblach, und dann geht es entlang einer alten Eisenbahntrasse in Richtung Cortina, wo 2026 die Olympischen Winterspiele ausgetragen werden. Unterwegs liegen der Toblacher See, der wunderschöne Dürrensee und Ausblicke auf die Drei Zinnen.

Für Dolomiti NordicSki bzw. die einzelnen Regionen müssen Loipentickets erworben werden.
▶ www.dobbiacocortina.org/strecken

ESSEN & TRINKEN

Tilia Restaurant
Sollte im Urlaub Anlass für ein besonderes Restauranterlebnis sein, ist Tilias in Toblach eine hervorragende Wahl. Im Park des ehemaligen Grandhotels kreiert das kleine Sternerestaurant Menüs der Extraklasse.
▶ Dolomitenstrasse 31/b, Toblach 39034 Dobbiaco, Tel. +39 335 8127783, www.tilia.bz

Ristorante Pizzeria Agnello
Zur Pizza oder zur Lasagne trinkt man in Campitello di Fassa im oberen Fassatal ein klassisches Glas Hauswein. Das Ambiente der Pizzeria ist rustikal, und alles schmeckt.
▶ Piaz de Ciampedel 3/5, 38031 Campitello di Fassa, Tel. +39 (0)462 751101

Südtirol ist mit 900 Loipenkilometern auch ein Eldorado für Langläufer.

CAMPINGPLÄTZE

Campingplatz Toblacher See ★★★★★

❻ Am kleinen Toblacher Alpensee liegt dieser elegante Campingplatz auf 1250 Metern Höhe im Höhlensteintal, einem Seitental des Pustertals. Hier, an der nördlichen Grenze der Dolomiten, hat man eine atemberaubende Aussicht auf die Sextener Dolomiten. Highlights in den Abendstunden sind (gegen Aufpreis) die Fasssauna, die Pizza im Restaurant und die Weinprobe im Weinkeller!

❄ **Toplage für Langläufer: Eine der bekannteste Loipen der Region führt direkt am Platz vorbei, und die Langlauf Arena von Toblach ist fußläufig. Abfahrtsskifahrer üben auf den drei Pisten von Toblach oder fahren mit der Bahn in eines der großen Skigebiete (ca. 20 min zu den Talstationen Drei Zinnen und Kronplatz). Es wird ein kostenloser Shuttle zum Bahnhof angeboten. Ein Skitrockenraum ist vorhanden.**

▸ Toblacher See 3, 39034 Toblach, Tel. +39 0474 973138, GPS 46.706466, 12.2181, 09.01.–31.10. geöffnet

■ pincamp.de/st3420

Caravanpark Sexten ★★★★★

❼ Die Kreativität und die Campingqualität küren diesen 5-Sterne-Platz zu einem der besten in Europa. Von der 13 Meter hohen Indoorkletterwand über die Aufenthaltsräume bis zu den Mietbädern ist alles in hervorragendem Zustand und macht Camping zu einem Luxusurlaub. Der Wellnessbereich übersteigt alles, was man auf einem Campingplatz erwarten würde (wobei Caravanpark Sexten auch Lodges und Apartments anbietet). Die diversen Saunen, die Salzgrotte, das Hallenbad mit Whirlpool, die Kneippwege und der Fitnessbereich sind auch für externe Gäste offen.

❄ **Die Talstation der Kabinenbahn Drei Zinnen ist nur zehn Minuten mit dem Bus entfernt. Der Pustertal Express bringt Skifahrer in 40 Minuten zum Skigebiet Kronplatz. In Sexten gibt es gut gepflegte Loipen (u. a. die extrem schöne Loipe Fischleintal) und Wanderwege.**

▸ St. Josef Str. 54, 39030 Sexten, Tel. +39 0474 710444, GPS 46.667833, 12.3996, ganzjährig geöffnet

■ pincamp.de/st3500

Camping Miravalle ★★★★★

❽ Auf 1450 Metern Meereshöhe im oberen Fassatal gelegen, befindet sich Camping Miravalle im Herzen der Dolomiten. Umgeben von Langkofel und anderen eindrucksvollen Bergen ist trotzdem die Zivilisation nicht weit – das Zentrum des Dorfs Campitello di Fassa ist samt Supermarkt und Restaurants nur einige Gehminuten entfernt. Auf der Anlage befinden sich ein Restaurant und eine Gemeinschaftsküche. Die Sanitäranlage und der Skitrockenraum sind warm und sauber, und wer Luxus will, mietet eines der Privatbäder im ladinischen Stil.

❄ **Nur 100 Meter entfernt startet die Bergbahn auf den Col Rodella mit Zugang zum Skikarussell der Sellaronda. Zum Üben nutzen Anfänger den kleinen Lift im Ort. Wanderwege beginnen in direkter Umgebung. Die nächste Loipe ist rund zwei Kilometer entfernt.**

▸ Via Camping 15, 38031 Campitello di Fassa, Tel. +39 0462 750502, GPS 46.474833, 11.7405, 01.01.– 27.03., 20.05.–02.10., 03.12.–31.12. geöffnet

■ pincamp.de/tn5150

Das Messner Mountain Museum auf dem Gipfel des Kronplatzes wurde von der Architektin Zaha Hadid entworfen.

MESSNER MOUNTAIN MUSEUM

An sechs Orten Südtirols vermittelt der Rekordbergsteiger Reinhold Messner in sechs verschiedenen Museen das Thema Berg. Warum sind manche Berge heilig? Wie wurden die Dolomiten erschlossen? Wie fühlt man sich in der Todeszone? Dafür hat Messner nicht die schlechtesten Ausstellungsräume gewählt. In den nördlichen Dolomiten beispielsweise ist das Museum Ripa Teil des bischöflichen Schlosses Bruneck, das auf einem Hügel über dem Pustertal thront und schon allein einen Besuch lohnt. Im Ripa (Tibetisch für ri »Berg« und pa »Mensch«) werden Objekte von Bergvölkern aus unterschiedlichen Teilen der Erde ausgestellt. Das nahe gelegene Museum Corones liegt hingegen auf dem Gipfelplateau des Kronplatzes auf 2275 Metern Höhe in einem interessanten futuristischen Gebäude, und es erzählt die Geschichte des alpinen Bergsteigens. Ein Stück raus aus den Dolomiten in Richtung Westen wird im Schloss Sigmundskron bei Bozen die Auseinandersetzung Mensch–Berg dargestellt. Und auch Messners Wohnsitz, das Schloss Juval in einem Seitental des Vinschgaus, wird zur Ausstellung von Kunstsammlungen genutzt.

▶ www.messner-mountain-museum.it

MAR DOLOMIT

Im Grödner Tal wurde mit dem Mar Dolomit ein Bad geschaffen, das ein netter Mix aus Sportbad, Erlebnisbad und Wellnessoase ist. Bahnen im Innenbecken schaffen Raum für die disziplinierten Schwimmer, die 65 Meter lange Rutsche und die Gegenstromanlage beschäftigen Kinder und Junggebliebene, und Hitzeliebende ziehen sich in die Saunalandschaft zurück. In der Kelo-Blockhaussauna wird es richtig heiß, im Brechelbad entspannen Kräutersude und in der Dampfsauna reinigt Salz Poren und Atemwege. Außerhalb der Saunen die Badekappe nicht vergessen! Wie in den meisten italienischen Bädern herrscht im Wasser Badekappenpflicht, was Hautschuppen und Haare daran hindern soll, in allzu großer Zahl in See zu stechen.

▶ Promenade 2, 39046 St. Ulrich,
  www.mardolomit.com

Der Wellnessbereich auf dem Caravanpark Sexten lässt keine Wünsche offen.

AOSTATAL

Zum Leidwesen der Schüler des Aostatals sind Italienisch und Französisch gleichberechtigte Amts- und Schulsprachen. Denn obwohl die Ortsnamen französisch klingen und die Grenzen nah sind, spricht man mit wenigen Ausnahmen zu Hause italienisch. Das Aostatal ist Tal und autonome Region zugleich. Im Westen grenzt sie an Frankreich, im Norden an die Schweiz. Skifahrer im größten Skigebiet der Region, in Breuil-Cervinia, wechseln mit einer Skischaukel rüber ins schweizerische Zermatt. Und ständiger Ausblick im Skigebiet Courmayeur ist der in Frankreich liegende Mont Blanc, der höchste aller Alpengipfel.

Die Siedlungs- und auch die Tourismusgeschichte des Aostatals reichen weit zurück. Beim Schlendern durch die Stadt Aosta steht man plötzlich vor Brücken, die vor 2000 Jahren von den Römern zur Überquerung der Gebirgsbäche gebaut wurden. Die Gassen des schnuckeligen Dorfs Etroubles verströmen mit traditionellen Steinhäusern und schmiedeeisernen Toren den Geist des Mittelalters. Und in das kleine Städtchen Courmayeur reisten Kurgäste bereits vor 150 Jahren, um sich im heißen Quellwasser zu erholen.

Gewusst, wann ...

Welcome Winter

Mit einem öffentlich zelebrierten Schlag auf einen roten Knopf leitet Courmayeur die Wintersaison ein. Der große Weihnachtsbaum auf der Piazza lässt seine Lichter funkeln, ein Feuerwerk beginnt am Berg und in den Gassen wird wie zu Silvester mit Sekt angestoßen und gefeiert. Auf ein Neues!
▶ www.courmayeurmontblanc.it

◂ Von der Bergstation der berühmten Seilbahn Skyway, die von Courmayeur auf den Helbronner Gipfel führt, bietet sich ein spektakulärer Blick in das Aostatal.

Courmayeur	
▸ **Pistenlänge:**	41 km
▸ **Lifte:**	17
▸ **Höhe:**	1224–2755 m
▸ **Schneesicher:**	❄❄❄❄
▸ **Familien:**	❄❄
▸ **Highlight:**	Tiefschneetouren

COURMAYEUR

Kurz bevor das Mont-Blanc-Massiv dem Aostatal den Weg versperrt, hat sich einer der ältesten Fremdenverkehrsorte der Alpen niedergelassen. Die traditionsreichen und nicht mehr ganz neuen Liftanlagen von Courmayeur bringen Wintersportler in Richtung Col Chécrouit (2256 m). Die meisten der Pisten liegen in Richtung Mont Blanc, und so schaut der König unter Europas Bergen den kleinen Skifahrern desinteressiert zu. Die Verrücktesten unter ihnen stürzen sich die Tiefschneehänge hinab. Courmayeur bietet einige Powdertouren, die zum Teil per Helikopter angeflogen werden.

Stiller und umweltschonender geht es im Ferrettal zu. Seitlich vom Aostatal abzweigend, werden zwischen Planpincieux und Arp-Nouvaz rund 20 Kilometer schöne Loipen gespurt. Zudem laden verschiedene Wege dazu ein, Tal und umliegende Berge zu erwandern.

CRÉVACOL

Oberhalb des Dorfs Saint-Rhémy-en-Bosses liegen rund 20 Pistenkilometer gemütlich auf den sonnenbeschienen Hängen und hoffen, befahren zu werden. Eine schöne schwarze Abfahrt und ein Mix aus roten und blauen Pisten ergeben einen entspannten Sporttag am Berg. Meist sind die Schlangen am Lift kurz und die Besucherzahlen nicht sonderlich hoch. Liebhaber von Tiefschnee fahren von der Bergstation 1300 Meter in die Tiefe und enden in der Nähe des Campingplatzes Tunnel International. Auf halbem Weg zwischen dem Campingplatz und der Talstation bietet der Schneespielplatz Flassin mit Schlitten, Anfängerhügel und Spielgeräten ein speziell für Kinder geschaffenes Umfeld.

Langläufer werden auf den sowohl für Klassisch als auch Skating gespurten Loipen glücklich. Vor allem die 18 Kilometer lange »Alta Valle del Gran San Bernardo« ist wunderschön, allerdings auch sportlich anspruchsvoll. Sie führt von Etroubles das Tal hinauf durch mehrere hübsche Dörfer bis nach Saint-Rhémy-en-Bosse. Die anderen Loipen sind kürzer und weniger ansteigend und zum Teil sogar beschneit. Und sie sind nicht minder schön, oft umgeben von lichtem Pinienwald.

ESSEN & TRINKEN

Ristorante Trattoria Da Beppe
Zu Fuß braucht man vom Camping Arc en Ciel eine knappe halbe Stunde, also wird das Essen besser nicht zum Take-Away verpackt. Es wäre schade, wenn die Gnocchi matschig und kalt werden, zumal sie in der Atmosphäre der Trattoria direkt doppelt nach Italien schmecken.
▸ Via dei Trinceramenti 8, 11017 Morgex Aosta, Tel. +39 (0)165 809962

Le Gîte aux Marroniers
In den charmanten kleinen Gassen von Etroubles findet man diese kleine Perle. In einem gemauerten Gewölbe wird zwar auch Pizza serviert, besser aber, man bestellt eines der traditionellen Fleischgerichte.
▸ Rue Albert Deffeyes 22, 11014 Étroubles Aosta, Tel. +39 (0)165 068020

Die Häuser von Etroubles schmiegen sich dicht an den Berghang.

CAMPINGPLÄTZE

Camping Arc en Ciel (Morgex) ★★★★★

9 Im Bergwald über dem Aostatal liegt dieser trotz der nahen Autobahn ruhige Platz. Das Mitführen von Schneeketten ist im Aostatal im Winter ohnehin Pflicht – bei den steilen Zufahrten könnten diese zum Einsatz kommen. Oben angekommen, eröffnet sich dafür eine atemberaubende Aussicht auf den Mont Blanc. Der familiär betriebene Campingplatz verfügt über moderne, warme Sanitäranlagen und bietet im Restaurant leckere Pizza und andere warme Speisen an.

❄ **Die Wälder und Loipen des hübschen Arpytals sind ebenso wie das Skigebiet Cromayeur weniger als zehn Kilometer entfernt (zur Bushaltestelle ca. 1 km). Skitrockenraum vorhanden.**

▶ Strada Feysoulles 9, 11017 Morgex, Tel. +39 0165 809257, GPS 45.762983, 7.0106, 01.01.–03.11., 05.12.–31.12. geöffnet

■ pincamp.de/ao1200

Camping Tunnel International ★★★★★

10 Der beschauliche Platz liegt auf 1300 Metern Höhe im Tal des Grossen Sankt Bernhard, einem nördlichen Seitental des Aostatals nahe der Schweizer Grenze. Ungeachtet des Platznamens ist der Grosse-St.-Bernhard-Tunnel ein gutes Stück entfernt, dafür liegt das mittelalterliche Dörfchen Etroubles mit seinen Einkaufsmöglichkeiten und Restaurants fußläufig. Sucht man ein städtischeres Zentrum, ist die Stadt Aosta nur 16 Kilometer weit weg.

❄ **Sowohl Aosta als auch das Skigebiet Crévacol (6 km) können schnell mit dem Bus erreicht werden, der 300 Meter entfernt hält. Langläufer steigen bei guten Schneeverhältnissen am Platz in eine Loipe. Sie führt genau wie die Wanderwege der Region durch die steile Berglandschaft, die so einsam ist, dass Steinböcke und Gämsen hier zu Hause sind.**

▶ Strada Chevrieres 4, 11014 Etroubles, Tel. +39 0165 78292, GPS 45.818602, 7.229203, 22.01.–30.04., 27.05.–08.10., 03.12.–31.12. geöffnet

■ pincamp.de/ao1650

HUSKYTOUR

Mit Fabrizio Lovati, dem DogSledMan, geht es durch die Natur des Aostatals. Vorne vier sportliche Huskys, man selbst als Musher auf dem Schlitten. Schon 1990 ist Fabrizio Lovati, damals noch fast ein Kind, italienischer Schlittenhundemeister geworden. Heute gibt der Veteran des italienischen Schlittenhundesports sein Wissen an Besucher weiter. Mit ein wenig Einführung können Interessierte (ab circa 10 Jahre) einen Schlitten erfolgreich lenken und so zum echten Musher werden. Fabrizio Lovati weiß alles über Schlittenhunde, nur warum die Lenker »Musher« genannt werden, ist auch für ihn ein Geheimnis.

▸ Strada Regionale 43, 11013 Courmayeur, www.dogsledman.com

QC TERME PRÉ SAINT DIDIER

In der Therme Pré Saint Didier ist alles vorhanden, was notwendig ist, um einen perfekten Entspannungstag zu erleben. Warmes Wasser, das aus dem Berg in die Becken fließt, Saunen, Ruheräume und Massageangebote. Seit 1838 wird im Herzen des Aostatals gebadet, und die traditionsreichen Mauern haben den Stil und Chic dieser 185 Jahre konserviert. Die QC Terme Pré Saint Didier passt hervorragend in die Landschaft, die selbst wirkt wie aus einem Gemälde: das Aostatal mit seinen bewaldeten Hängen links und rechts sowie der stolze Mont Blanc am Horizont.

▸ Allee Des Thermes, 11010 Pré-Saint-Didier, www.qcterme.com

In der Therme Pré Saint Didier genießt man im heißen Wasser sitzend den Blick zum Mont Blanc.

Frankreich

Die Mont-Blanc-Region ist ein Eldorado für erfahrene Skitourengänger.

Mit den Zielen ...

Mont-Blanc-Massiv ▸ S. 192, Paradiski ▸ S. 198, Les 2 Alpes ▸ S. 204, Alpes-de-Haute-Provence ▸ S. 208

MONT-BLANC-MASSIV

Gewusst, wann ...

Kandaharrennen Chamonix

Als Teil der Arlberg-Kandahar-Rennserie rasen die besten Skifahrer Anfang Februar die Piste »La Verte« in Les Houches hinab. Sie sammeln Weltcuppunkte im Slalom und in Kombinationswettbewerben.
▶ www.chamonixworldcup.com

① Weil die auf dem Magma umherschwimmende afrikanische Erdplatte seit vielen Millionen Jahren einen Auffahrunfall mit der eurasischen Platte hat, drücken sich die Alpen als Knautschzone in die Höhe. Im 18. Jahrhundert standen bereits die ersten Alpinisten auf dem höchsten Punkt dieser Knautschzone – dem 4810 Meter hohen Mont Blanc. Zwei Bergsteiger aus Chamonix quälten sich 1786 auf den damals als unbezwingbar geltenden Gipfel. Sie kehrten völlig erschöpft und schneeblind, aber lebend zurück. Seitdem kommen an ihre Grenzen gehende Sportler an den Fuß des Mont Blancs, um sich mit den Bergen oder mit sich selbst zu messen. Einige der Formen, in denen sie das tun, haben sich über die Jahre gewandelt. 1924, bei den 1. Olympischen Winterspielen in Chamonix, trat man im Eisschnelllaufen, im Curling, im Bobfahren, aber auch in einer Sportart an, die »Militärpatrouille« genannt wurde. Während dieser Vorläufer des Biathlons bald wieder abgeschafft wurde, entwickelte man das alpine Skirennen, das 1924 noch unbekannt war. Ungefähr zur selben Zeit, zu der in Chamonix die Olympischen Winterspiele ihre Premiere feierten, entdeckte die Schickeria aus Paris, Lyon und Genf das nahe gelegene Megève. Hier ist das Tal weniger steil, die Sonne verschwindet nicht so schnell hinter den Bergen, und die Abfahrten sind sanfter. Während nach Chamonix eher die Sportler fahren, kommen nach Megève die Genussmenschen. Die Mittagsvesper auf den Hütten zieht sich oft in die Länge, und es wird französisch aufgetischt: Statt SchniPo werden gerne Trüffelpasta und Muscheln bestellt. Bienvenue au Mont Blanc!

◀ Der Blick auf den
Mont-Blanc-Gletscher mit dem Lac Blanc
ist ein beliebtes Fotomotiv.

CHAMONIX

Beim Spaziergang durch Chamonix entdeckt man die architektonischen Spuren, die mehr als 100 Jahre Wintersportgeschichte hinterlassen haben. Neoklassizistische Bauten stehen neben Belle-Époque-Hotels, verspielte Art-déco-Elemente stammen aus der Zeit der Olympischen Winterspiele 1924, und zeitlose Alpenchalets umringen brutal in die Landschaft geklotzte Betonkästen. Der letzte architektonische Höhepunkt ist die vor einigen Jahren eröffnete QC Terme, die sich elegant und modern in die Tallandschaft einfügt. (Nicht eben günstig, kein Eldorado für Saunafans, aber eine hübsche Thermenlandschaft mit Dampfbädern, Whirlpools und Ruheräumen.)

Die Skiregion Chamonix-Mont-Blanc setzt sich aus mehreren nur zum Teil verbundenen Skigebieten zusammen. Les Houches lockt mit tollen Ausblicken und der Weltcupabfahrt. Anfänger und Kinder gehen zum Skifahren und Rodeln in das direkt in Chamonix startende Gebiet Domaine des Planards und Snowboarder und Freerider lieben Domaine des Grands Montets. Hier liegt die vielleicht bekannteste Tiefschneeabfahrt der Welt. Sie ist leicht mit der Seilbahn Vallée Blanche zu erreichen und führt 20 Kilometer über den gleichnamigen Gletscher bis ins Tal nach Chamonix. Allerdings ist Vallée Blanche so bekannt, dass sich die Freerider manchmal am Start in Schlangen stauen, und der Tiefschnee schon längst plattgefahren ist, bevor sie in die Spur springen. Gemächlicher kann man die Dinge in Les Houches angehen, wo neben den rund 50 Pistenkilometern auch eine ganze Reihe Loipen gespurt werden. Entlang der Langlaufstrecken sind auch schöne Wanderungen möglich.

MEGÈVE

Als Baronin Maurice de Rothschild vor 100 Jahren beschloss, Frankreich brauche einen eigenen Wintersportort, der schön und nobel genug war, um es mit dem Schweizer St. Moritz aufzunehmen, ging ihr persönlicher Skilehrer auf die Suche. Und er fand Megève. Der Ort liegt in einem offenen Rund aus halbhohen Bergen, in dem sich die Sonne viele Stunden am Tag ausbreiten kann. Als Panorama dient im Hintergrund der mächtige Gipfel des Mont Blancs. Im Jahr 1921 eröffnete die Familie Rothschild ein Luxushotel, das bald als Unterkunft zahlungskräftiger

ESSEN & TRINKEN

L'Alt
In einige der Tische im Freien sind kleine Feuerstellen eingelassen, an denen die frierenden Hände gewärmt werden können, bis Burger und Bœuf Bourguignon serviert werden. Es gibt indoor auch unspektakuläre, dafür warme Sitzgelegenheiten.
▶ 199 Avenue de l'Aiguille du Midi, 74400 Chamonix-Mont-Blanc

Restaurant les Sapins
Im Zentrum von Praz-sur-Arly wird die traditionelle Küche des Haute-Savoie gekocht: Fondues, im Ofen gebackener Weichkäse und eine Art Crumble zum Nachtisch.
▶ 47 Route de Megève, 74120 Praz-sur-Arly, Tel. +33 (0)450 219007

Megève – Evasion Mont-Blanc

▶ Pistenlänge:	400 km
▶ Lifte:	96
▶ Höhe:	900–2350 m
▶ Schneesicher:	❄❄❄❄
▶ Familien:	❄❄❄❄
▶ Highlight:	Top-Allrounder mit Blick auf den Mont-Blanc

Die Montgolfiade von Praz-sur-Arly lockt jedes Jahr Tausende von Schaulustigen an.

CAMPINGPLÄTZE

Camping Les Deux Glaciers ★★★★★

1 Ein Stück außerhalb von Chamonix liegt unterhalb des Bossonsgletschers im Arvetal dieser unaufgeregte Campingplatz. In Hörweite des gärtnerisch hübsch gestalteten Geländes liegt eine größere Straße, die je nach Stellplatz ein wenig stören kann. Die Sanitäranlagen sind geräumig und warm, und im Restaurant wird (mit Reservierung) traditionell französisch gekocht.

❄ **Gute Lage für Ausflüge in verschiedene Richtungen: Sowohl zu den Talstationen im Zentrum von Chamonix als auch zur Station Les Houches sind es nur einige Kilometer, die mit öffentlichen Verkehrsmitteln (sowohl Bus- als auch Zughaltestelle vor der Tür) schnell überbrückt sind. In Les Houches werden auch Loipen gespurt. Direkt hinter dem Platz fährt oder wandert man hoch zum Bossongletscher.**

▸ Route des Tissières 80, 74400 Chamonix-Mont-Blanc, Tel. +33 (0)450 531584, GPS 45.902033, 6.837166, 01.01.–15.11., 15.12.–31.12. geöffnet

■ pincamp.de/ra1100

Camping Les Prés De L'Arly

2 Während das nur 5 km entfernte und leicht mit dem Bus erreichbare Megève den Ruf des mondänen Geldadels trägt, ist Praz-sur-Arly einfach nur ein gemütlicher Wintersportort mit Häusern im Chaletstil und einer Kirche aus dem 19. Jahrhundert. Der schlichte Platz passt hier gut hin. Im Empfangsraum ist vor dem Kamin Platz für abendliche Spielestunden, und Kids sind am Kicker beschäftigt. Die angebotenen Mietunterkünfte sind an den Chalet-Stil des Dorfs angepasst.

❄ **Zu den Liftanlagen des Skigebiets Praz-sur-Arly (32 Pistenkilometer) sind es nur zehn Minuten zu Fuß, und von hier hat man Anschluss an das große Gebiet Espace Diamant. Durch Praz-sur-Arly führt nur eine Loipe (10 km), die geht aber bis Megève. Schöne Spaziergänge durch das weite Tal können am Platz begonnen werden. Skitrockenraum ist vorhanden.**

▸ Route des Touvassières, 74120 Praz-sur-Arly, Tel. +33 (0)6104 40233, GPS 45.834083, 6.577876

■ pincamp.de/PIN_238700

Wintersportler diente. Wo andernorts betonierte Bettenburgen folgten, blieb Megève seinem bäuerlichen Stil treu, und bis heute atmet der Ort französischen Chic im Alpenstil. Es lohnt, den Kirchplatz im autofreien Zentrum zu besuchen, das Geld für einen teuren Drink zusammenzusuchen und die Szenerie auf sich wirken zu lassen.

Von Megève fahren die Lifte zu beiden Seiten des Tals in die Berge und damit zu den Pisten des Skiverbunds Evasion Mont-Blanc. Der Skiverbund versammelt mehr als 400 Pistenkilometer, zu denen unter anderem eine große Zahl Freeriding-Strecken gehören. Aber es überwiegen die leichten, breiten Carvingpisten, die in Frankreich grün markiert werden. Die Einstufung von sanft bis steil lautet: grün, blau, rot und schwarz.

ESPACE DIAMANT

Am Fuße des Mont Blancs haben sich fünf Wintersportorte zum Skigebiet Espace Diamant verbunden. Von Praz-sur-Arly ziehen sich Lifte und Pisten durch Wälder und über Almen bis nach Les Saisies. Mit einem Skipass lässt sich so die ganze Bergwelt erkunden. Wer früh aufsteht, kann eine ganze Run-

Heckklappe auf und die Aussicht bei einer Tasse Tee genießen – das ist Wintercamping pur.

de fahren, nachmittags eine Pause im hübschen Bergdorf Notre-Dame-de-Bellecombe einlegen und abends zurück in Praz-sur-Arly sein. Unterwegs liegen bei optimaler Schneesituation fast 200 Pistenkilometer zur Auswahl, zu denen auch einige herausfordernde schwarze und rote Abfahrten zählen.
Während der Olympischen Winterspiele 1992 wurden im Bereich des Espace Diamant die Langlauf- und Biathlonwettbewerbe abgehalten. Allerdings auf dem Hochplateau von Les Saisies, das, von den Campingplätzen Praz-sur-Arlys betrachtet, auf der anderen Seite von Espace Diamant liegt. Es werden fast 80 Loipenkilometer gespurt (Loipenpass erforderlich), zum höchsten Punkt fährt ein Lift, und für ambitionierte Fahrer gibt es eine Zeitmessstrecke. Auch Winterwanderer werden sich entlang der Loipen und auf speziell angelegten Wegen wohlfühlen.

BALLONFAHRT

Praz-sur-Arly ist neben seinem Zugang zum Skigebiet Espace Diamant auch bekannt für seine gute Thermik. Es ist ein unvergessliches Erlebnis, wenn man in einem kleinen Korb die schneebedeckten Hänge des Mont-Blanc-Massivs entlangfährt. Absolute Stille, nur gelegentlich durchbrochen vom Fauchen des Brenners. Hunderte Meter unter den eigenen Füßen liegen endlose Schneefelder, und links und rechts befinden sich Gipfel, die sich weit in die Höhe recken. Rund eine Stunde dauert ein Flug mit Alpes Montgolfière. Leider kein günstiges Erlebnis. Vielleicht gerät der Preis durch das Glas Champagner in Vergessenheit, das nach der glücklichen Landung angeboten wird.
▸ www.alpes-montgolfiere.fr

LES THERMES DE SAINT-GERVAIS

Schon vor mehr als 200 Jahren wurden in Saint-Gervais im Arvetal die ersten Zuber für Badegäste aufgestellt. Vor allem für die Haut soll das Mont-Blanc-Thermalwasser mit einem hohen Natrium-, Sulfat- und Chloridgehalt gut sein. 2016 erwarb die L'Oréal-Gruppe die Therme, und entsprechend ist das Angebot an Hautpflegeanwendungen ausgebaut worden. Aber auch ein einfacher Besuch der Thermen ist schön: Die Besucher folgen der Reise des Wassers aus den Tiefen der Erde bis zur Oberfläche, sodass sie am Ende schließlich in den Außenbecken mit schönem Blick auf die schneebedeckten Berge schwimmen. Es muss vorab reserviert werden, die Therme ist daher nie überfüllt, und es müssen Badeschlappen getragen werden (gibt es günstig am Eingang zu kaufen).
▸ 355 Allée du Docteur Lépinay, 74170 Saint-Gervais les Bains, www.thermes-saint-gervais.com

PARADISKI

Gewusst, wann ...

La Grande Odyssée
Beim vielleicht schönsten Schlittenhunderennen der Welt legen die 14 Tiere Hunderte Kilometer durch die verschneiten Berge von Savoie Mont-Blanc zurück. Eng überwacht von Veterinärmedizinern. Entlang der Strecke gibt es ein buntes Programm.
Findet Mitte Januar statt.
▶ www.grandeodyssee.com

Das Département Savoie ist benannt nach dem Herzogtum Savoyen, dessen Territorium sich weit über das Département hinaus nach Italien und in die Schweiz erstreckte. Die Landschaft ist steil, die Täler sind rau und schroff und die Berge nähern sich der Viertausendergrenze. Immer wieder wird das nahe gelegene Mont-Blanc-Massiv sichtbar. Die Bedingungen für Wintersportaktivitäten sind gut, die Touristen kommen zum Skifahren, zum Paragliden oder zum Wandern – und sie kommen in großen Scharen. La Plagne und Les Arc zählen bereits alleine zu den weltweit beliebtesten Skigebieten. Im Skiverbund Paradiski, verbunden durch die Gondelbahn Vanoise Express, sind sie unschlagbar.

Dafür geht es aber erstaunlich ruhig zu. Sicher gibt es auch in La Plagne Angebote für Après-Ski, aber man muss schon suchen, um sie zu finden. Die Besucher des Paradiski scheinen in die Berge zu fahren, um Sport zu treiben und die Natur zu genießen, und nicht, um zu feiern. Abends sitzen sie vielleicht noch beim Fondue mit einem Glas Wein zusammen. Spaziert man zu später Stunde durch die Straßen, um einen herum die kalte Winterluft und über einem die Sterne, fällt auf, wie wunderbar ruhig es ist.

◀ Der Skiverbund Paradiski umfasst die Wintersportgebiete La Plagne, Les Arcs und Peisey-Vallandry.

Paradiski	
▶ Pistenlänge:	425 km
▶ Lifte:	122
▶ Höhe:	1200–3250 m
▶ Schneesicher:	❄❄❄❄❄
▶ Familien:	❄❄❄❄❄
▶ Highlight:	Top-Allrounder mit markierten Skitouren

PARADISKI

Die doppelstöckige Seilbahn Vanoise Express transportiert die Skifahrer zwischen den Skigebieten hin und her, und so sind seit 20 Jahren La Plagne, Les Arcs und Peisey Vallandry miteinander verbunden. Mit mehr als 400 Pistenkilometern, zwei Snowparks und vielen Tiefschneestrecken ist natürlich für jeden etwas dabei. Wie schnell fährt ein Skifahrer? Durchschnittliche Fahrer werden schon einmal Geschwindigkeiten um die 70km/h erreicht haben. Der Rekord in Les Arcs liegt bei 245km/h. Dafür trägt man einen speziellen Anzug, trainiert lange, und auch die Skier dürften keine Carver sein, aber man sieht: Einige der Berge in Paradiski sind steil und lang, wenn auch die meisten der Pisten blau und rot markiert sind. Zu den schönsten Pisten zählen die Talabfahrten – auch in Montchavin führt eine abwechslungsreiche Piste vom Bellecôtegletscher bis an den Ortsrand. Mit Gipfeln über 3000 Metern und zwei Gletschern ist Paradiski bis ins Frühjahr hinein befahrbar.

Von Montchavin fährt man in das Gebiet La Plagne (und könnte dann von da nach Les Arc mit dem Vanoise Express wechseln). Oder läuft man lieber, statt zu fahren? Während in anderen Skigebieten die Liftbetreiber mit Argwohn die Skitourengänger betrachten, macht La Plagne Werbung mit einer Handvoll markierter Touren. Hat man es bis auf den Gipfel geschafft, geht es bergab entweder anspruchsvoll durch den Tiefschnee oder sicher über die präparierten Pisten. Vielleicht fällt La Plagne der Umgang mit der kleinen Zahl Skitourengänger auch leichter als anderen Gebieten – La Plagne zählt zu den meistbesuchten Skigebieten der Welt.

VALMOREL

Oberhalb von Valmorel liegt das schöne und sonnige Skigebiet Le Grand Domaine mit rund 150 gepflegten Pistenkilometern. Aber der Besuch des Dorfs unterhalb des Col de Madeleine (als herausfordernder Passübergang allen Tour-de-France-Fans bekannt) lohnt auch ohne das Skigebiet. Das erst in den 1970er-Jahren gebaute Dorf ist ein nachahmenswertes Beispiel dafür, wie Wintersportorte ohne viele Bausünden aussehen können: autofrei, kleine Gassen, große Hinterhöfe und ein offener Marktplatz.

ESSEN & TRINKEN

La Ferme de Cesar
Das Feuer prasselt, auf den Tischen brutzelt das Raclette, in den Tartiflettes schmitzt der Käse und die Gläser klirren. Im Ferme de Cesar wird garantiert jedem warm und jeder satt.
▶ 17 Rue des Pommiers, 73210 La Plagne-Tarentaise, Tel. +33 (0)6250 45527

Le Col du Palet
In freundlich-heller Umgebung werden von Sandwich bis Fondue unterschiedliche Klassiker angeboten. Liegt in Landry fußläufig zum Camping L'Eden de la Vanoise.
▶ 28 Rte de Peisey, 73210 Landry, Tel. +33 (0)4790 70874

CAMPINGPLÄTZE

Camping L'Eden de la Vanoise ★★★★☆

❸ Mitten im Herzen von Savoie Mont Blanc liegt dieser entspannte Campingplatz direkt am Ufer des Flusses Isère. Ein Highlight ist das überdachte und beheizte Schwimmbecken, das auch im Winter geöffnet ist. Abends trifft man sich im Aufenthaltsraum mit Billard und Tischfußball auf ein Glas Limo oder Wein. Im nahen Dorf Landry (600 m) findet sich ein kleiner Lebensmittelladen. Größere Supermärkte sind etwa sechs Kilometer entfernt. Das bewaldete Tal ist schön für Wanderungen, und sowohl die nahe gelegene Straße als auch die Bahnlinie (nachts kein Zugverkehr) sind wenig befahren.

❄ **Die Lage ist strategisch günstig, um schnell in die Wintersportorte der Region zu kommen – auf der nahen Hauptstraße halten verschiedene Busse. Ins Skigebiet Paradiski (ca. 10 km) fährt ein (mit Skipass) kostenloser Skibus. Ein Skitrockenraum ist vorhanden.**

▸ Avenue de la Gare, 73210 Landry, Tel. +33 (0)4790 76181, GPS 45.576247, 6.734533, 01.01.–11.09. geöffnet

▪ pincamp.de/ra1530

Camping Montchavin-Les Coches

❹ Mitten im Herzen von Paradiski ist dieser schlichte Platz am Rand von Montchavin die richtige Wahl für alle, die maximal viel Zeit auf der Piste verbringen wollen. Ein Aufenthaltsraum für den Austausch mit anderen Wintersportlern ist vorhanden. Montchavin selbst ist ein altes Bergdorf, das zu einem kleinen Wintersportort mit Restaurants, Sauna und Supermarkt (ca. 500 m) gewachsen ist, aber an einigen Stellen seinen alten Charme bewahrt hat.

❄ **Die Liftstationen von La Plagne (Teil von Paradiski) sind in unter zehn Minuten erreicht. Auch als Startpunkt für Schneeschuhwanderungen, Paragliding oder andere Bergabenteuer ist man bei Camping Montchavin-Les Coches goldrichtig. Ein Skitrockenraum ist vorhanden.**

▸ 2 Allée du Mont Blanc, 73210 La Plagne-Tarentaise, Tel. +33 (0)4790 7 83 23, GPS 45.560977, 6.738638, ganzjährig geöffnet

▪ pincamp.de/Pin_238702

Camping Les Lanchettes

❺ Südlich der Skigepisten liegt Camping Les Lanchettes in einem wunderschönen Tal am Waldrand. Sehr naturnahes Camping auf einem Gelände mit Baumgruppen und einem angrenzenden Wildbach. In der Bar wird morgens Espresso und abends Wein ausgeschenkt und im Restaurant Pizza gebacken und im Winter der Kamin angefeuert. Die Sanitäranlagen und der Skitrockenraum sind neu und warm. Für Nichtcamper gibt es schnuckelige Holzchaléts. Supermärkte sucht man in direkter Umgebung vergeblich, also besser gut eindecken.

❄ **Hier kommen besonders gerne Wanderer und Langläufer hin, denn das Tal ist durchzogen von Wegen und Loipen, und das Langlaufzentrum Pont Baud ist fußläufig. Ins Skigebiet Peisey-Vallandry (Paradiski) fährt ein kostenloser Shuttle.**

▸ 73210 Peisey-Nancroix, Tel. +33 (0)4790 79307, GPS 45.53113, 6.77572, 01.01.–01.05., 03.06.–11.09. geöffnet

▪ pincamp.de/ra_61157

ESPACE PARADISIO

In Montchavin liegt an der Talstation dieses kleine Wellnessparadies. Hamam, Sauna und Whirlpool lassen einen nach einem langen Skitag zur Ruhe kommen und tiefentspannen die angestrengten Muskeln. Wer das besonders nötig hat, gönnt sich am besten gleich auch noch eine Massage.

Ein Spielbereich für Kinder macht auch den Besuch mit Familie unterhaltsam, insgesamt ist das Bad aber eher auf Erwachsene ausgerichtet. Fußläufig vom Campingplatz Les Coches.

▶ Chemin du paradisio, 73210 Montchavin, www.aquaplagne.fr/center/espace-paradisio

MAISON DES JEUX OLYMPIQUES D'HIVER - TREMPLIN 92

François Mitterrand und Helmut Kohl regierten noch, und die gesamtdeutsche Olympiamannschaft trat drei Jahre nach der Wende erstmals in einem Team an: bei den Olympischen Winterspielen 1992. Im Olympiamuseum in Albertville entführen Skianzüge, Videos und Bilder auf eine kleine Zeitreise. Die meisten Texte sind auf Französisch. Die Stadt Albertville ist mit Stadttoren, Stadtmauern und einer Barockkirche auch für einen Bummel interessant.

▶ 15 Avenue de Winnenden, 73200 Albertville, www.tremplin92.org

Skitourengänger suchen sich einen Weg unterhalb der Pointe du Grand Niélard.

Langläufer finden in der Region
La Plagne-Tarentaise bestens präparierte Loipen.

LES 2 ALPES

Wer sagt, die französischen Alpen kennen keinen Après-Ski, irrt. Nach Les 2 Alpes und in das nahe gelegene La Grave kommen genug risikoaffine Freerider und Snowboarder, die die Tanzflächen und Bars mit einer Spur Verrücktheit beleben. Auf den zwei Hochgebirgsalmen (»2 Alpes«, *zwei Almen*) der tiefer liegenden Orte Vénosc und Mont-de-Lans wurde seit den 50er-Jahren ein Skigebiet entwickelt, zu dem mehr als 200 Pistenkilometer zählen. Über die Jahre wurden zusätzlich immer mehr Schanzen errichtet und Rails angebracht, sodass einer der größten Snowparks Europas entstand. Die Lifte liegen an den Flanken des La Meije, einem von großen Gletschern umlagerten knapp 4000 Meter hohen Berg. Sie bringen Wintersportler fast bis auf die Spitze, bis auf sagenhafte 3500 Meter. Hier oben liegt der Glacier de la Girose, der größte wintersportlich genutzte Gletscher der Alpen. Während woanders Schnee künstlich konserviert oder geschaffen wird, kann hier bis in den Sommer hinein auf natürlichem Schnee gefahren werden. Schleppt man sich durch die dünne Luft noch ein Stück über den La Meije, kommt man in das legendäre Skigebiet La Grave. Doch Pisten sucht man hier vergebens. Die wilde Bergwelt von La Grave ist ein Freeride-Mekka für Tiefschneefans und Tourengänger. Vielleicht dreht man doch besser um und nimmt die Talabfahrt zurück nach Les 2 Alpes, die vom Gletscher bis ins Dorf 2300 Höhenmeter überwindet.

Gewusst, wann ...

Derby de La Meije
Antreten kann bei diesem Rennen jeder. Als Fortbewegungsmittel ist alles erlaubt. Allerdings wird man mit einer Luftmatratze (wahrscheinlich) keinen Streckenrekord aufstellen. Es empfiehlt sich ein Helm, denn die 2000 Meter Höhenunterschied führen über die Tiefschneehänge von La Grave.
▶ www.derbydelameije.com

◄ Die bunten Gondeln der Seilbahn fahren steil hinauf zum Gletscher La Meije und in das sagenhafte Skigebiet La Grave.

LES 2 ALPES

Das Skigebiet Les 2 Alpes ist auf den Kopf gestellt: Ganz oben sind vor allem einfache Abfahrten zu finden (in Frankreich grün markiert), da hier der Gletscher mit seinen breiten Flanken liegt. Insgesamt gibt es im zweithöchsten Skigebiet Europas ganz überwiegend grüne Pisten, was super zum Carven und Üben ist.

Weiter unten am Berg werden die Pisten immer steiler. Zwölf von ihnen sind schwarz markiert, wovon Le Diable, der Teufel, die mit dem größten Gefälle ist. Ein besonderes Highlight für Abfahrtsskifahrer ist die Dôme de la Lauze. Volle 17 Kilometer lang, mit einem Höhenunterschied von fast 2300 Metern, zählt die Abfahrt vom Gletscher bis ins Dorf zu den längsten präparierten Pisten der Welt.

Für Sprungenthusiasten auf Skiern und Snowboards ist hingegen der Snowpark der Höhepunkt von Les 2 Alpes. Mit zwei Halfpipes, zahlreichen Sprungschanzen und anderen Trickelementen zählt er zu den besten Frankreichs. Und ein Highlight für die Umwelt ist die Stromversorgung des Skigebiets: Lifte und Infrastruktur werden mit 100 Prozent erneuerbarer Energie betrieben.

GLACIER CAVE

Vor vielen Tausenden Jahren – in der letzten Eiszeit – fiel eine Menge Schnee aus dem Himmel, verdichtete sich immer mehr und gefror. Der Gletscher de la Girose entstand. Das Eis ruhte stumm als unbehauener Block über all die Zeit – bis zwei Bergführer eine geräumige Eishöhle für sich und ihre künstlerische Idee entdeckten. Sie begannen Skulpturen aus dem ewigen Eis zu bauen. Seitdem stehen filigran geschnitzte Mammuts und Dinosaurier in ihren Grotten und schaffen eine verzauberte und leicht mystische Stimmung. Einerseits sind sie ästhetisch mit Lampen in Szene gesetzt. Andererseits erinnern sie bedrückend daran, dass das Eis nicht ewig ist.

ESSEN & TRINKEN

The Spot
Bau deinen eigenen Burger! Dank des weltoffenen Publikums von Les 2 Alpes gibt es dafür auch thailändisches Rindergeschnetzeltes, vegane Patties und Süßkartoffeln zur Auswahl.
2 Rue de l'Irarde, 38860 Les Deux Alpes, +33 (0)457 300394

Restaurant de France
Unweit des Campingplatzes La Cascade im Zentrum von Bourg-d'Oisans gelegen. Im Bistro wird in ungezwungener Atmosphäre Tartiflette Savoyarde zubereitet – der Kartoffelauflauf mit Reblochon-Käse ist eine typische Winterspezialität der Savoier Berge.
▶ 5 Rue du Général de Gaulle, 38520 Le Bourg-d'Oisans, Tel. +33 (0)476 800028

LA GRAVE

Wo anderswo Wellnesstempel und Bettenburgen die Dörfer dominieren, hat das Bergdorf La Grave mit seinen Steinhäusern und steilen Gassen seinen Geist aus einer anderen Zeit konserviert. Das höchste Gebäude ist die über dem Ort thronende Kirche

Les 2 Alpes	
▶ Pistenlänge:	220 km
▶ Lifte:	49
▶ Höhe:	1300–3600m
▶ Schneesicher:	❄ ❄ ❄ ❄ ❄
▶ Familien:	❄ ❄ ❄ ❄
▶ Highlight:	Talabfahrt über 2280 Höhenmeter

Der Campingplatz Le Champ du Moulin ist ein guter Ausgangspunkt für alle Winteraktionen.

CAMPINGPLÄTZE

Camping Le Champ du Moulin ★★★★★

6 Der naturbelassene Campingplatz liegt auf 930 Metern, sodass oft unten im Tal schon die Bäume sprießen, während weiter oben der Schnee die Berge noch fest im eisigen Griff hat. Zum Aufwärmen gibt es eine kleine Sauna und geräumige und beheizte Sanitäranlagen. Im Restaurant kann man sich für das Abendessen anmelden, für das mit ökologischen Lebensmitteln täglich wechselnde Menüs zubereitet werden. Sollte die eigene Gasheizung ausfallen, stehen gemütliche Murmeltier-Chalets bereit.

❄ **Sollte auch im Tal Schnee liegen, führt entlang des Vénéon eine schöne Loipe, und Kinder können auf dem großen Spielplatzgelände rodeln. Die Gondelbahn ist nur fünf Gehminuten entfernt und führt in den Ort Les 2 Alpes, wo Lifte starten und Pisten enden.**

▸ Bourg-d'Arud, 38520 Venosc, Tel. +33 (0)476 800738, GPS 44.9866, 6.1204, 01.01.–23.04., 28.05.–15.09., 15.12.–31.12. geöffnet

■ pincamp.de/ra3100

Camping La Cascade (Le Bourg-d'Oisans)

7 Der Platz liegt am Ortsrand, und so sind Restaurants und Einkaufsmöglichkeiten fußläufig. Im platzeigenen Restaurant wärmt nicht nur traditionelle regionale Küche, sondern auch ein Kamin. Gegen Gebühr wird die Sauna angestellt. Mit beheizten Sanitäranlagen und einem Skitrockenraum sind die Basics für einen angenehmen Aufenthalt ohnehin vorhanden.

❄ **In fünf Minuten erreicht man zu Fuß eine Gondelbahn, die Wintersportler in das Gebiet Les 2 Alpes bringt. Zur Talstation Alpe d'Huez sind es mit dem Fahrzeug 30 Minuten, nach La Grave 45 Minuten.**

▸ Route de l'Alpe-d'Huez, 38520 Le Bourg-d'Oisans, Tel. +33 (0)476 800242, GPS 45.06408, 6.03903, 01.01.–30.09., 20.12.–31.12. geöffnet

■ pincamp.de/ra_68318

Notre-Dame-de-l'Assomption. Das touristische Leben spielt sich vor allem entlang der Hauptstraße ab, wo sich Bäckereien und Hotels finden. Verschwindet man in einer der Seitengassen, ist man zurück im alten Bergdorf. Allein dafür ist La Grave einen Ausflug wert.

Doch die meisten kommen zum Freeriding. Denn wo anderswo Kunstschneepisten und Zeitmessstrecken die Skigebiete dominieren, hat La Grave nur den La Meije. Aber für Tiefschneefans ist er ein Eldorado! Hinauf geht es mit der Seilbahn zum Gletscher auf 3200 Meter, von wo aus noch ein Schlepper ein kleines Stück weiter den Berg hinaufführt. Bergab gibt es keine Pisten, aber durchaus Regeln. Überschätzen darf man sich nicht, fundierte Bergkenntnisse sind vorausgesetzt und Informieren ist Pflicht.

Es wird auch geführtes Fahren samt Bergführer angeboten.
▶ www.guidelagrave.com

SPA CHALET MOUNIER

In Ermangelung einer Therme weichen die Wintersportler von Les Deux Alpes in die Hotels aus. Die feine, aber nicht günstige Variante bietet das Chalet Mounier mit entspannenden Massagen, die buckelpistengestresste Körper wieder ins Lot bringen. Im Anschluss geht es in die kleine, aber sehr vornehme Wellnesslandschaft samt Sauna, Jacuzzi und Pool. Zu dem Hotel gehört ebenfalls ein vom Guide Michelin dekoriertes Restaurant.
▶ 2 Rue de la Chapelle, 38860 Les Deux Alpes, www.chalet-mounier.com

Die Lifte führen im Skigebiet Les 2 Alpes bis in eine Höhe von 3600 Metern hinauf.

ALPES-DE-HAUTE-PROVENCE

Gewusst, wann …

Rallye Monte Carlo
Die seit mehr als 100 Jahren ausgetragene Rallye führt über mehrere Pässe der Seealpen – wenn kein Schnee auf dem Asphalt liegt, helfen manche Zuschauer mit Schippen nach. Ende Januar treten Lenkradakrobaten im Rallyeklassiker gegeneinander an.
▶ acm.mc

4 Kurz bevor die Berge sich gen Mittelmeer senken, bevor die Alpen gen Côte d'Azur absteigen, liegt das Département Alpes-de-Haute-Provence. Hier können Skifahrer am Nachmittag ihre Bindungen lösen, und am Abend sitzen sie im Hafen von Nizza und bestellen frisch gefangenen Fisch. Am Übergang von Alpen und Provence ist die Luft klar und sie trägt schon einen Hauch Meeressalz mit sich. Manche der Berge hingegen sind so steil, dass hier der Weltrekord im Schnellskifahren aufgestellt werden konnte. Die vielen Sonnenstunden, die im Sommer die Lavendelfelder erblühen lassen, bereiten Wintersportlern entspannte Tage im Schnee. In der Mittagspause zieht man sich den Pulli aus und macht im T-Shirt eine kleine Schneeballschlacht. So denn genug Schnee liegt. Doch die hoch gelegenen Gebiete wie La Fôret Blanche können mindestens auf ihren Nordhängen gut präparierte Pisten zwischen Ende Dezember und März garantieren. In niedrigeren Skigebieten sollte man zusätzlich zur Skiausrüstung die Wanderschuhe einpacken. Oder die Badehose. Zum Baden muss man nicht bis zum Mittelmeer fahren, auch die Thermalbäder von Digne-les-Bains sind ein Tagesausflug wert.

◀ Fast verwunschen wirkt die kleine Insel im Lac de Serre-Ponçon, der von den hohen Bergen des Départements Alpes-de-Haute-Provence umstanden ist.

LA FÔRET BLANCHE

Aus den Dörfern Risoul und Vars fährt man in das Skigebiet Forêt Blanche, das gut 180 Pistenkilometer aufweist. Einige der Pisten führen malerisch durch den weißen Lärchenwald, Namensgeber des Gebiets. Trotz vieler Sonnenstunden gilt La Fôret Blanche, das am nördlichen Rand von Alpes-de-Haute-Provence und weitestgehend über 2000 Meter liegt, als schneesicher. Der Großteil der Strecken ist breit und gut zum Carven. In Richtung Vars wird es allerdings steiler – hier finden regelmäßig FIS Speed Skirennen statt, und 2016 wurde sogar mit 255 km/h der seitdem ungebrochene Geschwindigkeitsrekord auf Skiern aufgestellt. Im unteren Teil der FIS-Piste können auch Laien ihre Zeiten messen. Mit verhältnismäßig günstigen Unterkünften und Skipässen ist das Gebiet besonders bei der jüngeren Generation beliebt.

Wer die schöne Landschaft gemächlicher erkunden möchte, stößt schnell auf die Wanderwege, von denen auch einige bei Schnee begehbar sind. Zwischen Risoul und Vars führt zudem eine 15 Kilometer lange Loipe durch den Wald.

SAINT-JEAN-MONTCLAR

An einigen Ecken wird der mittelalterliche Ursprung von St. Jean und Montclar noch erkennbar – ansonsten haben die Bergdörfer sich ihrer neuen Funktion als Ferienort angepasst. Aus St. Jean führen die Lifte auf rund 2000 Meter. An den Hängen zweier Bergrücken wurden Pisten angelegt, die zusammen ein nettes kleines Familienskigebiet bilden. Liegt ausreichend Schnee, sind auch einige anspruchsvollere Abfahrten darunter, die bis ins Dorf hinabführen. Bei jedem Wetter ist die Region eine wunderschöne Wandergegend. Eine schöne, aber durchaus anspruchsvolle Wanderung ist der 15 Kilometer lange Rundweg »Le Circuit des Chapelles«, der die Wanderer zu den Bergkapellen der Region führt.
▶ www.montclar.com/equipement/
randonnee-le-circuit-des-chapelles

ESSEN & TRINKEN

Dedans Dehors
Sobald Salat, Rehfilet mit Heidelbeersauce oder Käsetarte serviert werden, sieht man gezückte Handys – die Küche weiß, wie man Teller fotogen anrichtet. Und das alles in einem gemütlichen Kellergewölbe im Zentrum von Guillestre.
▶ Ruelle Sani, 05600 Guillestre,
Tel. +33 (0)492 442907

Amendonné
Mit Liebe zubereitete Gerichte einer kleinen Speisekarte. Von Pasteten über Burger bis zu köstlichen Nachtischen wird alles frisch zubereitet.
▶ Station Face À La Mairie,
04140 Montclar, Tel. +33 (0)492 819676

LAC DE SERRE-PONÇON

Das größte Frischwasserreservoir Frankreichs ist in den 50er-Jahren als Stausee angelegt worden. Im Winter ist der Wasserstand oft tief, da die Schneeschmelze noch nicht begonnen hat und das Wasser zur Stromerzeugung genutzt wird. Dann kann die aus dem 12. Jahrhundert stammende kleine Wallfahrtskapelle Saint-Michel, die bei höherem Wasserstand auf einer kleinen Insel thront, zu Fuß

La Fôret Blanche	
▶ Pistenlänge:	185 km
▶ Lifte:	51
▶ Höhe:	700–2430 m
▶ Schneesicher:	❄ ❄ ❄
▶ Familien:	❄ ❄ ❄ ❄
▶ Highlight:	Snowparks

CAMPINGPLÄTZE

Camping Saint-James Les Pins ★★★☆

⑧ Ein schöner naturnaher Platz ohne viel Luxus. Ein Aufenthaltsraum mit TV ist vorhanden. Die Läden und Restaurants der nächsten Stadt (Gillestre) sind weniger als zwei Kilometer entfernt. Sollte bereits der Frühling Einzug gehalten haben, sind die Tennisanlagen nebenan ggf. interessant.

❄ **Von hier kann der Nationalpark Écrins mit Seen und Wäldern auf Wanderwegen entdeckt werden. Skifahrer gelangen in 20 Minuten über eine steile Sperpentinenstraße nach Risoul ins Wintersportgebiet La Fôret Blanche. Hier befindet sich auch eine 20 Kilometer lange Loipe.**

▸ Route des Campings, 05600 Guillestre, Tel. +33 (0)492 450824, GPS 44.656816, 6.63275, 01.01.–31.10., 16.12.–31.12. geöffnet

■ pincamp.de/po0350

Yelloh! Village L'Étoile des Neiges ★★★★☆

⑨ Eigentlich einer dieser Campingplätze, die alles können: Pisten und Lifte sind in der Nähe, die Ferienanlage ist modern und gepflegt, im mit rustikalem Holz eingerichteten Aufenthaltsraum gibt es einen Kamin und einen Billardtisch. Der Wellnessbereich (weitestgehend inklusive) umfasst ein warmes Sprudelbad, Hammam und eine Sauna. Und im Platzrestaurant werden leckere Pizzen gebacken. Jetzt kommt jedoch das große Aber: Im Winter bleiben die Wohnmobilstellplätze oft geschlossen, und es werden nur Chalets, Blockhütten vermietet.

❄ **Die Lifte und Pisten des kleinen Skigebiets Saint-Jean-Montclar sind nur 300 Meter entfernt. Wanderungen beginnen direkt am Platz und führen – je nach Witterungslage – z. B. zu den zu den Bergkapellen der Region. Ein Skitrockenraum ist vorhanden.**

▸ Col Saint-Jean, 04140 Montclar, Tel. +33 (0)492 350708, GPS 44.409344, 6.34809, 01.01.–13.03., 25.05.–07.09., 17.12.–31.12. geöffnet

■ pincamp.de/po0900

---

erreicht werden. Entlang der Ufer des Lac de Serre-Ponçon lässt es sich gut ebenerdig spazieren. Ein beliebtes Fotomotiv sind die bizarren Felsformationen Demoiselles Coiffées im Südosten des Sees.

DIGNE-LES-BAINS

Die »Hauptstadt des Lavendels« und Hauptort der Präfektur Alpes-de-Haute-Provence hat ihren Namen von den heißen Thermalquellen, die aus der Erde sprudeln. Im Zentrum der Stadt steht die majestätische Kathedrale St. Jérôme, gewidmet dem Heiligen Hieronymus. Nach Digne-les-Bains kommen gerne die Städter Marseilles, die den Abgasen der Autos entfliehen, im Luftkurort die trockene Bergluft atmen und in das heiße Thermalwasser eintauchen. Für gesundheitsorientierte Anwendungen geht man in die Kliniken oder in die Therme De Digne Les Bains. Für einen erlebnisreichen Nachmittag besucht man die Therme Les Eaux Chaudes, die mit Rutschen und Wasserfall auch Familien anspricht.

LES BAINS DES BOIS

Während von oben die Schneeflocken rieseln, lässt man sich in Montclarin in seinen privaten Holzzuber voll dampfend heißem Wasser sinken. Sollte der Kopf zu kalt werden, hilft Untertauchen oder der Gang in die Fasssauna. Das Minimum sind zwei Personen, es wird günstiger, wenn sich mehr Leute die Miete teilen. Kein FKK, also Badezeug nicht vergessen.

▸ 04140 Montclar, www.lesbainsdesbois.com

Gut gerüstet für's
Wintercamping mit RUD Schneeketten

Die **Schneekettenpflicht**
(auch für Allradfahrzeuge) wird in den Alpenländern durch ein blaues Schild mit Schneekettensymbol angezeigt. Ab diesem Zeichen müssen alle Fahrzeuge, bei schneebedeckten Straßen, auf **mindestens zwei Antriebsrädern** Schneeketten aufziehen. Fahrzeuge mit montierten Schneeketten dürfen nicht schneller als **50 km/h** fahren.
In Österreich gilt:
Gesetzliche Schneeketten-Mitführpflicht vom 1.11. bis 15.4. für
- Kfz < **3,5 t** (nur, wenn ohne M+S Bereifung) mit ÖNORM V5117 oder EN 16662-1
- Kfz > **3,5 t** mit ÖNORM V5119

RUD hat speziell für diese Fahrzeuge ausgelegte Schneeketten im Programm.

RUD*comfort* CENTRAX V
Kein Griff hinters Rad – die automatische Schneekette

- Freigängigkeit 0 mm
- Alle Montageschritte von außen
- Nur Adapter vormontieren
- Montage der Kette ohne Werkzeug
- Sehr laufruhig durch umlaufenden Kettengürtel
- Nur bis 3,5t; nicht für Zwillingsbereifung
- 4 mm runde Kettenglieder
- EN 16662-1 (Class 0-16mm), Ö-Norm V5117, TÜV

RUD*matic*® CLASSIC V
Mit verstärkten Vierkant-Kettengliedern für hohe Beanspruchung

- Freigängigkeit 16 mm
- Hervorragend geeignet für Heck- und Frontantrieb
- Einfache Montage dank festem Federstahlbügel
- Perfekt zur Bekettung des äußeren Rades bei Zwillingsbereifung
- Ab 4,5 mm Vierkant-Kettenglieder
- Ö-Norm V5119, TÜV

RUD*compact*® GRIP V
Praktisch und robust

- Freigängigkeit 16 mm
- Seilmontage
- Hervorragend geeignet für Frontantrieb, auch für Heckantrieb
- 4,5 mm Vierkant-Kettenglieder
- Ö-Norm V5119, TÜV

RUD Ketten
Rieger & Dietz GmbH u. Co. KG
Friedensinsel
73432 Aalen / Germany
Tel: +49 7361 504-0
Fax: +49 7361 504-1450
Mail: gl@rud.com

ANZEIGE

WINTERCAMPING – ABER RICHTIG

Wintercamping mit Wohnwagen oder Reisemobil wird immer beliebter. Mit den richtigen Modellen und der passenden Zusatzausstattung von Freizeitfahrzeughersteller Dethleffs kann jeder den Urlaub in Schnee und Eis voll und ganz genießen.

AUSSEN KALT UND INNEN WARM

Ob Pistengaudi oder Langlauf, ob Schneeschuhwanderung oder Spaziergänge durch verschneite Landschaften – auch im Winter kommen Camper in der Natur auf Ihre Kosten. Doch nicht jeder Wohnwagen oder jedes Reisemobil ist für den Urlaub in Eis und Schnee gleich gut geeignet. Der Freizeitfahrzeughersteller Dethleffs gilt als ausgewiesener Winterspezialist unter den Caravan- und Reisemobilherstellern, sind doch die Winter am Stammsitz in Isny im Allgäu von je her schneereicher und kälter als in den meisten anderen Regionen Deutschlands.

Deshalb attestiert Dethleffs all seinen Serienfahrzeugen, ob Caravan, Reisemobil oder Camper Van, von Haus aus Wintertauglichkeit. Im Klartext: Die Fahrzeuge sind so isoliert und mit einer ausreichend stark ausgelegten Heizung ausgestattet, dass sich bei einer Außentemperatur von 0 °C der Innenraum dauerhaft auf 20 °C erwärmen lässt. Bei Dethleffs kommt serienmäßig die AirPlus Dachschrank-Hinterlüftung hinzu, die verhindert, dass sich an der kalten Außenwand hinter den Schränken Kondenswasser bildet. Dies beugt Schimmelbildung und Stockflecken vor und sorgt für Wohlfühlatmosphäre auch im Winter.

AUF DEN RICHTIGEN CAMPER KOMMT ES AN

Wer seinen Wohnwagen oder sein Reisemobil regelmäßig bei noch tieferen Temperaturen oder über längere Zeit bei Eis und Schnee nutzen

Wintersport und Camping können sich bei richtiger Fahrzeugausstattung ideal ergänzen.

möchte, sollte mit der Wahl des richtigen Modells, einer passenden Zusatzausstattung oder einer entsprechenden Nachrüstung vorsorgen. Als „winterfest" gilt ein Fahrzeug dann, wenn es sich nach kompletter Auskühlung bei -15 °C innerhalb von vier Stunden auf +20 °C aufheizen lässt und über frostfreie Frisch- und Abwasserleistungen verfügt. In diese Kategorie fallen serienmäßig die Dethleffs-Reisemobile mit Doppelboden wie Trend A 7877-2, Esprit, Alpa, XXL A oder Globetrotter XLi Edition 90. Hier sind Leitungen und Wassertank im beheizbaren Stauraum frostsicher geschützt.

BEHAGLICHER KOMFORT

Viele weitere Dethleffs Reisemobil-Modelle lassen sich ab Werk mit einem Winterkomfort-Paket absolut wintertauglich ausrüsten. Zum Umfang der Winterkomfort-Pakete gehören – je nach Fahrzeugmodell und Ausführung – neben einer besonders dichten XPS Aufbau-Isolierung auch isolierte Unterbodenleitungen, ein isolierter Abwassertank, elektrisch beheizte Abwasserleitungen und -tank sowie elektrische Lösungen für Warmwasser- oder Warmluftheizungen. Auch für zahlreiche Wohnwagen-Modelle bietet Dethleffs Winterkomfort-Pakete mit spezieller Isolierung, leistungsstarker Heizung und weiteren Ausstattungen fürs Campen in der kalten Jahreszeit.

Bestehende Dethleffs-Fahrzeuge lassen sich häufig mit Nachrüstpaketen für den Einsatz im Winter fit machen. Die Nachrüstlösungen sowie eine fachkundige Beratung, welches Reisemobil- oder Caravan-Modell für die Winternachrüstung geeignet ist und welche Maßnahmen sinnvoll sind, gibt es bei den regionalen Dethleffs-Händlern. Mehr Informationen und praktische Tipps fürs Wintercamping unter www.dethleffs.de/winterspezialist/

KONTAKT

Dethleffs

Arist-Dethleffs-Straße 12,
88316 Isny i. Allgäu, Email: info@dethleffs.de,
Telefon: +49 7562 9870

Mit den Winterkomfort-Paketen von Dethleffs wird das Wintercamping zum Vergnügen.

Alle Dethleffs Caravans, Reisemobile und Camper Vans sind von Haus aus wintertauglich.

Zu einer winterfesten Ausstattung gehören eine gute Isolierung sowie frostfreie Tanks und Leitungen.

REGISTER

4-Berge-Skischaukel 55

Alaïa Bay 111
Alpenwelt Karwendel 167
Alpenzoo Tirol 21
Aquarena Kitzbühel 37
Arosa-Lenzerheide 83
Auskühlen verhindern 8
Axalp ob Brienz 92

Bad Oberjoch 161
Bad Schandau 129
Bad Wildbad 139
Beatenberg 107
Braunlage 117
Brienz 92
Brienzersee 108
Brocken 119

Chamonix 193
Christlum Achenkirch 27
Corviglia 69
Courmayeur 187
Crévacol 187

Davos Jakobshorn 81
Davos Klosters Parsenn 79
Davos Rinerhorn 79
Diavolezza-Lagalb 70
Digne-les-Bains 210
Drei Zinnen 180

Ellmau 31
Engelberg-Brunni 98
Engelberg-Titlis 97
Enzklösterle 139
Erlebnis-Therme Amadé 57
Espace Diamant 196
Evasion Mont-Blanc 193

Feldberg 143
Fellhorn 161
Flims-Laax-Falera 87

Glacier Cave 205
Gletscherskigebiet Kitzsteinhorn 39
Golm 63
Grindelwald-First 103
Grindelwald-Wengen 101
Großer Arber 151
Großglockner/Heiligenblut 43
Großglockner Resort Kals-Matrei 43

Harzer Schmalspurbahn 120
Heiligenblut 43
Heiztipps 9
Hemmersuppenalm 157
Hindelang 161
Hintertuxer Gletscher 23
Hochfelln 157
Hochgurgl 15
Hohe Tauern 43

Iberger Tropfsteinhöhle 121

Jungfraujoch 101

Kaltenbronn 139
Kanzelwand 161
Katastrophenschutz 9
KitzSki 35
Kreuzberg 131
Kronplatz 179

Lac de Serre-Ponçon 209
La Fôret Blanche 209
La Grave 205
Lech Zürs 59
Les 2 Alpes 205
Les 4 Vallées 111
Live-Hacks 10
Loipenpark am Roten Moor 133

Maiskogel 39
Maison des Jeux Olympiques d'Hiver – Tremplin 92 201
Megève 193
Meiringen–Hasliberg 91
Messner Mountain Museum 183
Muggenbrunn 143
Muottas Muragl 70
Mürren-Schilthorn 107

Natur Eis Palast 23
Nebelhorn 161
Neustift 20
Notschrei 145

Obergurgl 15
Oberhof 123
Oberstdorf 160
Ochsenkopf 147
Olympia Bob Run St. Moritz–Celerina 70

Paradiski 199

Ramsau 55
Ratschings-Jaufen 175
Rennsteig 125
Reschensee 171
Ridnauntal 177
Rofan 27
Rosskopf 175
Ruhpolding 155

Sächsische Schweiz 127
Saint-Jean-Montclar 209
Sankt Englmar 151
Schlick 2000 19
Schlossalm-Angertal-Stubnerkogel 49
Schloss Tarasp 77
Schmittenhöhe 39
Schneekopf 123
Schöneben-Haideralm 171
Scuol 75
Sebnitz 127
Seiffen 129
Sellaronda 179
Silvretta Montafon 63
Ski Arlberg 59
Skigebiet Garmisch-Classic 165
Skigebiet Zugspitze 165
SkiWelt Wilder Kaiser Brixental 31
Sölden 15
Stubaier Gletscher 19

Thunersee 108

Valmorel 199
Volkslanglauf Toblach-Cortina 181

Waldwipfelpfad 153
Wasserkuppe 131
Watles 173
Wildpark Aurach 37
Wildpark Feldkirch 65
Willingen 135
Winklmoosalm-Steinplatte 155
Winterberg 135
Wurmberg 117

Zillertal Arena 23
Zuoz 70
Zwei Länder Skiarena 171

IMPRESSUM

© 2022 GRÄFE UND UNZER VERLAG GmbH, München
Postfach 86 03 66, 81630 München
Markenlizenz der ADAC Camping GmbH, München

ISBN 978-3-95689-939-3

1. Auflage 2022

Alle Rechte vorbehalten. Nachdruck, auch auszugsweise, sowie Verbreitung durch Film, Funk, Fernsehen und Internet, durch fotomechanische Wiedergabe, Tonträger und Datenverarbeitungssysteme jeglicher Art nur mit schriftlicher Genehmigung des Verlags.

Autor: Julian Meyer
Redaktion und Projektmanagement: Wilhelm Klemm
Lektorat: Susanne Maute, mcp concept GmbH
Satz: mcp concept GmbH
Bildredaktion: Petra Ender
Kartografie: mcp concept GmbH
Umschlaggestaltung: Birgit Kohlhaas
Layout: Anja Linda Dicke, dickedesign.de
Herstellung: Mendy Willerich
Druck und Bindung: Printer Trento, Italien

Wichtiger Hinweis

Die Daten und Fakten für dieses Werk wurden mit äußerster Sorgfalt recherchiert und geprüft. Wir weisen jedoch darauf hin, dass diese Angaben häufig Veränderungen unterworfen sind und inhaltliche Fehler oder Auslassungen nicht völlig auszuschließen sind, zumal zum Zeitpunkt der Drucklegung die Auswirkungen von Covid-19 auf das Hotel- und Gastgewerbe vor Ort noch nicht vollständig abzusehen waren. Für eventuelle Fehler oder Auslassungen können Gräfe und Unzer, die ADAC Camping GmbH sowie deren Mitarbeiter und die Autoren keinerlei Verpflichtung und Haftung übernehmen. Aus Gründen der besseren Lesbarkeit wird in diesem Buch bei Personenbezeichnungen das generische Maskulinum verwendet. Es gilt gleichermaßen für alle Geschlechter.

Ansprechpartner für den Anzeigenverkauf:
KV Kommunalverlag GmbH & Co. KG,
MediaCenter München, Tel. 089/928 09 60

Bei Interesse an maßgeschneiderten B2B-Produkten:
roswitha.riedel@graefe-und-unzer.de

Leserservice
GRÄFE UND UNZER Verlag
Grillparzerstraße 12, 81675 München
www.graefe-und-unzer.de

Umwelthinweis
Nachhaltigkeit ist uns sehr wichtig. Der Rohstoff Papier ist in der Buchproduktion hierfür von entscheidender Bedeutung. Daher ist dieses Buch auf PEFC-zertifiziertem Papier gedruckt. PEFC garantiert, dass ökologische, soziale und ökonomische Aspekte in der Verarbeitungskette unabhängig überwacht werden und lückenlos nachvollziehbar sind.

BILDNACHWEIS

Titelbild: Huber Images: R. Schmid

Alamy Stock Photo: 87, Zoonar 168; Alpencamping 94; Alpencamping Nenzing 64; Arlberglife Camping 61; Camping Eienwäldli 99; Camping Eigernordwand 102; Camping Flims 89; Camping Gravas 85; Camping La Sarvaz 112; Camping Lärchwiese 176; Camping Le Champ du Moulin 206; Camping Morteratsch 73; Camping Ötztal 12; Camping Pradenz 66; Camping Sölden 14; Camping Toblacher See 181; Camping Zirngast 57; Camping zur Mühle 40; Campingdorf Hofer 25; Campingplatz am Schierker Stern 119; Campingplatz Großbüchlberg 149; Camping-Resort Zugspitze 166; Caravanpark Achensee 28; Caravanpark Sexten 184; Eisweg Engadin 77; Feriencamping Hochschwarzwald 145; Getty Images: 500px Prime 30, Digital Vision 197, E+ 65, George pachantouris 26, H. Leue 132, iStockphoto 158, luca sage 39, 41, M. Bottigelli 90, Moment RF 180, R. Moiola 71, RooM RF 52; Huber Images: C. Dörr 129, F. Tremoada 190, G. Gräfenhain 117, 130, M. Carassale 189, R. Schmid 21, 69, 100, 142, 165, 167; imageBROKER: J. Hasenkopf 114, M. Braito 177, M. Szönyi 109, M. Segerer 157; Imago: A. Hettrich 2, Andia 202; Kurcamping Erlengrund 51; Laif: hemis.fr/M. Camille 204, hemis.fr/P. Jacques 201; Look: K. Wothe 23; Mauritius Images: F. Lemmens 108, K. Neuner 133, Norbert 36, Panther Media GmbH/Alamy 91, Prisma 101, Puflechupete 092, Westend61 138; Nationalpark Camping 6, 46; Picture alliance: dpa 5, 194, 47, Keystone 96; Rennsteig-Caravaning Valentinsteich 124; RinerLodge Camping 80; Seasons Agency: A. F. Selbach 141; Shutterstock: 80-20 198, A. Aleksandravicius 179, A. Beata 42, A. Chizhenok 110, A. Oblov 18, AndiPu 58, B. Marty 106, BBA Photography 104, Boris-B 179, Burim Muga 208, Canetti 86, Creative Travel Projects 192, Der_Wolf 116, E. Bocek 82, F. Muharremi 31, F.r Selivanov 74, FooTToo 27, 29, gorillaimages 170, 173, J. Engbers 44, J. Serafim 113, Joachim B. 153, Kurlin Cafe 35, ladyphoto89 183, lightandsquares 34, ludidzoni 207, MAD.vertise 95, Maniscalco 188, moreimages 140, Napat Aor70 97, nikolpetr 38, O. Bucek 178, Petair 62, Pixel to the People 48, S. Ettmer 22, S. Reineck 60, S. Srinakarin 68, S_Photo 8, SSKH-Pictures 171, T. Esser 134, 135, 137, T. Koryl 54, Tani Caro 103, Travelling Jack 186, Zigres 174; stock.adobe.com: A. Prott 151, borisbelenky 78, DirkR 150, Drazen 125, F. Baarssen 121, fottoo 154, J. Sturm 122, Keerathi 164, pusteflower9024 147, R. Kaiser 126, sonne_fleckl 146, Tracy Ben 163, Wolfilser 160; Terrassencamping-Schlossberg-Itter 33